休闲活动及制度需求与服务保障研究

Research on Leisure Activities: Institution Demand and Service Security

时少华◎著

北京·旅游教育出版社

责任编辑：郭珍宏

图书在版编目（CIP）数据

休闲活动及制度需求与服务保障研究 / 时少华著. -- 北京：旅游教育出版社，2019.4
 ISBN 978-7-5637-3933-2

Ⅰ. ①休… Ⅱ. ①时… Ⅲ. ①闲暇社会学－研究 Ⅳ. ①C913.3

中国版本图书馆CIP数据核字(2019)第063976号

休闲活动及制度需求与服务保障研究
时少华 著

出版单位	旅游教育出版社
地　　址	北京市朝阳区定福庄南里1号
邮　　编	100024
发行电话	（010）65778403　65728372　65767462（传真）
本社网址	www.tepcb.com
E - mail	tepfx@163.com
排版单位	北京旅教文化传播有限公司
印刷单位	北京虎彩文化传播有限公司
经销单位	新华书店
开　　本	787毫米 × 1092毫米　1/16
印　　张	12.375
字　　数	200千字
版　　次	2019年4月第1版
印　　次	2019年4月第1次印刷
定　　价	45.00元

（图书如有装订差错请与发行部联系）

内容简介

本书是一部以休闲活动基础而展开的制度需求与服务保障方面的理论与实践研究著作。作者从三个方面展开了系统研究：一是休闲活动研究，包括《社会网络视角下休闲研究的进展与评述》《北京城区老年人休闲参与对社会关系的影响研究》《老年人旅游市场信息需求及其实现路径研究：以北京市老年人调查为例》《网络阅读行为一般模式的构建》四篇文章；二是休闲活动的制度需求研究，包括《休闲语境中社会资本研究的进展与评析》《连锁餐饮服务人员社会支持对休闲参与的影响研究：以北京市麦当劳餐厅调查为例》《自我中心网视角下的城市老年人人际关系对休闲参与影响研究：以北京老年人调查为例》《北京城市老年人休闲制约的路径分析：以北京三个社区调查为例》《北京农村居民休闲制约对休闲参与的影响研究：以北京房山区窦店村为例》《外来务工人员休闲生活质量研究》六篇文章；三是休闲活动的服务保障研究，包括《北京市社区休闲服务需求与优化路径研究：以和平里社区为例》《北京市社区休闲服务供给研究：以和平里社区为例》《咖啡连锁店服务品质、顾客满意度和忠诚度路径关系研究》《社区休闲体育活动的项目策划与管理研究：以北京石佛营社区为例》《社区休闲体育活动的组织与实施研究：以北京泰福苑社区广场舞活动为例》五篇文章。本书在研究内容上既有理论分析思考，也有实践调查总结，为我国休闲与游憩行为理论研究和休闲产业及服务创新发展带来一定启示意义，提出的政策建议和理论思考也有一定的应用和理论价值。

目 录

第一篇　休闲活动研究

第一章　社会网络视角下休闲研究的进展与评述 … 3
　第一节　引言 … 3
　第二节　史托考斯基的休闲社会网络研究 … 4
　第三节　研究内容的进展与评述 … 5
　第四节　研究方法的评述 … 10
　第五节　总结与评论 … 12
　第六节　国外社会网络休闲研究对中国研究的借鉴意义与启示 … 14

第二章　北京城区老年人休闲参与对社会关系的影响研究 … 18
　第一节　引言 … 18
　第二节　文献回顾 … 19
　第三节　数据收集与整理 … 21
　第四节　研究过程与分析 … 24
　第五节　结论与讨论 … 37

第三章　老年人旅游市场信息需求及其实现路径研究：以北京市老年人调查为例 … 42
　第一节　引言 … 42
　第二节　文献综述 … 43
　第三节　老年人旅游市场信息需求的类型、获取渠道与影响因素 … 44
　第四节　老年人旅游市场信息需求的实现路径 … 48

第四章　网络阅读行为一般模式的构建 … 52
　第一节　网络阅读行为模式的含义 … 52

第二节　网络阅读行为模式的奠基性研究 …………………………………… 53
　　第三节　网络阅读行为模式的改进性研究 …………………………………… 54
　　第四节　网络阅读行为一般模式的提出 ……………………………………… 59
　　第五节　结语 …………………………………………………………………… 61

第二篇　休闲活动的制度需求研究

第五章　休闲语境中社会资本研究的进展与评析 ………………………………… 65
　　第一节　引言 …………………………………………………………………… 65
　　第二节　早期休闲与社会资本研究：厘清休闲、社会资本与公民
　　　　　　民主之间的关系 ……………………………………………………… 66
　　第三节　近十年来的休闲与社会资本研究内容评述 ………………………… 68
　　第四节　休闲与社会资本的研究方法评述 …………………………………… 73
　　第五节　国外休闲社会资本研究对中国研究的借鉴与启示 ………………… 75

第六章　连锁餐饮服务人员社会支持对休闲参与的影响研究：以北京市麦当劳餐厅
　　　　调查为例 …………………………………………………………………… 81
　　第一节　研究背景 ……………………………………………………………… 81
　　第二节　文献回顾 ……………………………………………………………… 82
　　第三节　研究地点与研究设计 ………………………………………………… 83
　　第四节　研究过程及分析 ……………………………………………………… 85
　　第五节　研究结果的分析与讨论 ……………………………………………… 90
　　第六节　建议与对策 …………………………………………………………… 91

第七章　自我中心网视角下的城市老年人人际关系对休闲参与影响研究：
　　　　以北京老年人调查为例 …………………………………………………… 94
　　第一节　引言 …………………………………………………………………… 94
　　第二节　研究假设的操作化与问卷设计 ……………………………………… 96
　　第三节　数据分析 ……………………………………………………………… 99
　　第四节　结论与后继研究 ……………………………………………………… 101

第八章　北京城市老年人休闲制约的路径分析：以北京三个社区调查为例 …… 105
　　第一节　引言 …………………………………………………………………… 105

第二节　模型操作化与数据搜集 ························· 107
　　第三节　分析过程与模型解释 ··························· 111
　　第四节　结论与建议 ································· 113

第九章　北京农村居民休闲制约对休闲参与的影响研究：
　　　　以北京房山区窦店村为例 ····························· 116
　　第一节　文献回顾 ·································· 117
　　第二节　研究假设与研究方法 ··························· 118
　　第三节　研究过程及分析 ······························ 121
　　第四节　研究结果的讨论与相关建议 ······················· 124

第十章　外来务工人员休闲生活质量研究 ························· 126
　　第一节　引言 ····································· 126
　　第二节　休闲生活质量概念界定 ·························· 126
　　第三节　研究设计 ·································· 127
　　第四节　对外来务工人员休闲生活质量的研究结果 ················ 128
　　第五节　改进外来务工人员休闲生活质量的建议 ·················· 130

第三篇　休闲活动的服务保障研究

第十一章　北京市社区休闲服务需求与优化路径研究：以和平里社区为例 ······· 135
　　第一节　文献回顾 ·································· 135
　　第二节　研究方法和数据样本 ··························· 136
　　第三节　研究过程与分析 ······························ 139
　　第四节　结果分析与讨论 ······························ 142

第十二章　北京市社区休闲服务供给研究：以和平里社区为例 ············· 146
　　第一节　文献综述 ·································· 146
　　第二节　研究方法 ·································· 149
　　第三节　北京市社区休闲服务供给分析的基础：和平里社区休闲服务的
　　　　　　需求分析 ·································· 151
　　第四节　社区休闲服务的供给分析 ························· 152
　　第五节　北京市社区休闲服务供给的实现路径 ··················· 155

第十三章　咖啡连锁店服务品质、顾客满意度和忠诚度路径关系研究 ……158
第一节　研究背景 ……158
第二节　文献回顾 ……159
第三节　研究设计 ……160
第四节　资料的收集与整理 ……164
第五节　咖啡连锁店服务品质、顾客满意度与忠诚度关系分析 ……165
第六节　结论建议 ……167

第十四章　社区休闲体育活动的项目策划与管理研究：以北京石佛营社区为例 ……170
第一节　社区体育文献综述 ……171
第二节　研究案例地与方法 ……172
第三节　石佛营社区休闲体育活动开展中存在的问题 ……173
第四节　社区休闲体育活动的项目策划 ……176
第五节　结论 ……179

第十五章　社区休闲体育活动的组织与实施研究：以北京泰福苑社区广场舞活动为例 ……181
第一节　文献综述 ……181
第二节　研究案例地及研究方法 ……183
第三节　北京泰福苑社区广场舞休闲体育活动的困境与影响因素 ……184
第四节　北京泰福苑社区广场舞休闲体育活动的组织与实施 ……186
第五节　结论 ……189

第一篇
休闲活动研究

第一章 社会网络视角下休闲研究的进展与评述[*]

第一节 引言

　　社会网络研究起源于20世纪30年代英国人类学家拉德克利夫·布朗（Radcliffe Brown）的结构研究，在他看来，所谓社会结构，就是人与人之间所发生的关系，因此，社会结构就是实际存在的社会网络[1]，而后继的研究者也基本认同拉德克利夫·布朗的观点，并根据图形理论进一步将社会网络形象化，界定为有多个点（社会行动者）和各点之间的连线（代表行动者之间的关系）所组成的集合[2]，而按照网络类型来划分，可以分成整体网、局域网和个体网络[3]。20世纪70年代，格兰诺维特（Granovetter）对求职过程中"关系"重要性的论述，使社会网络研究成为社会科学中最热门的领域之一，而关于社会网络理论分析的主要视角，布劳（Blau）认为可以从社会关系和社会位置两个方面入手进行分析[4]。从社会关系取向入手主要分析网络中的关系强度，关注关系流动中的信息与资源，而从社会位置取向入手则主要分析网络中的结构性特征，重点关注位置、角色等概念。从研究分析方法的角度看，社会网络分析方法作为一种比较新的方法，受到了许多研究者的关注，该分析方法吸收了社会计量学者关于小群体图论的研究、哈佛学者的"派系"研究，以及英国曼彻斯特人类学家的乡村社区"关系"结构研究的成果，并在20世纪六七十年代逐渐成为重要的研究分析方法[2]。由于社会网络分析既可以作为一种理论范式，也可以作为一种研究分析方法，这使社会网络研究在社会科学各个领域中都有较强的应用性。在休闲研究领域中，20世纪80年代即有学者将网络分析应用于休闲、游憩和观光研究[5-7]，虽然早期的社会网络研究在休闲方面的应用有限，然而采用网络分析则让我们看到进一步了解社会行为和起因于休闲关系意义的美好前景，并促使研究者进一步关注社区生活环境是如何刺激休闲、游憩和观光行为的，以及休闲网络如何影响社区生活大范围的关系结构。20世纪90年代初，美国学者帕特丽夏·A.史托考斯基（Patricia A. Stokowski）明确提出了休闲的社会网络研究观点，在其著作《社会中

---

[*] 该文最早发表于《旅游学刊》2013年第5期，作者时少华。

的休闲》(Leisure in Society)中通过对北美地区休闲文献的梳理,借鉴休闲社会群体理论研究——韦尔曼(Wellman)的社区结构主义,以及现象学等观点,并以吉登斯(Giddens)的结构化理论框架为背景,从理论方面系统地阐述了社会网络范式作为一种理论研究方式对休闲研究的重要意义,并提出了休闲的结构性研究观点和架构结构性休闲社会学的主张,从而开创了社会网络取向中的休闲研究范式[8]。

第二节　史托考斯基的休闲社会网络研究

史托考斯基对休闲社会网络研究的架构是从社会群体研究开始的。史托考斯基认为,社会群体在休闲方面的研究主要集中于户外游憩群体和生命周期各阶段家庭休闲群体两个方面,这两个方面的研究强调社会群体代表了不同的组织过程、沟通形态、行为规范和行为差异,在这一过程中,真实经历被视为一种主观的达成,无法与人类意图相分离,且是人们经由休闲活动中与家人、朋友间的人际互动关系所创造的,所以我们所认知的休闲是一种社会经验所创造的。史托考斯基指出社会群体研究开创了休闲研究的新方向,相关研究中注意到了休闲中个人与群体间的结构性关系,而非仅仅关注个人特质、相关心理状态的描述,同时,少数社会群体研究还注意到了社会群体以外的关系的应用,而这些群体之外的社会关系对休闲参与行为有重要的影响,这也恰恰是休闲的社会网络研究所关注的,虽然应用社会群体模式研究休闲的前景十分美好,但史托考斯基却认为社会群体研究忽略了整个社会中休闲结构化的过程,以及深留群体中的大环境社会结构问题[8]。为此,史托考斯基和李(Stokowski & Lee)进一步主张应用社会网络分析技术来进行休闲研究,社会网络的视角以社区生活延伸的人际关系作为娱乐行为的基础,依靠该视角,研究者能够既研究个体行为方面社会结构的影响,又能研究社会结构创建各种安排中个体行动的意图,也即休闲的结构性研究观点,该观点依据吉登斯的结构化理论框架,在此框架下试图将扎根理论、统计检验方法同韦尔曼所提出的社区结构主义和现象学观点融合起来,目的是为了克服社会网络分析中的决定论和解决个人与集体间互动产生的"意义"问题[9]。史托考斯基指出休闲的结构性观点主要包括两个议题:一是个人参与各种不同社会关系的可能性,以及在此过程中为达到休闲目的而形成的特定模式研究(即社会网络对休闲的影响研究);二是有关整体休闲网络(从个人和组织两个方面)的影响和结构化,以及这些结构模式在个人层级的选择和行动上可能的应用(即休闲社会网络及效应研究)[8]。从第一个议题出发,史托考斯基通过对华盛顿州一个以木材业为主的乡村小镇中的社区网络连带关系对于游憩选择的影响分析总结出网络大小、网络密度、关系的强度以及相互间影响的频繁性都对休闲参与产生重要的影响，并提出未来的研究应侧重于网络结构的研究，包括改善互动效标的测量，如相互性和联结的强度，更重要的是必须努力去分析详细的结构性变量，包括网络大小、密集性及相关性的距离，而在利己主义的社会网络中，超越模式确认和描述的扩大分析特别重要[8]。从第二个议题出发，史托考斯基指出目前这个议题主要关注社区中情绪网络结构之间的亲密及情感关系的特征方面研究，但却忽略了除个人情感关系以外，如交换关系和不平等关系的研究，此外休闲网络结构产生的关系和行为如何影响未来社区的网络形式和密集度的研究，以及休闲网络如何转化成休闲参与的结果的研究也没有受到重视[8]。在上述两个议题考察的基础上，史托考斯基进一步指出未来休闲领域中社会网络研究三个方向：第一，分析以社区为背景的社会关系如何促成休闲的活动选择和决定；第二，分析在休闲地点中当地整合、团体之间的互相影响及未来的参与程度上行动者之社会结构变动的重要性；第三，考虑休闲经验的社会连带以何种形式存在以及可能在未来其他社区背景的生活中持续发展[8]。应该说，史托考斯基在当初所提出的这些观点对于社会网络在休闲领域中的应用具有重要的理论和实践指导意义，尤其是她提出的休闲的结构性研究观点，对休闲的社会网络研究具有重要的方法论意义。在史托考斯基提出休闲领域中的社会网络研究范式后二十多年中，相关研究在史托考斯基所提供的上述两个议题框架内得到了进一步的补充与发展，史托考斯基认为这两个议题从实践方面实际上可以从三个方面展开研究：一是社区网络对休闲的影响研究；二是在休闲游憩场所的社会网络研究；三是休闲组织性网络研究[8]。而在史托考斯基所提出的三个方面的研究方向基础上，笔者进一步查阅了从1990年至今的国外休闲领域中的社会网络研究文献，共检索出休闲学期刊中的论文以及国外相关会议论文共计31篇。这31篇论文中，从研究主题上看，有16篇论文与社会网络研究直接相关，有8篇关于社会资本与社会网络关系研究方面的论文，有7篇关于休闲伙伴关系与社会网络关系研究方面的论文。因此，笔者在借鉴史托考斯基所提出的休闲研究框架的基础上，结合近多年的休闲领域相关研究文献，从研究内容和研究方法两个层面对国外社会网络视角下的休闲研究进展情况进行总结与评述。

第三节　研究内容的进展与评述

一、社区网络对休闲活动的影响研究

应该说这方面的研究相比于其他方面的研究要早一些，史托考斯基的第一个议题

的研究工作也主要是从这方面开始的，该方面的研究主要集中于关系和其交互作用对休闲选择的作用，如史托考斯基对冬季到德州旅行的老年人对于他们的信息网络中"强"和"弱"关系连带（Relation tie）使用上存在差异的研究[8]，史托考斯基和李对华盛顿州一个以木材业为主的乡村小镇中的社区网络连带关系对于游憩选择的研究[9]，沃德（Warde）等关于英国家庭中社群参与和友谊连带影响个人休闲消费的研究[10]。由于这些研究将注意力过于集中于家庭、亲属和朋友关系，以及情感上的相互关系方面，从而忽略了其他关系（如互换关系、利益关系、权力关系等）方面的研究。除了社区网络关系对休闲的影响外，个别研究还关注到了社区自我中心网络结构的问题，如吉弗尔（Giuffre）分析了个人社交网络对某个著名的独立艺术创造者在创作期和非创作期（休闲期间）的不同影响，研究表明这个艺术家的社交网络在创作期同非创作时期（休闲期间）相比自我中心网络密度和中介性是不同的，创作期自我中心网络密度要高于非创作期（休闲期间）的自我中心网络密度，且自我中心网络密度与中介性得分不相关[11]。吉弗尔的研究虽然关注到了自我中心网络结构对休闲的影响，但该研究主要关注于个体网络而不是整体网络的研究，因此运用社区整体网络的方法研究网络中心性、密集性、相关性、角色、一致性等方面对休闲选择的影响将是未来休闲研究关注的重点。

在史托考斯基的第一个议题中，利己主义的社会网络对休闲选择的影响曾被提及，史托考斯基认为超越模式确认和描述的扩大对分析特别重要，但遗憾的是，这一富有潜力的洞见却被后来的休闲研究所忽略了，直到休闲领域中社会资本研究重新提及这一问题，才使利己主义的社会网络研究有了新的进展。从社会网络与社会资本的关系看，一个基本的共识是社会网络是形成和维持社会资本的基础性支持和重要前提，即社会网络借助网络行动者通过网络内外部的连接来实现共同行动，并实现网络资源的交流与共享，形成和维持社会资本[12,13]。在休闲领域中，格拉沃（Glover）系统地提出利己主义的社会网络中社会资本的形成，及社会资本对休闲活动的影响，为此格拉沃等考察了社区中花园园丁社群成员中社会资本的使用对休闲活动选择的影响，发现社会资本可能是既有利益，也有成本，这依靠社会行动者在功能性社会网络占有的位置[14,15]。格拉沃等进一步总结出社会资本在网络中的个体回报通常（也许是经常）分布是不均匀的，带着这种认识，格拉沃等呼吁休闲研究者关注社会资本的不均等性，并指出休闲研究者应该重视林（Lin）的资本亏损（capital deficit）或回报亏损（return deficit）概念，以及弗利等（Foley, Edwards&Diani）的术语"使用—价值"（use-value），也就是使用社会资本（appropriable social capital）实际上是会形成价值的[16]。格拉沃等的研究关注到了利己主义网络中的社会资本使用（social capital appropriability）及影响问题，但格拉沃等的工作也仅仅论及了利己主义网络的负向功能形成问题,而利己主义网络本身的网络结构研究,对"使用—价值"等概念的解释与拓展,依然显得比较模糊,这将可能是下一步研究工作中的重点。

二、休闲游憩场所的社会网络研究

史托考斯基认为休闲游憩地点的社会网络方面研究的未来发展方向应该是:主要关注当地整合、团体之间的互相影响,网络结构关系以及休闲经验的社会连带和结构如何及以何种形式能够持续在未来其他社区背景的生活中[8]。依照史托考斯基所提出的研究方向,结合近二十多年的休闲游憩场所的社会网络相关文献研究,本文认为这一方向具体体现在三个方面:即休闲游憩场所的社会网络的结构研究、影响因素与效应研究、游憩场所休闲伙伴关系发展研究。

在休闲社会网络的结构研究方面,其关注点与史托考斯基所关注的第一个方向研究不同,该方面研究更关注网络结构的规模、密度、位置、权力、角色、中介性等问题,从网络研究方法上更倾向于使用量化的分析方法。如本都等(Bendle et al.)通过量化分析,研究了深度休闲社交领域中所形成的社区团体网络结构,结果显示了在组织中的权力的显著不均衡分布[17],而沃德等则考察了英国西北部三个不同的志愿团体成员间在娱乐实践中成员间社会网络的数据资源,研究显示,这些娱乐活动中的社会网络所形成的非正式的社交联系在产生社会资本的"桥"和"跨边界"类型中尤其重要[18]。本都和沃德等的研究凸显了休闲社会网络中权力和位置的重要性,但对于不同形态的网络结构与不同形态的团体成员结构之间的关联性分析则未能给予重视。同时上述研究仅仅关注社区范围内的休闲游憩网络结构研究,对于社区以外的更大空间范畴(比如城市)则没有涉及,而对于社区以外更大空间的休闲游憩社会网络结构研究则是由休闲旅行网络方面的研究提出的,为了测量城市休闲社会网络结构对休闲旅行行为的影响,一个小团体在最近十年中开始使用个体社会网络分析的方法,依靠收集的城市数据,进行休闲社会网络的基础研究,如网络规模、网络密度、交往中的空间传播和特殊的交往频数模式等[19],这些研究产生了最早的一批关于城市休闲旅行网络方面的经验成果。但是这些研究成果却忽略了在给定的一个总体中怎样处理"整体性"或"全局性"的休闲旅行网络,而一个整体性休闲旅行网络研究对于全面把握休闲交往和休闲活动之间的关系来说无疑是至关重要的。因此,科瓦德等(Kowald et al.)使用苏黎世联邦理工学院(ETH Zurich)系统中运用个体网络方法所收集的个体休闲网络数据,通过运用了雪球抽样(snowball sampling)方法和旅行需求仿真代理(agent-based simulation)方法生成了瑞士人整体的休闲旅行网络,而每个人的个体休闲旅行网络则嵌入其中[20]。结果提供了人与人之间有联系的决策洞察,某些属性的组合也或多或少对休闲人际关系效用产生影响。应该说,休闲旅行社会网络的研究既关注个体网络定量分析,又关注整体网络分析,并将旅行需求仿真代理技术应用于社会网络整体的实现,这一结果将使我们更充分地理解休闲旅行社会关系网络和休闲活动之间的关系。但上述研究也存在问题,主要在于这些研究过于关注调查分析与模型处理,而对分析结果缺乏有效的理论思考与总结。

在休闲游憩场所社会网络的影响因素与效应分析方面,目前仅有少数学者关注到了这一方面,如斯多德斯卡(Stodolska)考察了种族因素,如相似的经历、共同的文化、同主流美国人话题的缺失、英语技巧的不足、被主流所歧视或排斥、未知的恐惧对于外来美国移民休闲社会网络使用的功能性影响[21]。与此研究相似的是,西伯勒等(Hibbler et al.)还考察了美国社会跨种族夫妻面对休闲过程中被种族化时他们所面临需要处理的问题,重点考察了非洲美国人和欧洲美国人这种跨种族夫妻在休闲场所社会网络的使用和意义的变化,并指出了跨种族夫妻在休闲过程中被孤立的原因[22]。除了种族影响因素外,史托考斯基认为休闲游憩场所的环境、社会心理等因素也可能对休闲网络产生重要影响[8],虽然史托考斯基并未对此展开深入的研究,但笔者认为休闲社会网络可能受空间距离、闲暇时间、身体状况、社区人际关系、休闲偏好、个人性格方面等因素影响较大,尤其是社区人际关系对休闲社会网络的影响特别值得关注,因为两者之间存在相互影响的关系,尤其是两者之间的网络相关性、网络结构关系、影响强度等问题值得关注。在休闲社会网络的效应或功能性支持研究方面,柯茨特等(Kerstetter et al.)研究了 4000 多名红帽协会会员是怎样从休闲社会网络中获得功能性支持的,结果显示功能性支持是多维的,除了少数例外,休闲交往都体现出正面的功能性支持,而这些功能性支持在本质上主要是情感和社会上的,而不是信息和资金上的[23],而与柯茨特等研究不同的是,莫克利等(Mulcahy et al.)通过对一个具有休闲性质的非正式的"母亲团体"的资源网络研究,指出休闲交往不但体现出正面的功能性支持,而且也有负面的效应,对于正向的功能性支持而言,资源既有情感上的,也有信息方面的[24]。综上所述,休闲游憩场所社会网络的影响因素与效应分析仍显不足,需要进一步地深入思考与研究,尤其是效应分析方面,因为这一方面研究是史托考斯基在第二个议题中所重点提及与关注的,因此还需要对因为休闲网络而产生的个人或社区的网络形式和密度是否具有持续性的影响力,网络特性如何转化成休闲参与的结果,以及休闲网络创造的社会关系在扩大的团体生活中创造未来互动的可能性进行探索研究。

休闲伙伴关系发展(leisure partnerships development)研究是由阿利克(Uhlik)梳理了近 10 年休闲伙伴关系的研究文献,并结合格兰诺维特的网络关系理论发展而成的[25]。该理论侧重于考察公园和游憩场所中伙伴社交网络中的伙伴关系。阿利克认为社会网络自身并不是伙伴关系,但是如果网络成员间有兴趣,网络就可以发展成为伙伴关系，伙伴关系依靠的是现存的人际关系或未来互不相识的伙伴中发展和培育出的新关系，这些关系和联结将被认为是实际的或潜在的网络。阿利克指出，在公园和娱乐领域中"伙伴关系发展"的理论需求是非常明确的，其中，术语"发展"（development）指的是一些理论、模式和方法，这些理论、模式和方法解释并支持公园和娱乐领域中成功的伙伴关系中的有序创造[25]。阿利克将"伙伴关系发展"同伙伴的组织间的和内部代理关系的关系强度联系起来，借鉴了格兰诺维特的"连带的强度"（tie strength）理论，即从"弱关系而不是强关系在网络中起到关键的作用"这一理论预设出发，将格兰诺维特的"弱关系的力量"结论和近10年公开发表的基于休闲伙伴关系的相关研究结论综合在一起，得到了3个"伙伴关系发展"理论上的总结：一是连带（tie）分析不能仅仅关注宏观、中观、微观层次中的一个水平，还必须对其余两个层次水平给予同样的关注；二是识别和评估弱关系，弱关系不仅比没有关系要好，相比于强关系，弱关系更能与"发展"成就相联系，同时弱关系随着时间的流逝能够被强化；三是识别和评估伙伴关系，伙伴的外部代理人网络的力量和他们所掌握的资源，可以支持目前内部组织关系的不足[25]。总体来看，阿利克的3个理论总结与以往研究伙伴关系发展模式中侧重于"伙伴关系的管理"[26-30]相比，则更多地聚焦于伙伴关系的开发或引导伙伴关系的创建，尤其重视关系的强度和网络的力量，将情感关系、交换关系和权力关系融合在一起，突破了以往仅注重情感关系研究的传统，同时伙伴关系发展理论还强调网络、资源和组织的作用，而这些都补充发展了休闲社会网络结构及效应研究方向的议题，这对于引导休闲与娱乐研究中未来的伙伴关系理论研究和实践应用具有重要意义。但从目前休闲科学中伙伴关系发展研究在社会网络中的潜力来看，目前还处于起步阶段，一些较深层次的研究主题仍没有涉及，比如休闲伙伴关系的演化过程，伙伴团体间和内部沟通与交流的网络结构的规模、密度和中心性等内容，以及休闲网络结构产生的关系和行为如何影响未来社区或团体的网络形式等内容还有待于进一步的研究。

三、休闲组织社会网络的研究

在社会学和人类学中，组织网络的研究已经有相当的成就，这方面的研究基本上是从建构市场和组织政治行为或权力的互换及相互影响关系出发，关注组织间的关系如何形象化，以及这些关系的结构性安排对于研究中的个体行为有何意义等问题[8]。史托考斯基也认为休闲组织网络方面研究应该继承组织网络研究的传统，从较大格局来考量休闲的社会网络分析问题，并侧重于从休闲服务提供者之间的网络关系影响、机构竞争、政策发展、资源管理等方面来考察休闲组织网络[8]。而近二十多年来，休闲组织社会网络研究也基本是沿着这一方向展开的。休闲组织的社会网络方面研究成果主要体现在休闲旅游组织研究中,主要包括休闲旅游多元利益组织间的政策网络研究、休闲旅游企业的成长和知识管理研究,以及休闲旅游目的地的服务组织网络结构分析3个方面[31,32]。在休闲旅游多元利益组织间的政策网络研究中,主要侧重于考察休闲利益组织参与旅游政策网络的动机、网络结构和网络互动对休闲旅游组织决策的影响,以及休闲旅游政策网络的评价等;在休闲旅游企业的成长和知识管理研究中,主要聚焦于休闲旅游企业组织获取资源的重要性、如何获取资源,以及休闲旅游企业利用网络和社会资本进行知识创新和管理的作用和影响;休闲旅游目的地的服务网络结构研究中主要关注不同层次休闲旅游供应商和相关旅游组织间交织成的复杂旅游网络的结构分析,研究者们往往采用网络结构图形、网络密度、中心性和联系度等整体网络分析的基本工具进行结构分析,除了对营利性休闲旅游组织的网络结构分析外,个别研究者还对非营利性休闲服务组织所构成网络的权力影响、网络密度、中心性、派系等方面进行了研究[17,33]。应该说,休闲组织社会网络的研究内容比较深入,涉及了组织网络研究交换与权力方面的主题,并在休闲旅游管理领域中有开创性的拓展,如涉及休闲旅游企业的竞争、创新与发展等方面的内容,但该方面研究也存在不足,主要在于过于重视营利性组织间网络的研究,而对于非营利性的休闲组织网络的研究则不够重视。另外,对于组织间社会网络研究中的网络对个体意义的生产过程研究还没有涉及。

第四节 研究方法的评述

从方法论和认识论层面上看,史托考斯基在社会群体研究基础上所提出的休闲社会网络研究范式,即休闲的结构性研究范式,克服了社会网络分析中的决定论思想,解决了个人与集体间互动产生的"意义"问题,并试图在吉登斯的结构化理论框架的基础上,将扎根理论、统计检验方法同韦尔曼所提出的社区结构主义和现象学观点融合起来[8],在一个理论综合的框架下解决社会网络在休闲分析中微观的个体分析与宏观的结构分析相融合的问题。从这一点看,休闲的结构性研究范式仍是目前为止社会网络研究中考量比较全面的研究范式。但该范式也存在一些不足,布莱克肖等(Blackshaw et al.)从批判该范式所采用的吉登斯的结构化理论入手,认为结构化理论研究中存在两点不足:一是吉登斯认为结构性的后果或效应是由许多个体行动者践行知识能力(knowledgeability)或集体意识(conscience collective)意图形成的,但这容易导致心理学的倾向,吉登斯错误地将心理学的分析应用于社会学的争论中,对于"行动"来说,个体行动者动机的集合是心理学的事情,而不是社会学的任务。此外，吉登斯强调集体意识力量的观点也没有抓住结构主义分析的重点，导致不自觉地倒向平淡无奇的社会整合的观点；二是吉登斯虽然强调社会互动或社会实践中的意义、规范与权力，却没有证明行动者所需要的必须转变和再生产的社会世界，也即没有关注个体行动者间的相互依赖性[34]。为了解决上述两点不足，布莱克肖等考察了埃利亚斯（Elias）的过程社会学的方法，埃利亚斯同吉登斯一样，同样反对结构主义的决定论方式，强调个人与结构的结合，其运用"型构"（figuration）的概念，强调从彼此依赖的人与人相互交织在一起的网络出发，从历史的动态的过程角度，而不是从静态的角度，在行动网络的过程模拟中来考察社会变迁和产生的后果[34]。这成为埃利亚斯的过程社会学方法与吉登斯结构化方法最大的区别，埃利亚斯认为结构是由"相互依赖的个体间"的行动的无意识后果造成的，而不是个体行动者的无意识后果造成的，这一语义中的差别实际上体现出了两种理论方法的不同，埃利亚斯的过程方法强调社会行动的相互依赖性（interdependency），而在吉登斯的理论中行动者在社会世界中是孤独的[34]。通过上述分析，布莱克肖等进一步提出对休闲结构性研究范式修正方法，即将结构化理论和过程化理论相融合，这将有效地解决休闲结构性研究范式中存在的问题。应该说，将埃利亚斯的历史过程理论应用于休闲结构性研究范式中潜力巨大，正如伯基特（Burkitt）所指出的，"埃利亚斯的方法是一种完全的社会学方法"[35]，一是因为该理论以社会关系网络为基础来研究社会现象，同时，将网络结构置于动态的历史考察之中，完全避免了个体研究中的心理学倾向；二是该理论从一开始就反对结构主义决定论观点，主张个体研究同整体研究的结合；三是埃利亚斯还将其过程理论方法实际地应用于休闲研究，埃利亚斯曾于 20 世纪 60 年代与其同事关注体育运动与闲暇方面的研究，相关成果于 1986 年结集出版，在这些成果中，埃利亚斯将其过程方法应用于休闲研究，取得了丰硕的研究成果①，这也验证了该方法的实践价值。

此外，上述研究从社会科学的具体研究方法上看，既有采取访谈法或半结构访谈方法的定性案例研究，也有定量的问卷社会网络调查方法和仿真代理计算机模拟方法。但总的来看，上述研究在社区或团体这种小范围研究中更多的是使用质性的访谈方法，而在休闲旅行网络的结构和休闲组织这种大地域或复杂对象的研究中更多的是运用量化的方法。实际上，这并不是说定量方法一定优于定性方法，而是在于休闲旅行网络的结构和休闲组织网络研究本身就很复杂，而质性方法的目标却在于发现行动者世界的意义和经验，这对于大范围的休闲旅行网络和休闲组织来说是比较困难的，质性的研究方法可能更适合于小范围的社区或团体研究。对于社会网络分析中定

---

① 埃利亚斯与其同事邓宁于 1986 年出版了《寻求刺激：文明化过程中的体育运动与休闲消遣》。详细内容介绍参见：杨善华. 当代西方社会学理论 [M]. 北京：北京大学出版社，2004：337-338.

性与定量方法的评价，克劳和艾伦（Crow & Allan）就认为社会网络分析中定量方法虽然使用了复杂的技术，但它却无法超越早期的定性社会网络研究方法，主要原因在于定量技术无法识别社会关系中的主观意义，并进行超越调查层面的更深层次的理论思考[34]。因此，在休闲领域中社会网络研究定量与定性的方法使用上，笔者同意韦尔曼[36,37]等所提出的关于社会网络分析中定量与定性方法相融合思路，如韦尔曼和他的同事对于加拿大多伦多东约克地区的研究采取了社会网络定量与定性相结合的方法，使用了各种不同的包括休闲网络、人际支持和非正式社会控制的社会关系数据，韦尔曼等认为这种定量与定性融合的方法可以使研究层次不仅局限在一个场所，甚至可以超越城市，或者更远一些。定量与定性方法的融合目前在休闲的社会网络研究中并不多见，笔者认为这一方面可能在于社会网络数据收集起来比较困难，尤其是定性研究的网络数据，需要研究者相当丰富的经验和对研究地点的把控，而要将定量数据和定性数据同时收集就更加困难；另一方面也在于研究者学科背景的偏好，一些学者要么偏好质性研究，要么倾向量化分析，导致定量与定性方法融合的困难。

第五节　总结与评论

上文对近二十多年中社会网络取向的休闲研究内容与方法进展进行了评述。从研究内容与研究范式的明确提出与确立看，社会网络视域中的休闲研究应该开始于史托考斯基的工作，其明确提出了关于社会网络取向的休闲研究框架，即休闲的结构性研究观点，并提出了未来研究的两个研究议题和三个实践研究方向，同时还在"社区网络对休闲的影响研究"这一实践方向中进行了实证研究，取得了可观的学术成果。在这之后的二十多年中，无论是在研究内容上，还是在研究方法上，该领域的研究基本上沿着史托考斯基所提出的方向进行扩展与补充，在理论研究上游憩场所的休闲网络研究及休闲组织网络研究方面获得了重视与发展，另外，"利己主义个体网络的社会资本使用"理论和"休闲伙伴关系发展"理论的发展也值得关注，这两个理论未来也许会发展出独立的研究方向。在研究方法上，史托考斯基的休闲结构性研究框架被布莱克肖等进一步补充改进与发展，布莱克肖等提出将埃利亚斯的历史过程研究方法置于休闲的结构性研究框架中，将吉登斯的结构化理论和埃利亚斯的过程理论相融合，这将有效地解决休闲结构性研究范式中个体与结构研究、微观与宏观研究二元对立的问题，而在具体研究方法上，韦尔曼等的定量与定性研究相结合的方法扩展了调查与分析解决复杂研究对象的能力。虽然社会网络视角中的休闲研究内容与方法取得了如此的进展，但也存在一些问题：一是近二十多年的研究从整体上看主要侧重于实证研究，而理论总结与批判性的文章比较少，笔者查阅的31篇论文中，仅有4篇理论总结与批判性文章，其余全部为实证研究文献，且这些实证研究理论总结不足；二是史托考斯基的两个研究议题中的一些方向依然没有得到重视，关于这点，将在下面关于未来研究方向的讨论中具体论述；三是社会资本使用和休闲伙伴关系发展之间以及同社会网络的关系还需要进一步研究，虽然阿利克认为"社会资本的使用"和"伙伴关系发展"二者之间是不可互换的概念[25]，但其认为二者间不可互换的观点仍然显得比较模糊；四是布莱克肖等所提出的将埃利亚斯的过程理论融入到休闲结构性研究中的观点在方法论层面还需要进一步的构架与完善。

通过对上述相关研究的总结与考察，笔者在借鉴史托考斯基研究议题的基础上，尝试对未来社会网络取向中的休闲研究提出4点建议：

第一，关于休闲社会网络的结构研究方面，虽然整体网络和个体网络均有研究，但还需要对网络中的位置、角色和分布等内容进行深入的研究，同时，不同形态的网络结构与不同形态的团体结构之间是否存在关联，以及休闲心理是否随着休闲网络结构和指标的变化而变动，休闲关系网络对个人及社会利益分配方面的影响也是未来需要重视的方向。

第二，关于社会网络对休闲生活的影响研究方面，虽然此方面的研究开展得比较早，但主要侧重于网络关系的强度对休闲生活的影响，而对于结构性变量，包括网络中心性、密集性、相关性、角色、一致性等方面对休闲关系和网络影响方面的理论总结则重视不足，同时利己主义的社会网络中，对个体利己网络本身的网络结构研究，以及利己网络与社会资本间的核心概念的解释与拓展，都是需要重视的理论工作。

第三，虽然休闲伙伴关系发展理论突破了以往休闲研究中注重情感关系研究的传统，强调情感关系、交换关系和权力关系的融合，但对于网络关系的研究还需要进一步深入，应该进一步考虑整体范围合作中的水平交换关系、同权力、利益为基础的纵向关系之间的持续性联系问题。

第四，目前的休闲组织社会网络研究对于组织间权力、利益、交换、竞争和创新等网络研究较多，而对于这些关系如何对个体产生意义的研究却较少关注，因此未来的研究应该侧重于休闲组织间网络对个体意义的生产过程研究。

第六节　国外社会网络休闲研究对中国研究的借鉴意义与启示

从国内研究文献看，与国外社会网络休闲研究相比，中国的相关研究较国外研究晚了十余年，且相关研究非常少，笔者在中国知网上以"社会网络""休闲"和"闲暇"作为关键词，共检索出相关文献3篇，且均为实证性文章。从研究内容上看，我国学者主要关注休闲社会网络的影响因素分析[38-40]，这些研究相对国外社会网络休闲研究3个主题来说，研究内容过于单一，仅仅关注到了休闲社会网络关系影响因素分析，而休闲社会网络对未来社会人际关系的影响效应、社会网络关系对休闲交往的影响、休闲社区和组织方面的社会网络研究还没有涉及。而在研究方法上，这些研究过于注重统计分析，得出的结论难以有效地进行中国化总结与思考。

鉴于目前中国社会网络休闲研究现状，笔者认为要推进中国的社会网络休闲研究，首先，需要借鉴国外社会网络休闲研究成果，从史托考斯基的3个研究方向出发，对中国社会网络视角下的休闲交往和参与等问题进行深入研究，要重视社区网络关系对休闲的影响，及休闲社区网络和休闲组织网络方面的研究，并考虑比较中西方休闲社会网络的差异及其成因分析，在与国外研究比较的基础上，总结出中国人休闲交往过程中运用社会网络的特征，这对于了解中国人的休闲特征和提升休闲生活质量具有重要的理论和现实意义。其次，在借鉴与吸收国外研究成果的同时，还需要特别强调中国社会网络休闲研究的本土化总结，总结适合中国"关系社会"特征的休闲网络研究范式。中国社会一直被看作是一个强调"关系"的网络社会，与西方人相比，中国人在交往过程中更加注意对亲人和熟人网络的运用，通过亲人、熟人等强连带关系或在网络中依靠熟人位置而获取各种资源[41]，这一获取资源的规则与运作过程对休闲的影响值得关注。此外，一些学者对中国社会的网络结构关系进行了深入研究，总结出了具有中国本土特色的概念与范式，如在权力网络方面，翟学伟认为中国人善于利用"日常权威"网络来获取资源，并总结了个人在"日常权威"网络中运作的过程与特征[42]，在利益关系网络方面，吴毅则分析了中国农村社会中的利益结构网络的特征，及该网络对农民群体性利益表达的影响[43]，而交换网络方面，黄国光在借鉴国外资源理论的基础上，总结出"人情"关系在交换网络中的作用与使用规则[44]。上述这些研究对于中国社会网络休闲研究具有重要的启示意义和借鉴作用，因为中国人利用社会网络的方式与西方社会是不大相同的，在这些网络中，熟人、人情、面子始终是重要的，而理性化的制度、规范和标准则显得苍白无力，这些中国人特有的行为方式值得我们引入休闲网络领域中进行深入研究。最后，还要借鉴国外社会网络休闲研究方法，提倡社区或群体范围内的定性分析研究，并鼓励在组织等更大范围中的定量分析方法的使用，要借鉴史托考斯基和布莱克肖等所提出的研究范式，并尝试融合中国本土化的方法，形成符合中国本土情况的方法论和认识论，最终形成既有中国本土特色，又具国际视野的社会网络休闲研究范式。

参考文献

［1］李林艳.社会空间的另一种想象——社会网络分析的结构视野［J］.社会学研究，2004（3）：64-75.

［2］约翰·斯科特.社会网络分析方法［M］.刘军，译.重庆：重庆大学出版社，2009：1-30.

［3］刘军.整体网分析讲义［M］.上海：格致出版社，2009：5-7.

［4］Blau P M. Structure sociology and network analysis: An overview［M］.New Delhi: Sage Publications, 1982: 277.

［5］Allen R H. Network analysis: A new tool for resource managers［A］//Proceedings: 1980 national outdoor recreation trends symposium［C］.United States Department of Agriculture: General Technical Report NE-57, Northeastern Forest Experiment Station, United States Forest Service, 1980: 89-97.

［6］Eckstein C E. Communication network of visitors to recreation locations along the great lakes: implications for increasing tourism［D］. East Lansing, MI: Michigan State University, 1983.

［7］Levy I. Community in a recreational setting［J］. Leisure Science, 1989, 11（4）: 303-322.

［8］帕特丽夏·A.史托考斯基.休闲社会学［M］.吴英伟，陈惠玲，译.台湾：五南图书出版公司，1996：42，84-85，122-125，137，143-151.

［9］Stokowski P A, Lee R G. The influence of social network ties on recreation and leisure: An exploratory study［J］. Journal of Leisure Research, 1991, 23（2）: 95-113.

［10］Warde A, Tampubolon G. Social capital, networks and leisure consumption［J］. The Sociological Review, 2002, 50（2）: 155-180.

［11］Giuffre K. Half the right people: Network density and creativity［J］. Journal of Current Cultural Research, 2010（2）: 819-846.

［12］Steinfield C, Ellison N, Lampe C. Online social network use, self-esteem, and social capital: A longitudinal analysis［J］.Journal of Applied Developmental Psychology, 2008, 29（6）: 434-445.

［13］Brehm J, Rahn W. Individual-level evidence for the causes and consequences of social capital［J］. American Journal of Political Science, 1997, 41（3）: 999-1023.

［14］Glover T D. Social capital in the lived experiences of community gardeners［J］. Leisure Sciences,

2004, 26 (2): 143-162.

[15] Glover T D, Parry D C, Shinew K J. Building relationships, accessing resources: Mobilizing social capital in community garden contexts [J]. Journal of Leisure Research, 2005, 37 (4): 450-474.

[16] Glover T D. Toward a critical examination of social capital within leisure contexts: From production and maintenance to distribution [J]. Leisure/Loisir: Journal of the Canadian Association for Leisure Studies, 2006, 30 (2): 357-367.

[17] Bendle L J, Patterson I. Network density, centrality, and communication in a serious leisure social world [J]. Annals of Leisure Research, 2008, 11 (1/2): 1-19.

[18] Warde A, Tampubolon G, Savage M. Recreation, informal social networks and social capital [J]. Journal of Leisure Research, 2005, 37 (4): 402-425.

[19] Kowald M, Axhausen K W. Strong and weak relationships: Tie strengths in egocentric leisure networks [A] //e-collection.library.ethz.ch/view/eth: 2374 [C]. Chicago, 2011: 69-81.

[20] Kowald M, Arentze A T, Axhausen K W. A population's leisure network: Descriptive statistics and a model-based analysis of leisure-contact selection [A] //e-collection.library.ethz.ch/view/eth: 5650 [C]. Toronto, 2012: 121-132.

[21] Stodolska M. Ethnic enclosure, social networks, and leisure behaviour of immigrants from Korea, Mexico, and Poland [J]. Leisure/Loisir: Journal of the Canadian Association for Leisure Studies, 2007, 31 (1): 277-324.

[22] Hibbler D K, Shinew K J. Interracial couples' experience of leisure: A social network approach [J]. Journal of Leisure Research, 2002, 34 (2): 135-157.

[23] Kerstetter D L, Yarnal C M, Son J S, et al. Functional support associated with belonging to the red hat society, a leisure-based social network [J]. Journal of Leisure Research, 2008, 40 (4): 531-555.

[24] Mulcahy C M, Parry D C, Glover T D. Play-group politics: A critical social capital exploration of exclusion and conformity in mothers groups [J]. Leisure Studies, 2010, 29 (1): 3-27.

[25] Uhlik K S. Revisiting the strength of weak ties: Lessons learned from social network leisure research [J]. Leisure/Loisir: Journal of the Canadian Association for Leisure Studies, 2011, 35 (4): 453-470.

[26] LaPage W F. Partnerships for parks: A handbook for building and guiding park partnerships [M]. Tallahassee, FL: National Association of State Park Directors, 1994: 248-256.

[27] Selin S, Chavez D. Characteristics of successful tourism partnerships: A multiple case study design [J]. Journal of Park and Recreation Administration, 1994 (12): 51-61.

［28］Decker D J, Mattfield G F. Human dimensions of wildlife management in Colorado: A strategy for developing an agency-university partnership［J］. Journal of Park and Recreation Administration, 1995, 13（4）: 25-36.

［29］Uhlik K S. Partnership, step by step: A practical model of partnership formation［J］. Journal of Park and Recreation Administration, 1995, 13（4）: 13-24.

［30］Glover T D. Municipal park and recreation agencies unite! A single case analysis of an intermunicipal partnership［J］. Journal of Park and Recreation Administration, 1999, 17（1）: 73-99.

［31］王素洁, 胡瑞娟, 程卫红. 国外社会网络范式下的旅游研究综述［J］. 旅游学刊, 2009, 24（7）: 90-95.

［32］刘法建, 章锦河, 陈冬冬. 社会网络分析在旅游研究中的应用［J］. 旅游论坛, 2009, 2（2）: 172-177.

［33］Bendle L J, Patterson I. The centrality of service organizations and their leisure networks［J］. Service Industries Journal, 2010, 30（10）: 1607-1619.

［34］Blackshaw T, Long J. A critical examination of the advantages of investigating community and leisure from a social network perspective［J］. Leisure Studies, 1998, 17（4）: 233-248.

［35］Humphrey R. Social selves: Theories of the social formation of personality［J］. Sociology 1993, 27（1）: 182-183.

［36］Wellman B. The community question: The intimate networks of east yorkers［J］. American Journal of Sociology, 1979, 84（5）: 1201-1231.

［37］Wellman B, Carrington P, Hall A. Networks as personal communities in social structures: A network approach［M］. Cambridge: Cambridge University Press, 1988: 130-184.

［38］韩国圣, 李辉, 程绍文. 威海国际海水浴场冬泳爱好者社会交往影响因素研究［J］. 旅游学刊, 2010, 25（12）: 63-71.

［39］于永慧. 参加大众体育与个人社会网络的关系分析——和其他休闲活动类型相比较［J］. 天津体育学院学报, 2005, 20（6）: 60-62.

［40］黄琼. 中国城市中间阶层闲暇消费之社会网络互动［D］. 长沙: 中南大学, 2004.

［41］刘少杰. 经济社会学的新视野: 理性选择与感性选择［M］. 北京: 社会科学文献出版社, 2005: 92-93.

［42］翟学伟. 中国社会中的日常权威: 概念、个案及其分析［J］. 浙江学刊, 2002（3）: 106-113.

［43］吴毅. "权力—利益的结构之网"与农民群体性利益的表达困境［J］. 社会学研究, 2007（5）: 21-45.

［44］孙庆民. 社会交换资源理论评述［J］. 湖南师范大学社会科学学报, 1994, 23（6）: 117-120.

第二章 北京城区老年人休闲参与对社会关系的影响研究

第一节 引言

随着社会的转型、经济的发展及医疗科技的进步，导致人类的寿命增长，从而人口老龄化严重，世界各国的老年人口比例快速上升。同时，伴随着城镇社会养老保障体系的健全、家庭结构快速向核心化和小型化方向发展以及人们休闲价值观的转变，老年人休闲正日益成为社会关注的热点。能否使老年人"老有所养、所学、所为、所乐"是老年休闲研究的主要任务，也是我国当前全面建设和谐社会的重要目标之一[1]。目前我国人口老龄化速度不断加快，按照联合国教科文组织的标准，"老龄化社会"的老年人口比例标准定为10%，我国已经步入老龄化社会。而我国截至2017年底，全国60周岁及以上的老年人口24090万，占总人口的17.3%，其中65周岁及以上的老年人口15831万，占总人口的11.4%。[2]据统计，目前北京老年人的年平均增长速度已经大大超过了总人口的年均增长速度。总人口的年均增长率约为2.3%，而60岁及以上老人年均增长率为4.5%，65岁及以上老人年均增长率为5.3%。根据北京市老龄委预测，从人口老龄化发展趋势和规律看，到2020年，60岁以上人口比重将上升到20%以上，提前10年达到全国2030年人口老龄化的水平，并将在2025年迎来人口老龄化高峰[3]。与此同时，随着城市老龄人口不断地增加，老年人的休闲生活却也存在着越来越多的问题。北京市在2006年进行的老年人休闲娱乐项目调查显示，老年人尤其是空巢老人对娱乐休闲生活的满意度并不高。85%的老年人离不开电视，选择听歌、上网、旅游等精神文化的比例还较低[4]。老年人口所占的比例不断增加，对我国城市的可持续发展有着严重的影响，掌握老年人休闲参与状况，促进社会关系的发展，有助于构建和谐社会和北京建设宜居城市，能够真正体现"以人为本"的思想。在全球性人口老化的趋势之下，有关老年人的各项议题不仅是各国政策的重点之一，也成为学术研究的重要课题。综观过去有关老年人休闲研究，大部分是集中在以老年人参与休闲活动的结果或者是以实证的方法研究影响老年人休闲参与的因素和制约因素等方面[5,6]，但有关"老年人休闲参与对社会关系的影响"的研究较少，因此，有必要对老年人的休闲参与情况进行深层次的探索，以了解老年人休闲参与对社会关系有何影响，从而让社会及相关部门对这类议题引起足够重视。

本文的拟定，是因为随着我国老龄化社会的不断加深，老年人休闲问题已经成为社会关注的问题，然而目前国内关于这一方面的研究较少，因此本文通过研读大量文献，了解老年人休闲参与的状况以及老年人休闲参与对社会关系的影响的相关理论，并归纳学者们的学术观点；采用问卷调查的方式，以北京城区的老年人为研究对象，进行相关调查。以问卷调查反映出的数据信息为依据，进行相关分析，为论文提供数据参考；通过文献和实地访谈法，获取旅游专业人士和北京地区老年人对于老年人休闲参与对社会关系影响的观点，增强专业性。以此过程来较为深入地探究这一方向的问题，研究讨论老年人休闲参与对社会关系的影响是如何的。并且为以后更好地研究老年人休闲做一个补充，为其他学者日后研究提供参考。

第二节　文献回顾

从研究文献来看，老年人休闲参与对老年人的影响研究方面的文献大体上可以分为两个方面：一是有利于老年人的身心健康；二是为老年人提供一个发展和维持社会关系的机会。老年人进行休闲参与对于自己和社会都有非常重要的影响。参与休闲活动除了能维持老年人的身体机能、减缓老年人疾病的发生还能促进老年人的心理健康发展[7]。Payne（1998）的研究发现：老年人通过群体参与休闲活动的形态相当普遍，而其与朋友在一起从事休闲活动的次数更直接影响其知觉心理健康，老年人休闲参与首先有益于自身的身体及心理健康，从而在此基础上为社会的和谐发展做贡献[8]。Cordes和Ibrahim曾指出，对老年人而言，休闲参与主要有三种益处：①休闲能为老人提供一个发展和维持友谊的机会；②休闲能提升老人的自尊，培养独立、勇于作决定和解决问题的能力，并且帮助他们正确面对沮丧；③休闲使老人身体健康，提升老人的生活品质，并且减少看医生和吃药的需要[8]。联合国世界卫生组织1996年对于推广老人参与身体性活动议题，明确指出老人从事于身体性活动的益处相当多，可区分为身体的、心理的及社会性的益处。规律从事身体性活动能维持身体的各项功能与健康状态、预防特定的老年疾病及帮助老人减轻面对的各种压力，以及扩张老年人的社会及文化网络[9]；澳大利亚政府从2000年起，推展及鼓励老年人维持参与小区活动，并视之为促进老年人身心健康的主要动因[10]。Maxwell（1985）一项历经十年的追踪研究发现，休闲活动的参与与老年人的死亡率有关，在他的2603名研究对象中，十年内死亡376名，经归纳，休闲参与对死亡率是显著的预测变项（休闲参与的老人死亡率较低）[11]。Kelly和Steinkamp（1987）指出，休闲活动提供开始发展初级社会关系的环境，在人生遭逢社会失落的重要阶段（如失去朋友、配偶死亡或退休后之社会环境），休闲活动可提供一个社会环境以创造新的社会关系，有能力及意愿从事休闲活动，并显示个人的自我价值[12-13]。Iso-Aholo和Prak（1996）指出，对于友伴感和友谊的需求驱使人们参与休闲活动，在参与过程中，人们获得了友伴感和友谊，这种情形从小到老皆是如此，参与休闲活动与老人的生活满意度之间有正向关系[14]。朱坤连（1994）及陈肇男（2003）的研究结果亦有类似的结论：参与休闲活动的退休人员或老年人，有较高的生活满意度[15-16]。从社会参与论（social engagement theory）观点而言，老人在心理及生理上仍有活动的需求，因此极需要延续中年时期的社会关系，如能增加社会参与，将可降低对老人"无角色角色"（roleless role）的刻板印象[17]。

从休闲参与的角度来看，Raghed和Griffith将休闲参与视为参与某种活动的频率或象征个体所参与一般休闲活动的类型[18]。Long和Haney将休闲参与的测量分为三个方面：一是参与的频率（一周参与的次数），参与的持续性（一周参与的时间），二是对被调查者参与的主观感受，三是参与持续性与强度的结合[19]。施清发等在老年人休闲参与程度的研究中，分别以一个月参与休闲活动的数量、每周参与休闲活动的天数，以及每天参与休闲活动的时间来衡量休闲参与程度[20]。基于上述关于休闲参与测量的研究，本文用老年人一起参与的休闲活动、一起休闲的次数、每次参与休闲活动的时间三个指标来衡量北京城区老年人的休闲参与状况。

从社会关系的角度来看，格兰诺维特从个体关系强度的角度把社会人际关系划分为强关系和弱关系，弱关系是一般的交换关系，而强关系则主要是情感关系。强弱关系的划分标准可以从四个维度来衡量，关系的久暂、互动频率、亲密程度（包括话题亲密和行为亲密）以及互惠内容，一般而言，强关系比弱关系拥有更长的互动历史，以及更高的互动频率，并包括较亲密的话题和行为，以及相互间经常性的互惠[21]。罗家德在借鉴格兰诺维特关于关系强度划分体系的基础上，结合中国本土人际关系的相关理论和实际研究资料，运用统计调查方法，验证了格兰诺维前三个测量指标在中国社会的适用性，并进一步提出关系强度的另一个指标，即亲密朋友圈是中国人际关系强度的一个指标[21]。

综观上述文献关于老年人休闲参与对社会关系的影响研究成果不多，因此本文主要采用对老年人休闲参与后的社会关系的变化，来研究北京老年人休闲参与对社会关系的影响问题，并基于上述文献资料情况，本文认为衡量老年人休闲参与的指标有3

个：休闲活动、休闲时间和休闲频率；衡量社会关系的指标有 4 个，即联络频率、亲密朋友圈、行为亲密和话题亲密。

第三节　数据收集与整理

一、问卷设计

本文采用问卷调查法对北京城区老年人群进行抽样调查，了解老年人休闲参与的情况以及老年人休闲参与对社会关系的影响。本问卷在设计过程中，引用了罗家德教授的相关调查问卷。此问卷采取的调查方法主要是用被调查人自己提名的方法，然后调查与被访者有关系的人及他们之间的关系情况，重点强调的是关系[22]。这里衡量社会关系的指标是认识久暂、互动频率、话题亲密和行为亲密这四个指标。这种调查方法后来被列入美国的一般社会调查之中，并逐步发展为一套成熟完善的自我中心社会网的调查方法[22]。罗家德教授在此基础上，结合中国本土人际关系的相关理论和实际研究资料，运用统计调查方法，验证了这种调查方法在中国社会的适用性，并进一步提出了衡量中国人社会关系的另一个指标即亲密朋友圈。而且这 5 个指标都已经经过中国本土化的检验，具有良好的信度与效度[21]。本文的调查问卷共分为两个部分，第一部分是问卷的主体部分，采用自我中心网[17]的提名调查方法，共有 9 道问题：首先，要求被调查者提供"最近半年，你最常和哪些人一起进行休闲娱乐活动"？要求最多提供 5 个人。接着要求被调查者填出与这 5 个人经常进行哪类休闲活动，依据王琪延等[23]关于老年人休闲活动划分观点，我们共划分五类休闲活动，即体育锻炼、娱乐消遣、休闲旅游、修身养性、公益服务。他们之间的休闲次数。每次休闲娱乐的时间。第 4、第 5、第 6、第 7、第 8、第 9 道题分别询问被调查者与 5 个人之间的关系（夫妻关系、子女关系、兄弟姐妹关系、好朋友关系、普通亲属关系、普通朋友和认识的人）、认识时间久暂（刚刚认识、半年到一年、一年到三年、三年到十年、十年以上）、联络的次数（一天至少一次、一周至少一次、一月至少一次、半年至少一次）、共同认识的人（亲密朋友圈）（没有什么共同认识的人、一群都不太熟悉的共同认识的人、一小群十分熟悉共同认识的人、好几群十分熟悉的共同认识的人）、平时一起做什么事情（行为亲密）[除了休闲以外，我们平时没有什么事情可以做；我们会一起参加休闲以外的活动；一起吃午饭或晚饭；两家人会聚在一起参加休闲活动；他（她）会借我一个月退休金以上的钱给我；我们会相约一起长途旅游；他（她）会对你做人处世提出规劝意见；你有重大困难，他（她）牺牲自己的重大利益主动来帮你]、平时谈论的话题（话题亲密）（除了休闲以外，我们没有什么其他共同话题；消费；天气；子女；电影；电视；政治信息；共同的兴趣；交换相关知识与心得；评论共同认识的人或别人，如我喜欢谁，不喜欢谁；深入讨论自己的宗教、信仰或自己的世界观；自己的婚姻和私人感情生活）。

问卷第二部分是被调查人的社会人口信息，包括被调查人的性别、年龄、教育程度、家庭结构（空巢家庭、两代人家庭、三代人家庭、四代人家庭）、婚姻状况、家庭平均月收入。

二、资料收集情况

本文选取了北京作为研究对象，共获得 307 份有效问卷。之所以选择北京，是因为截至 2009 年底，北京市户籍总人口为 1245.8 万，其中 60 岁及以上老年人口为 226.6 万，比上年增加 8.6 万，占总人口的 18.2%，而全国老年人 2009 年占总人口的 12.5%，北京老年人口占总人口比例超出全国老年人的 5.7%。而且，从老龄化程度上看，北京市 16 个区县都已经进入人口老龄化社会行列，但分布呈不均匀态势。东城、西城两城区老年人口比例在 16.8% 以上，明显高于城市功能拓展区（朝阳区、丰台区、石景山区、海淀区）的 12.0% 和城市发展新区（房山区、通州区、顺义区、昌平区、大兴区）与生态涵养发展区（门头沟区、怀柔区、平谷区、密云区、延庆区）的 11.4%。从老年人口占全市老年总人口的比例看，首都功能核心区老年人口占全市老年人口的 21%，城市功能拓展区老年人占 45.2%，城市发展新区和生态涵养发展区共占 33.8%。老年人口主要分布在朝阳、海淀、丰台和西城四区，该四区老年人口占全市老年总人口的 48.9%，其中，朝阳区老年人口数量最多，占全市总数的 16.9%。崇文区的老年化程度最高，全区超过 60 岁的人口占全区总人口的 17.1%[3]。所以，选择北京城区的老年人作为调查对象，其数据有一定的代表性。

本文在北京城区问卷发放点的选择上，采取了"公园＋社区＋街头＋大型超市＋校园内"的方式，即在北京的 6 个城区选择了公园、社区、街头和大型超市等老年人较集中的地点进行问卷发放。调查对象为 60 岁以上的老年人，共发放问卷 330 份，回收问卷 330 份，回收率 100%，有效问卷 307 份，无效问卷 23 份，问卷有效率 93.03%。307 份问卷共形成以自我为中心的网络关系数为 966 对（每个调查样本最多可对应 5 个关系，即最多可产生 5 对社会关系；最少对应 1 个关系，即最少可产生 1 对社会关系）。本文以下的所有数据分析都是基于这 307 份问卷产生的 966 对关系数，而不是基于调查样本的个案。

三、数据整理情况

表1　老年人受访者调查样本的人口学特征

特征	特征值	频率	样本总体（%）	特征	特征值	频率	样本总体（%）
性别	男	425	44.3	教育程度	初中（含）以下	472	49.3
	女	534	55.7		高中/中专	335	35.0
年龄	60~69岁	513	53.9		大学及以上	150	15.7
	70~79岁	394	40.8	家庭结构	"空巢"家庭	174	18.1
	80岁及以上	44	5.3		两代人家庭	280	29.1
月收入（元）	1500及以下	112	12.7		三代人家庭	438	45.5
	1501~3000	382	43.5		四代人家庭	71	7.3
	3001~5000	227	25.8	婚姻状况	夫妻二人	761	79.4
	5001~7000	73	8.3		丧偶	179	18.7
	7001~10 000	61	7.0		离异	19	1.9
	10 001及以上	24	2.7				

本次问卷调查中，共307名被调查者，产生966对社会关系。其中，男性选择频率（社会关系数）为425，占样本总体的44.3%；女性选择频率（社会关系数）为534，占样本总体的55.7%，女性略高于男性。被调查者以60~69岁和70~79岁的中低龄老年人为主，分别占53.9%和40.8%。文化程度方面，在307名被调查者中，初中（含）以下学历的老年人占49.3%，高中及以上学历的老年人占50.7%，可以看出，北京城区老年人的受教育程度相对均衡。家庭结构方面，在307名被调查者中，北京城区老年人家庭结构主要以三代人家庭居多，占到总数的45.5%，其次是两代人家庭，占到总数的29.1%，第三位的是"空巢"家庭，占总数的18.1%，家庭结构是四代人的家庭相对最少，占到总数的7.3%。婚姻状况方面，在307名被调查者中，婚姻状况是夫妻二人的最多，占到总数的79.4%，婚姻状况次之的是丧偶的情况，占到总数的18.7%，最后，婚姻状况为离异的情况占到总数的1.9%。在家庭平均月收入方面，在307名被调查者中，老年人月收入在1501~3000元的最多，占到总数的43.5%，其次是月收入在3001~5000元，占到总数的25.8%，月收入在5001元以上的占总数的18.0%，月收入在1500元以下的占总数的12.7%。可以看出，北京城区老年人的月收入相对较高。总的来说，在307名被调查者中，女性比例略高于男性，以79岁以下的老年人为主，大

部分被调查者都是夫妻二人,三代人家庭;有超过半数的被调查者有高中/中专及以上的文化程度;月收入在 1501 以上的被调查者占到调查总数的 87.3%。

第四节 研究过程与分析

本文研究回收问卷使用了 SPSS 和 Excel 工具对问卷的数据进行统计分析,从而进一步分析北京老年人休闲参与对社会关系的影响。

一、北京城区老年人休闲参与状况(休闲参与活动、时间、频率)

(一)北京城区老年人休闲参与活动的分布

表 2　北京城区老年人休闲参与活动的分布

休闲活动	频率	百分比(%)
体育锻炼类	581	60.1
娱乐消遣类	484	50.1
休闲旅游类	290	30.0
修身养性类	221	22.9
公益服务类	69	7.1

由表 2 选择频率可以看出,老年人在一起经常进行的休闲活动依次是体育锻炼类休闲活动、娱乐消遣类休闲活动、休闲旅游类休闲活动、修身养性类休闲活动和公益服务类休闲活动。

(二)北京城区老年人休闲参与时间的长度分布

表 3　北京城区老年人休闲参与时间的长度分布

指标	频率	百分比(%)	有效百分比(%)	累积百分比(%)
0.1~1 小时	229	23.7	24.9	24.9
1.1~2 小时	365	37.8	39.7	64.6
2.1~3 小时	152	15.8	16.8	81.4
3.1~4.0 小时	84	8.7	9.0	90.4
4.1~5.0 小时	53	5.5	5.7	96.1
5.1~10 小时	36	3.7	3.8	99.9
10 小时以上	1	0.1	0.1	100
合计	920	95.3	100	
系统缺失	46	4.7		
合计	966	100		

由表 3 可以看出，北京城区老年人每次休闲娱乐的时间从最低的 0.1 个小时到 10 小时以上不等，但大部分老年人休闲娱乐的时间在 0.1~3 个小时，其中选择每次休闲娱乐时间最多的是 1.1~2 个小时，选择频率是 365，占到总数的 39.7%，其次是 0.1~1 个小时，选择频率是 229，占到总数的 24.9%；第三位是 2.1~3 个小时，选择频率是 152，占到总数的 16.8%，这三个选项的总和占到总数的 81.4%，可见，北京城区老年人每次休闲娱乐的时间一般控制在 1~3 个小时。

（三）北京城区老年人休闲参与次数（频率）状况

表 4　北京城区老年人休闲参与次数（频率）状况

指标	频率	百分比（%）	有效百分比（%）	累积百分比（%）
一天至少一次	470	48.7	48.7	48.7
一周至少一次	351	36.3	36.3	85.0
一月至少一次	108	11.2	11.2	96.2
半年至少一次	37	3.8	3.8	100.0
合计	966	100.0	100.0	

由表 4 可以看出，北京城区老年人一起休闲的次数相对来说频率较高。其中选择"一天至少一次"的频率为 470，占到总数的 48.7%；选择"一周至少一次"的频率为 351，占到总数的 36.3%；选择"一个月至少一次"的频率为 108，占到总数的 11.2%。也就是说选择在一个月之内至少进行一次休闲活动的频率为 929，占到总数的 96.2%。从侧面反映出，北京城区老年人参与休闲活动的频率相对较高。

二、休闲参与前的北京城区老年人的社会关系状况

（一）北京城区老年人休闲参与前的联络频率状况

表 5　北京城区老年人休闲参与前联络频率的状况

指标	频率	百分比（%）	有效百分比（%）	累积百分比（%）
一天至少一次	472	48.9	49.2	49.2
一周至少一次	326	33.7	34.0	83.2
一月至少一次	118	12.2	12.3	95.5
一年至少一次	39	4.0	4.1	99.6
几年一次	4	0.4	0.4	100.0
合计	959	99.2	100.0	

由表 5 可以看出，针对休闲参与前社会关系（联络频率）的选择上，北京城区老年人选择最多的是"一天至少一次"，选择频率为 472，占到总数的 49.2%；其次的选

择是"一周至少一次",选择频率为326,占到总数的34.0%;第三位的选择是"一月至少一次",选择频率为118,占到总数的12.3%;第四位的选择是"一年至少一次",选择频率为39,占到总数的4.1%;选择最少的是"几年一次",选择频率为4,占到总数的0.4%。也就是说北京城区老年人联络频率在"一周至少一次"之内(包括"一天至少一次")的选择频率为798,占到总数的83.2%。由此可以得出,北京城区老年人的联络频率相对较高。

(二)北京城区老年人休闲参与前的亲密朋友圈状况

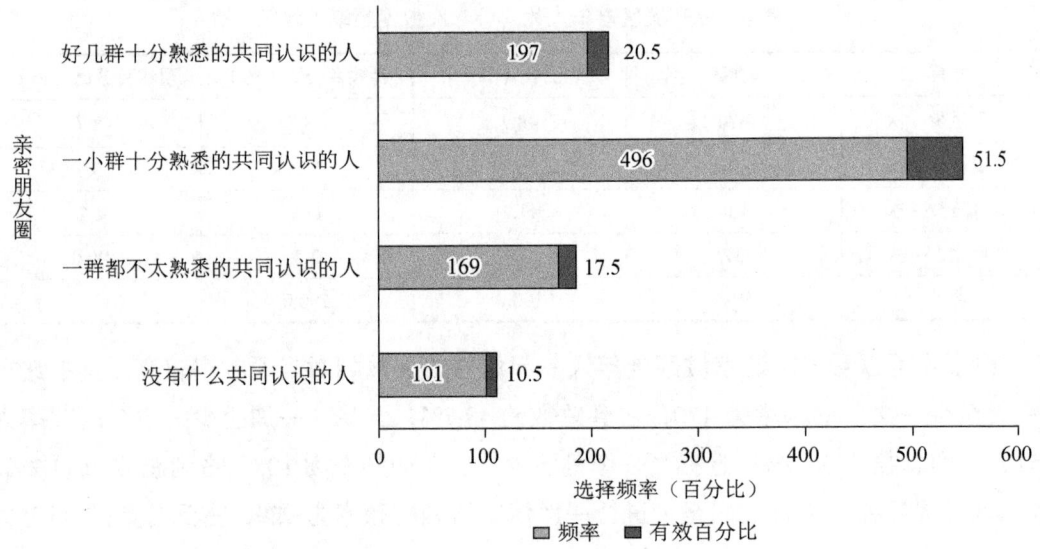

图1 北京城区老年人休闲参与前亲密朋友圈的状况

由图1可以看出,针对休闲参与前社会关系(亲密朋友圈)的选择上,北京城区老年人选择最多的是"一小群十分熟悉的共同认识的人",选择频率为496,占到总数的51.5%;其次的选择是"好几群十分熟悉的共同认识的人",选择频率为197,占到总数的20.5%;第三位的选择是"一小群都不太熟悉的共同认识的人",选择频率为169,占到总数的17.5%;选择最少的是"没有什么共同认识的人",选择频率为101,占到总数的10.5%。也就是说北京城区老年人的亲密朋友圈在"十分熟悉"的范围内(包括"一小群十分熟悉的共同认识的人"和"好几群十分熟悉的共同认识的人")的选择频率为696,占到总数的72.0%。由此可以看出,北京城区老年人之间的朋友关系是比较亲密的。

(三)北京城区老年人休闲参与前的行为亲密状况

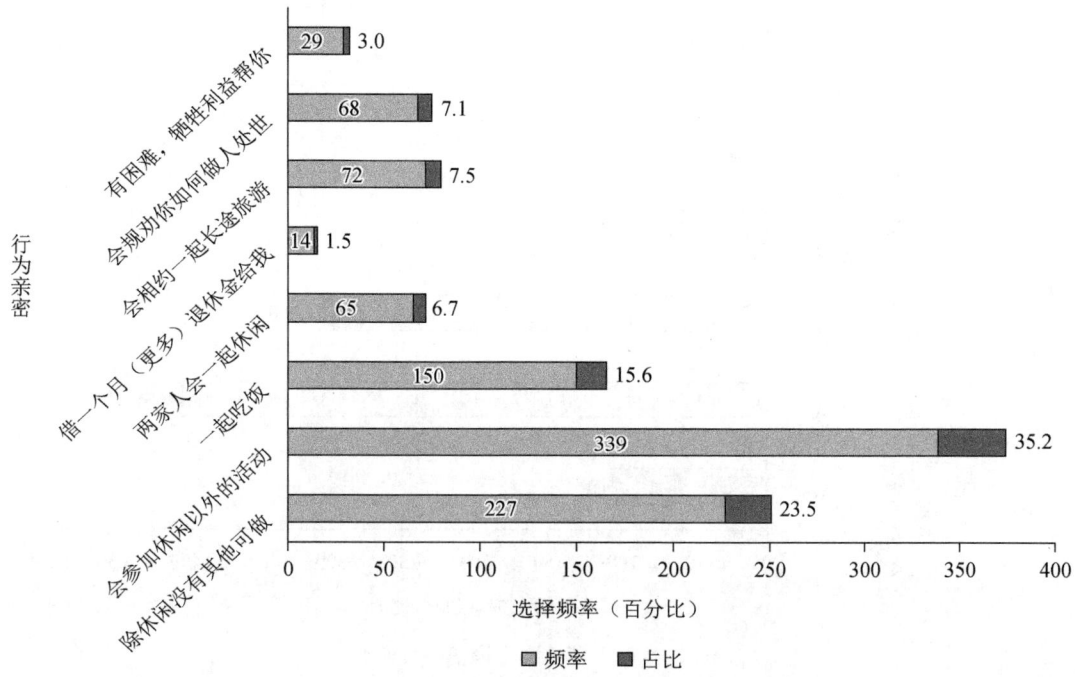

图 2　北京城区老年人休闲参与前行为亲密的状况

由图 2 可以看出,针对休闲参与前社会关系(行为亲密)的选择上,北京城区老年人选择最多的是"会参加休闲以外的活动",选择频率为 339,占到总数的 35.2%;其次的选择是"除了休闲以外,我们平时没有什么事情可做",选择频率为 227,占到总数的 23.5%;第三位选择的是"一起吃午饭或晚饭",选择频率为 150,占到总数的 15.6%;第四位选择的是"我们会相约一起长途旅游",选择频率为 72,占到总数的 7.5%;第五位选择的是"他(她)会对你做人处世提出规劝意见",选择频率为 68,占到总数的 7.1%;第六位选择的是"两家人会聚在一起参加休闲活动",选择频率为 65,占到总数的 6.7%;第七位选择的是"你有重大困难,他(她)牺牲自己的重大利益主动来帮你",选择频率为 29,占到总数的 3.0%;选择最少的是"他(她)会借我一个月退休金以上的钱给我",选择频率为 14,占到总数的 1.5%。也就是说北京城区老年人在一起做的事当中,排除行为不够亲密的选项"除了休闲以外,我们平时没有什么事情可做"之外,其他能够体现老年人行为亲密的选项的选择频率之和为 737,占到总数的 76.5%。由此可以看出,北京城区老年人之间的行为是较亲密的。

（四）北京城区老年人休闲参与前的话题亲密状况

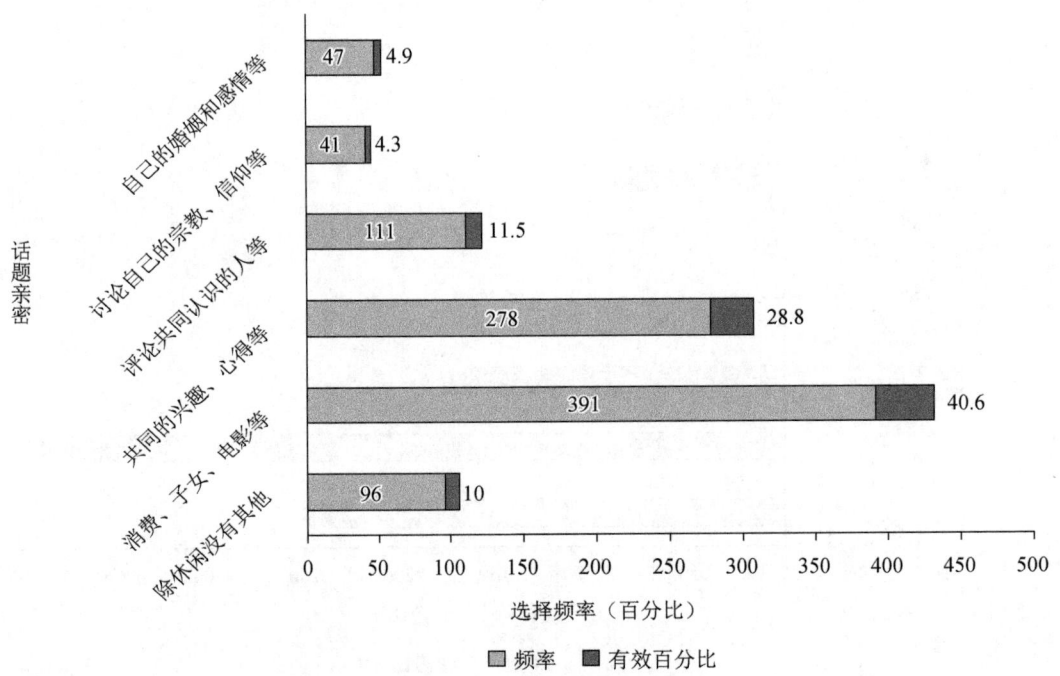

图3 北京城区老年人休闲参与前话题亲密的状况

由图3可以看出，针对休闲参与前社会关系（话题亲密）的选择上，北京城区老年人选择最多的是"消费、天气、子女、电影、电视、政治信息"，选择频率为391，占到总数的40.6%；其次的选择是"共同的兴趣、交换相关知识与心得"，选择频率为278，占到总数的28.8%；第三位选择的是"评论共同认识的人或别人，如我喜欢谁，不喜欢谁"的频率为111，占到总数的11.5%。第四位选择的是"除了休闲以外，我们没有什么其他共同话题"的频率为96，占到总数的10%。第五位选择的是"自己的婚姻和私人感情生活"的频率为47，占到总数的4.9%；选择最少的是"深入讨论自己的宗教、信仰或自己的世界观"，选择频率为41，占到总数的4.3%。通过分析可以看出，北京老年人在涉及个人隐私的话题，如"自己的婚姻和私人感情生活"和"深入讨论自己的宗教、信仰或自己的世界观"等话题的选择频率较低，可见，北京城区老年人之间谈论话题的亲密程度相较来说低于其他衡量指标。

三、北京城区老年人休闲参与对社会关系的影响

（一）休闲参与中社会关系的配对样本T检验

在分析过程中，首先对社会关系的四个衡量指标采取了加权赋分的方法，之后又对每个指标进行了具体分析。在赋分的过程中，每个指标的满分均为10分，但权重对

每个指标来说不一样。对于联络频率这个指标，其权数为2.5，四个变量值赋分如下，"一天至少一次"10分，"一周至少一次"7.5分，"一月至少一次"5分，"半年至少一次"2.5分。对于亲密朋友圈这个指标，其权数为2.5，四个变量值赋分如下，"没有什么共同认识的人"2.5分，"一群都不太熟悉的共同认识的人"5分，"一小群十分熟悉共同认识的人"7.5分，"好几群十分熟悉的共同认识的人"10分。对于行为亲密这个指标，其权数为1.25，八个变量值赋分如下，"除了休闲以外，我们平时没有什么事情可以做"1.25分，"我们会一起参加休闲以外的活动"2.5分，"一起吃午饭或晚饭""两家人会聚在一起参加休闲活动"3.75分，"他（她）会借我一个月退休金以上的钱给我"5分，"我们会相约一起长途旅游"6.25分、"他（她）会对你做人处世提出规劝意见"7.5分，"你有重大困难，他（她）牺牲自己的重大利益主动来帮你"10分。对于话题亲密这个指标，在分析过程中同样采取了加权赋分的方法，满分为10分，其权数为1.67，六个变量值赋分如下，"除了休闲以外，我们没有什么其他共同话题"1.67分，"消费、天气、子女、电影、电视、政治信息"3.34分，"共同的兴趣、交换相关知识与心得"5分，"评论共同认识的人或别人，如我喜欢谁，不喜欢谁"6.67分，"深入讨论自己的宗教、信仰或自己的世界观"8.35分、"自己的婚姻和私人感情生活"10分。对于休闲参与对联络频率、亲密朋友圈、行为亲密和话题亲密的影响，不同的衡量指标产生的影响也会不同。对于这个问题还需要进一步研究，因此本文在此运用了配对样本T检验的方法进行验证。研究结果表明，北京城区老年人在"休闲参与前联络频率"与"休闲参与联络频率"，在"休闲参与前亲密朋友圈"与"休闲参与后亲密朋友圈"，在"休闲参与前行为亲密"与"休闲参与行为亲密"的选择上存在显著差异。而在"休闲参与前话题亲密"与"休闲参与后话题亲密"的选择上则无显著差异。

（二）休闲参与对社会关系的影响

1. 休闲活动对社会关系的影响

由图4可以看出，在研究休闲活动对社会关系（联络频率）的影响方面，将影响程度设为3种，分别是"次数增加了""次数差不多一样"和"次数减少了"。从图中我们可以清晰地看出，5种休闲活动中选择"次数差不多一样"的频率最高，其次是选择"次数增加了"的频率；选择最少的频率是"次数减少了"。也就是说，休闲活动对老年人联络频率的影响是利弊共存的，但总的来说，休闲活动产生的正面影响——联络频率增加了，大于其产生的负面影响——联络频率减少了，也就是说，休闲活动更有利于老年人联络频率的增加。

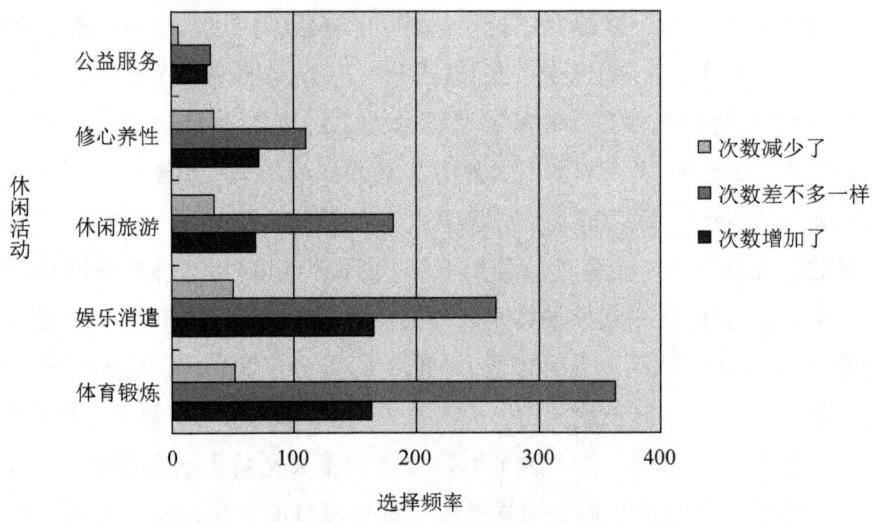

图4　休闲活动对社会关系（联络频率）的影响

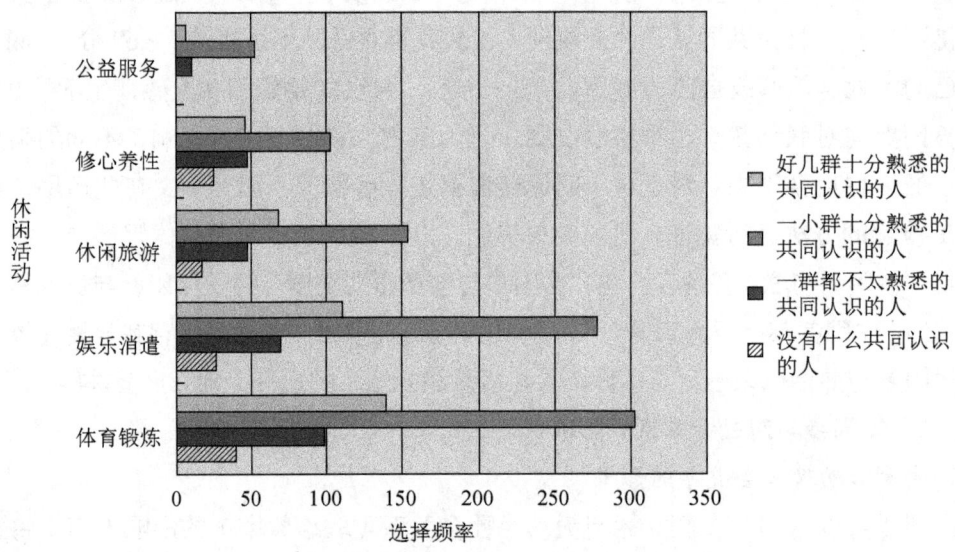

图5　休闲活动对社会关系（亲密朋友圈）的影响

由图5可以看出，无论老年人参与的是哪项休闲活动，老年人选择最多的选项都是"一小群十分熟悉的共同认识的人"，其次是"好几群十分熟悉的共同认识的人"，第三位的是"一群都不太熟悉的共同认识的人"，而选择最少的是"没有什么共同认识的人"。可见，不同的休闲活动对于老年人亲密朋友圈的影响有着相同的效果，而在这其中，选择"十分熟悉"的频率远高于"没有共同认识的人"的频率，可见，休闲活动可以更好地让老年人之间相互认识、沟通，从而拓展自己的朋友圈，将不认识的人变为熟悉的人，也就是说，休闲活动更有利于拓展老年人的亲密朋友圈。

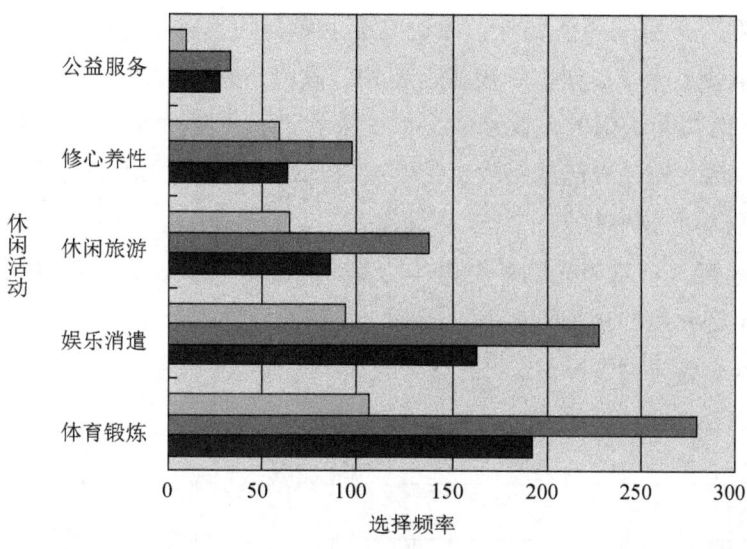

图 6 休闲活动对社会关系（行为亲密）的影响

由图 6 可以看出，无论老年人参与的是哪项休闲活动，老年人选择最多的选项都是"我们一起做的事情和参与休闲前差不多"，其次是"我们一起做的事情比参与休闲前多了"，最后是"我们主要是参与休闲活动，其他事情一起做的不太多"。可见，不同的休闲活动对老年人的行为亲密情况产生的效果是一样的。也就是，休闲活动产生的正面影响——"我们一起做的事情比参与休闲前多了"大于休闲活动产生的负面影响——"我们主要是参与休闲活动，其他事情一起做的不太多"。也就是说，休闲活动的参与更有利于老年人之间行为亲密程度的增加。

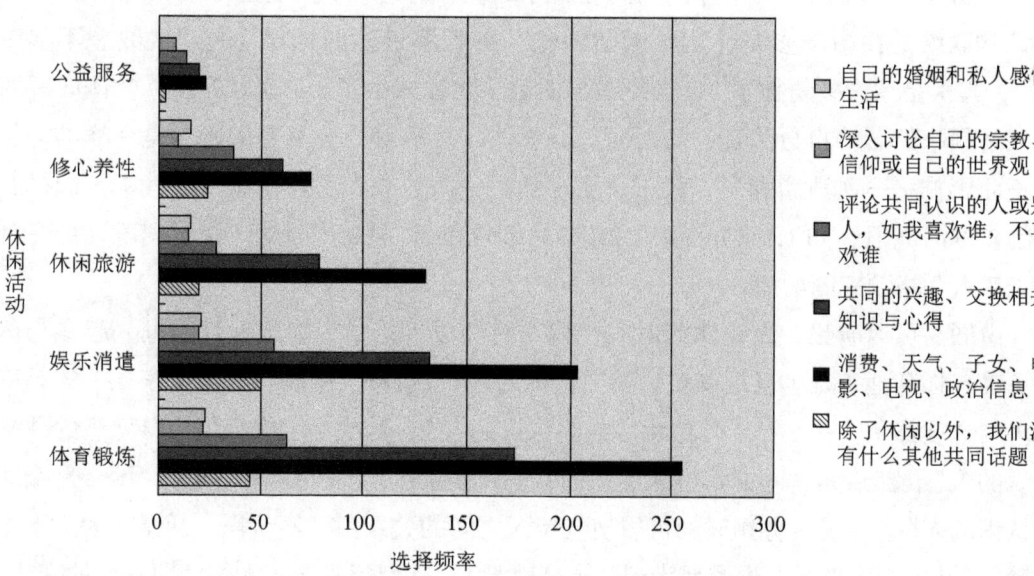

图 7 休闲活动对社会关系（话题亲密）的影响

由图7可以看出，除公益服务类活动外，无论老年人参与的是哪项休闲活动，选择最多的选项依次是"消费、天气、子女、电影、电视、政治信息""共同的兴趣、交换相关知识与心得""评论共同认识的人或别人，如我喜欢谁，不喜欢谁""自己的婚姻和私人感情生活"和"深入讨论自己的宗教、信仰或自己的世界观"。由于北京老年人选择"公益服务"类活动的频率较低，所以不具代表性，也就是说，无论老年人参与的是哪项休闲活动，老年人喜欢谈论的话题基本上是一样的，可见，休闲活动对于老年人之间谈论话题的亲密程度的影响不大。

2.休闲时间分配对社会关系的影响

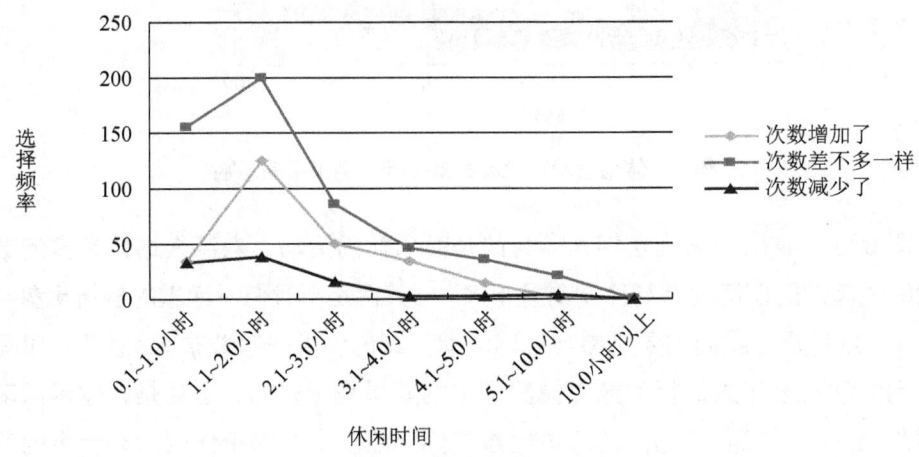

图8 休闲时间对社会关系（联络频率）的影响

由图8可以看出，无论休闲时间在哪个时间段，老年人在选择"你和他（她）现在日常联络的次数与参与休闲活动前相比"的频率最多的选项都是"次数差不多一样"，其次是"次数增加了"，选择最少的是"次数减少了"。也就是说，休闲时间对于联络频率的影响也分为正、负两面，但与休闲活动对社会关系的影响是一样的，也是正面影响——次数增加了，大于负面影响——次数减少了。当然，这其中，选择频率越多的时间段，如1.1~2.0小时、2.1~3.0小时和3.1~4.0小时这3个时间段，更有利于老年人联络频率的增加。

由图9可以看出，无论休闲时间在哪个时间段，老年人在选择"通过一起参与休闲活动，你和他（她）现在有多少共同认识的人"（朋友、亲属、邻居或家人）的频率最多的选项都是"一小群十分熟悉的共同认识的人"，其次是"好几群十分熟悉的共同认识的人"，然后是"一群都不太熟悉的共同认识的人"，选择最少的是"没有什么共同认识的人"。可见，休闲时间可以使老年人之间的关系由"不认识"慢慢变为"不太熟悉"，从"不太熟悉"慢慢变为到"十分熟悉"，从而促进老年人亲密朋友圈的变化。

当然，这其中选择频率越多的时间段，如 0.1~1.0 小时、1.1~2.0 小时和 2.1~3.0 小时这 3 个时间段，更有利于老年人亲密朋友圈的拓展。

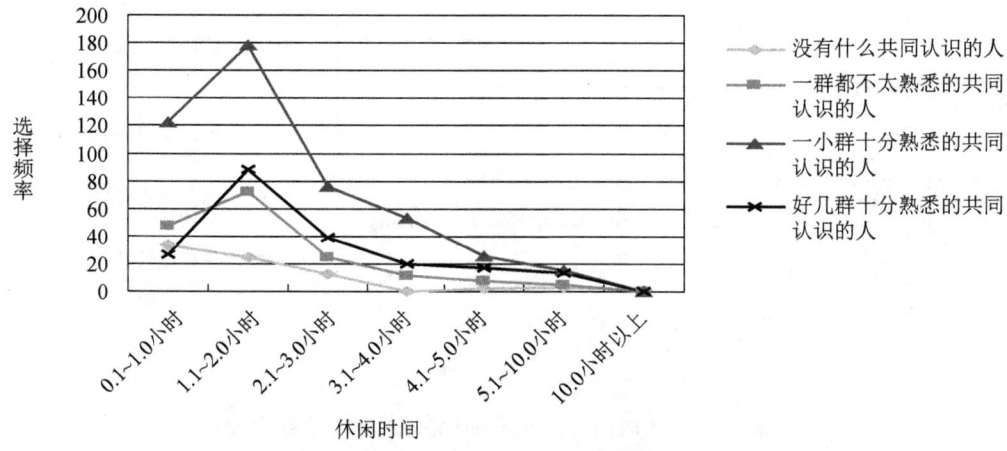

图 9　休闲时间对社会关系（亲密朋友圈）的影响

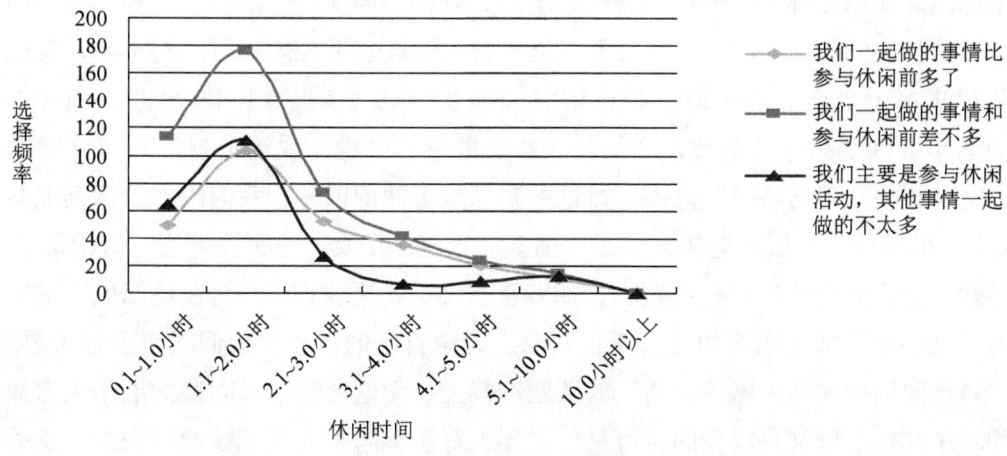

图 10　休闲时间对社会关系（行为亲密）的影响

由图 10 可以看出，无论休闲时间在哪个时间段，老年人在选择"通过参与休闲活动，你和他（她）平时一起做些什么事情"的频率最多的选项都是"我们一起做的事情和参与休闲前差不多"，但对于其他两个选项"我们一起做的事情比参与休闲前多了"和"我们主要是参与休闲活动，其他事情一起做的不太多"则在不同时间段上发生了一些变化。时间在 2.1~10.0 小时以上的选择是"我们一起做的事情比参与休闲前多了"高于"我们主要是参与休闲活动，其他事情一起做的不太多"的选择频率。可见，老年人休闲时间越长，越有利于老年人之间行为亲密程度的增加，反之则相反。

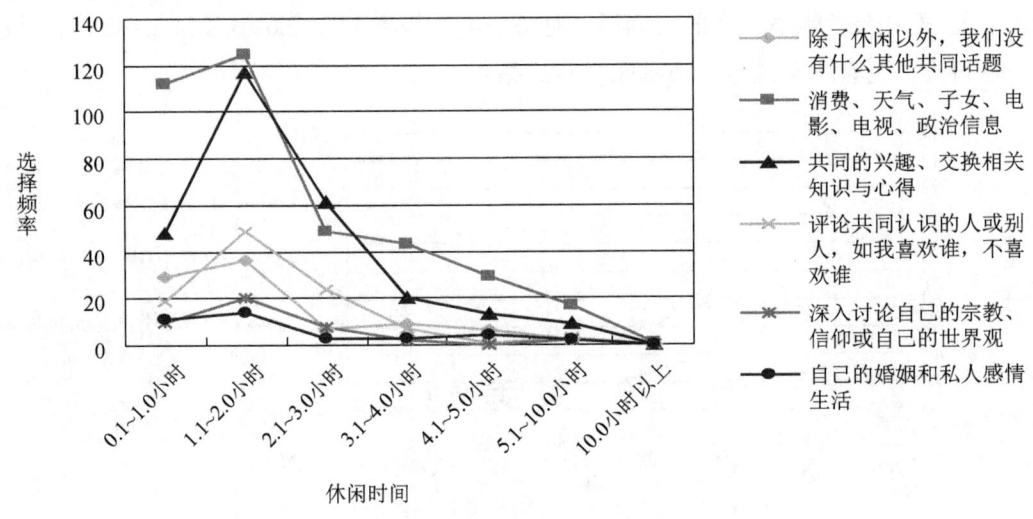

图 11　休闲时间对社会关系（话题亲密）的影响

由图 11 可以看出，大体上来说，无论休闲时间在哪个时间段上，老年人最喜欢谈论话题的前两位都是"消费、天气、子女、电影、电视、政治信息"和"共同的兴趣、交换相关知识与心得"。但从第三位开始，随着老年人休闲时间的不同，在谈论话题的选择上也会有所不同。如休闲时间为 0.1~1.0 小时、3.1~4.0 小时、4.1~5.0 小时的老年人除了谈论"消费、天气、子女、电影、电视、政治信息"和"共同的兴趣、交换相关知识与心得"之外，讨论的是"除了休闲以外，我们没有什么其他共同话题"，而其他时间段的老年人除了"消费、天气、子女、电影、电视、政治信息"，更喜欢"评论共同认识的人或别人，如我喜欢谁，不喜欢谁"。而在第四位话题的选择上，这些时段的人刚好相反。而在"深入讨论自己的宗教、信仰或自己的世界观"和"自己的婚姻和私人感情生活"的话题选择上，无论是哪个时间段的老年人选择频率相较于其他话题都是较少的。可见，老年人对于偏隐私的话题谈论得较少。总的来说，休闲时间的长短对于老年人谈论话题的亲密程度的影响不大。因为由以上分析我们可以看出，不论休闲时间多长，老年人都喜欢谈论"消费、天气、子女、电影、电视、政治信息"和"共同的兴趣、交换相关知识与心得"。同样地，不论休闲时间长短，老年人对于"深入讨论自己的宗教、信仰或自己的世界观"和"自己的婚姻和私人感情生活"的话题谈论较少。可见，休闲时间对老年人的话题亲密程度的影响不大。

3. 休闲频率对社会关系的影响

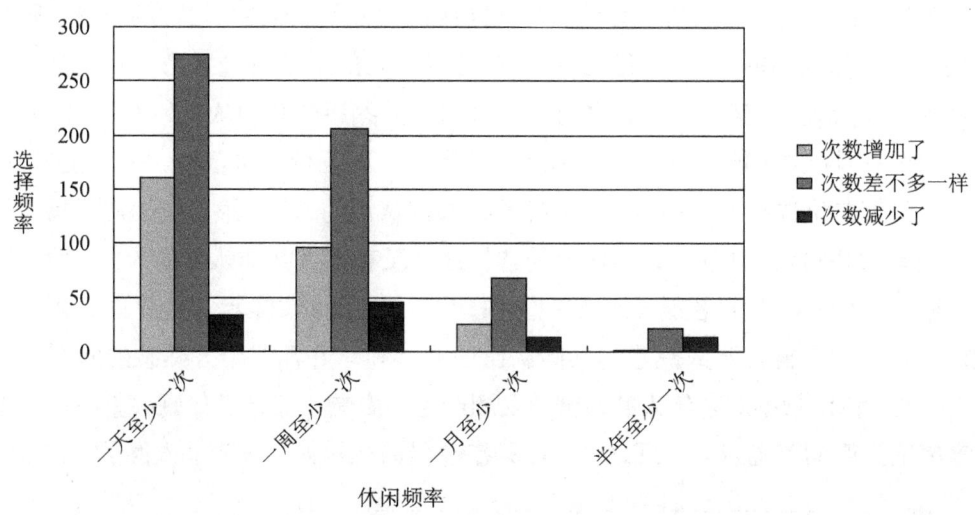

图 12　休闲频率对社会关系（联络频率）的影响

由图 12 可以看出，无论老年人的休闲频率如何，在选择"你和他（她）现在日常联络的次数与参与休闲活动前相比"频率最多的选项都是"次数差不多一样"，而除了休闲频率为"半年至少一次"的第二位选择是"次数减少了"，其他休闲频率的老年人选择最多的都是"次数增加了"。可见，休闲频率越低，对老年人联络频率的负面影响就越大；反之，老年人休闲频率越高，对老年人联络频率的正面影响就越大。由此可知，休闲频率越高越有利于老年人联络频率的增加。

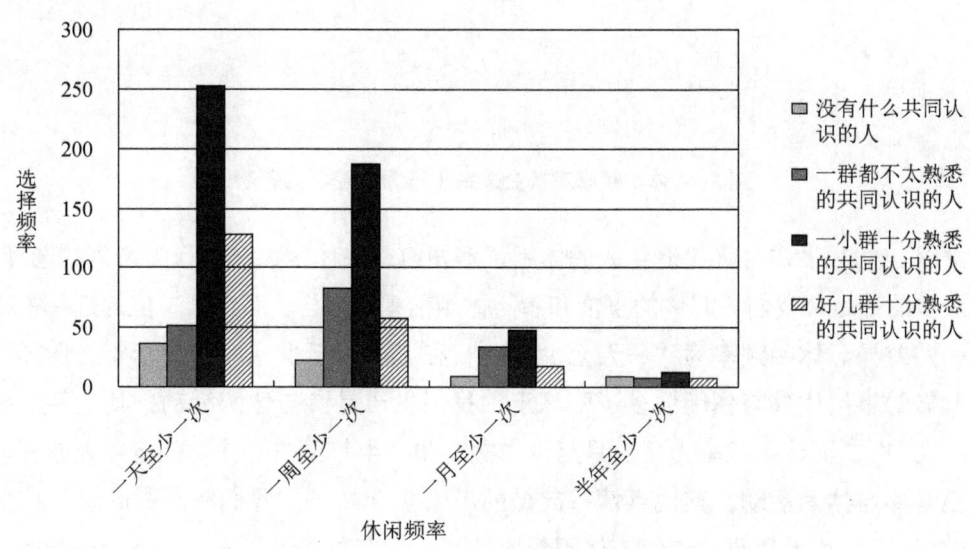

图 13　休闲频率对社会关系（亲密朋友圈）的影响

由图 13 可以看出，无论老年人的休闲频率高低，在休闲参与后亲密朋友圈的选择中，选择最多的都是"一小群十分熟悉的共同认识的人"，而在第二位的选择中则产生了一些差异。休闲频率为"一天至少一次"的老年人的第二位选择是"好几群十分熟悉的共同认识的人"，第三位的选择是"一群都不太熟悉的共同认识的人"，第四位的选择是"没有什么共同认识的人"；休闲频率为"一周至少一次"和"一月至少一次"的老年人的第二位选择是"一群都不太熟悉的共同认识的人"，第三位的选择是"好几群十分熟悉的共同认识的人"，第四位的选择是"没有什么共同认识的人"。而休闲频率为"半年至少一次"的老年人的第二位选择是"没有什么共同认识的人"，第三、第四位的选择是"一群都不太熟悉的共同认识的人"和"好几群十分熟悉的共同认识的人"。可见，休闲频率对老年人的亲密朋友圈产生了影响，而且是休闲频率越高的老年人，亲密朋友圈的范围越大。反之，休闲频率越低的老年人，亲密朋友圈的范围越小。

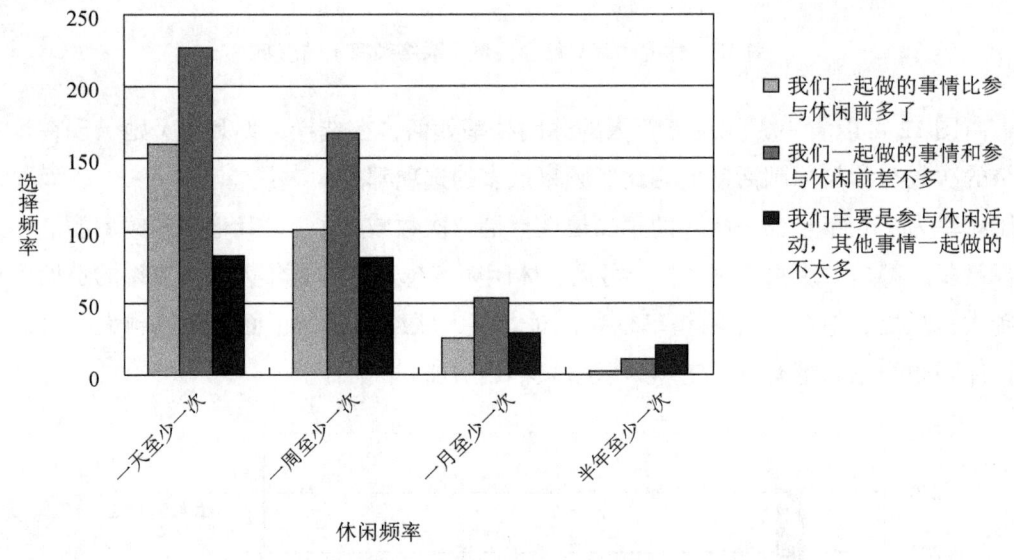

图 14　休闲频率对社会关系（行为亲密）的影响

由图 14 可以看出，无论老年人的休闲频率如何，在休闲参与后行为亲密的选择中，选择最多的都是"我们一起做的事情和参与休闲前差不多"，而在第二位的选择中则产生了一些差异。休闲频率为"一天至少一次"和"一周至少一次"的老年人选择"我们一起做的事情比参与休闲前多了"高于"我们主要是参与休闲活动，其他事情一起做的不太多"，而休闲频率为"一月至少一次"和"半年至少一次"的老年人选择"我们主要是参与休闲活动，其他事情一起做的不太多"高于"我们一起做的事情比参与休闲前多了"。由此可见，老年人休闲频率越高，越有利于老年人之间行为的亲密。反之，老年人休闲频率越低，对于老年人之间的行为亲密程度越不利。

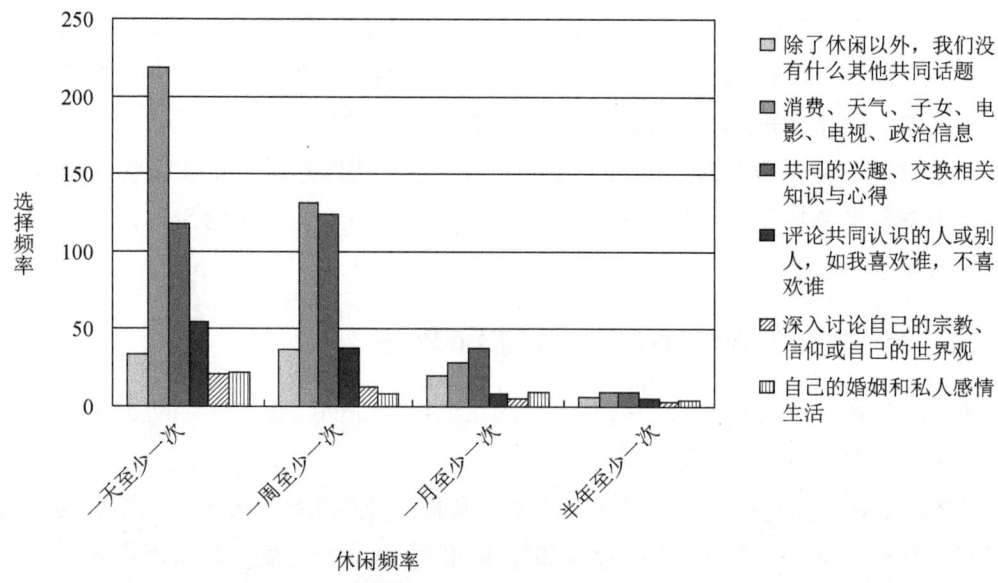

图15 休闲频率对社会关系（话题亲密）的影响

由图15可以看出，无论老年人的休闲频率高低，在休闲参与后话题亲密的选择中，老年人最喜欢谈论的话题都是"消费、天气、子女、电影、电视、政治信息""共同的兴趣、交换相关知识与心得"等，而最少谈论的话题都是涉及"深入讨论自己的宗教、信仰或自己的世界观"和"自己的婚姻和私人感情生活"等偏隐私的话题。由此可见，老年人之间谈论话题的亲密与休闲频率的关系不大。换句话说就是，老年人休闲频率的高低对老年人之间谈论话题的亲密程度影响不大。

第五节　结论与讨论

一、北京城区老年人休闲参与状况总结

从数据的分析可以看出，北京城区老年人在一起经常进行的休闲活动依次是体育锻炼类休闲活动、娱乐消遣类休闲活动、休闲旅游类休闲活动、修身养性类休闲活动和公益服务类休闲活动。老年人每次休闲娱乐的时间从最低的0.1个小时到10小时以上不等，但大部分老年人休闲娱乐的时间在0.1~3个小时，其中选择每次休闲娱乐时间最多的是1.1~2个小时，其次是0.1~1个小时，第三位是2.1~3个小时，由此得出，北京城区老年人每次休闲娱乐的时间一般控制在1~3个小时。除此之外，我们还可以看出北京城区老年人一起休闲的次数相对来说频率较高，其中选择"一天至少一次"的

频率为470，占到总数的48.7%；选择"一周至少一次"的频率为351，占到总数的36.3%；选择"一个月至少一次"的频率为108，占到总数的11.2%，也就是说选择在一个月之内至少进行一次休闲活动的频率为929，占到总数的96.2%。

经过对调查问卷的详细分析和对受访者的一些看法的总结，本文发现大部分受访者的休闲参与频率较高，而且都喜欢强身健体、体育锻炼类的休闲活动，并且时间一般会控制在1~3个小时。

二、老年人休闲参与对社会关系的影响程度

老年人休闲参与对其社会关系有一定的正面影响，同时也有一定的负面影响。但总的来说，正面影响大于负面影响。

首先，从休闲参与指标之一的休闲活动角度看：虽然北京城区老年人参加的休闲活动不同，但不同的休闲活动产生的效果却是相同的。休闲活动的参加虽然也导致了一些老年人之间"联络的次数减少了"，但相较于这个负面影响，休闲活动更有利于老年人之间联络频率的增加；更有利于拓展老年人的亲密朋友圈；而且休闲活动还有利于老年人之间行为亲密程度的增加；但休闲活动对老年人之间谈论话题的亲密程度的影响不大。

其次，从休闲参与指标之一的休闲时间角度看：由于老年人的休闲时间不同，因此对老年人的社会关系产生的影响也有些不同。休闲时间控制在0.1~4.0小时，更有利于老年人之间联络频率的增加；休闲时间控制在0.1~3.0小时，更有利于老年人亲密朋友圈的拓展；老年人休闲时间越长，彼此间的行为越亲密；但休闲时间的长短对于老年人之间谈论话题的亲密程度影响不大。

最后，从休闲参与指标之一的休闲频率角度看：不同老年人的休闲频率不同，而休闲频率越高的老年人，越有利于彼此之间联络频率的增加，也越有利于老年人亲密朋友圈的拓展，而且也能够使老年人之间的行为更亲密。但对于他们之间谈论话题的亲密程度的影响并不大。

除此之外，从以上数据中我们还可以发现，一些控制变量对休闲参与也有显著影响。在年龄结构上，80岁以上的老年人相对于70~79岁的老年人来说休闲参与的次数相对较低；而70~79岁的老年人又相对于60~69岁的老年人来说休闲参与的次数相对较低；也就是说，老年人年龄越大休闲参与的程度越低。在受教育程度方面，高中和中专学历（含）以下相对于大学及以上学历的老年人参与程度要高。说明"并非学历越高越会休闲，事实上学历越高对各类休闲活动的感受力越低，而中低学历的老年人心态更开放，休闲活动的参与程度更高"[6]。在家庭结构方面，三代人家庭相对于两代人和四代人家庭休闲次数多。在性别结构上，女性老年人的休闲参与程度高于男性老年人的休闲参与程度。在家庭平均月收入上，家庭平均月收入低于1500元的老年人

休闲参与程度较低，而家庭平均月收入在 1500 元以上的老年人的休闲参与程度则是随着家庭平均月收入的增加而递减的，也就是说，老年人家庭平均月收入越高，老年人休闲参与的程度越低。

三、相关建议

我国在研究老年人休闲活动特征、分析老年人休闲活动的影响因素和存在问题、寻求解决办法和改善措施的过程中，依然存在一些问题。

我国在 1999 年就已经进入了老龄化社会，但对于老龄化问题和老年人生活质量的关注却是近年才开始的事情。在诸多问题都需要政府解决的情况下，老年人问题能够在多大程度上得到政府的重视，政府能够制定什么样的政策、拿出多少资金来支持老龄化事业，还没有一个明确的答案。

1. 政府机关的政策支持

目前，从老年休闲的供给方角度看，政府、商业部门和非政府组织对老年休闲活动的认识都处于起步阶段，还有很多角色和工作都是缺位的，在改善老年人休闲环境、提高老年人休闲生活质量方面，需要最更多的探索和有意义的工作，以发挥其在保障老年人休闲生活质量上所起的重要作用。

政府要注重制度建设和政策制定；构建把所有的年龄工作部门都纳入在内的老年休闲服务培训体系；构建把不同情况的老年人都纳入在内的老年人休闲服务体系；商业性老年休闲服务要探索新形势、丰富休闲产品和服务；志愿者服务组织作为一股重要的新生力量，并组织其发挥在改善老年人休闲活动中的作用。

2. 政府机关的技术支持

政府相关部门要为老年人的休闲参与创造良好的条件，比如：增加老年人休闲参与的场所、完善休闲参与的设施等，以此来激发老年人休闲参与的热情，并促使他们愿意并积极地参与休闲活动，从而促进老年人的社会交往，增加或改善老年人的社会关系，丰富老年人的业余生活，提高老年人的生活质量。

3. 社会志愿力量的支持

主管机关可以根据当地自己的实际情况，成立老年人休闲服务团队。如聘请当地各级学校及医院的运动、营养、运动医学等专家，组成"老年人休闲服务咨询专家小组"，设置服务专线电话，定时或不定时提供老年人相关咨询服务。另外，还可以征求当地各级院校的专长老师或学生等。成立志愿指导员组织，定时在老年人最常运动的公园、学校校园等地点做直接的指导。

4. 网络力量的支持

构建老年人休闲资讯网络，整合与老年人相关的健康咨询、休闲及运动资讯，例如：某公园可提供老年人利用的设施项目、使用方法与注意事项；运动伤害的预防与处理、运动中紧急事故的处理程序、运动的动作要领及正确的练习方式、新兴运动项目介绍及活动信息等。此资讯网络可以在现有的老年服务网络架构上增加或整合即可，透过网站的联结，可以让老年人在选择休闲活动前或参与中，皆可以获得完整的资讯来支持其休闲参与。

5. 后续研究建议

未来研究可以采用比较分析的方法，研究北京市6城区的老年人休闲状况存在的差异，进行区域差异比较分析，研究不同功能区对老年人休闲生活质量的影响，并探索构建适宜老年人休闲的区域环境，进行合理科学的功能区划。在研究北京市老年人休闲问题的基础上，可以进行比较研究，如进行北京与上海（上海的人口老龄化程度居全国第一位）的老年人休闲问题比较研究，进行北京与西方进入老龄化阶段的发达国家进行比较研究，借鉴国外在提高老年人生活质量方面的经验，提高我国老年人的休闲生活质量。

此外，在影响老年人社会关系的因素中，老年人休闲参与对其社会关系的影响较片面，与之前预期的结果有一定的差距。日后将更多的数据和二手资料联系起来，做出更加系统详尽分析，并加入对受访者的访谈，用最直接的方式获得更多信息。由于此次调查时间有限，因此发放的调查问卷数量较集中，主要针对的是北京城区，所以在分析的时候存在一定局限性。除此之外，本研究是从休闲的地点找研究对象，其实已是锁定了所谓的"动态型"休闲参与的老年人，也就意味着本文无法了解到另一部分不出来活动的老年人，即"静态型"休闲参与的老年人，因此也无法进一步比照两种不同群体间的差异。因此，后继研究可以采取从一般的社区为背景，对单一社区的所有老年人进行立意取样，如此，便可以对老年人休闲参与的影响有更深入及更完整的了解。

参考文献

［1］丁娜娜.北京市老年人休闲状况及问题研究［D］.北京第二外国语学院硕士学位论文，2007.

［2］中国老年人口十年增加9000万，60岁以上占总人口17.3%［EB/OL］.第1财经网站，https://www.yicai.com/news/100012894.html.

［3］关于印发《中国老龄事业发展"十一五"规划》的通知，2006.

［4］老年人娱乐休闲生活满意度不高［EB/OL］.老年100网站，http：//www.laonian100.com/Html/633.html.

［5］张俊一.探索老年人的运动休闲经验：社会网络取向的质性研究［D］.台湾体育大学博士学位论文，2008.

[6] 赖昆宏.社会支持、孤寂感与休闲活动参与对老人生命意义影响之研究:以台中地区长青学园为例[D].朝阳科技大学硕士论文,2006.

[7] 林晓玲.高龄志工社会支持与服务承诺关系之研究[D].中正大学高龄者教育研究所硕士论文,2009.

[8] Payre L L.The role of leisure in the relationship between arthritis severity and perceived health among adults 50 to 85: Does leisure contribute? Unpublished doctoral dissertation, Pennsylvania State University, 1998.

[9] Wojtek J. Chodzko-Zajko. The world health organization issues guidelines for promoting physical activity among older persons[J].Journal of Aging and Physical Activity, 1997(5): 1-8.

[10] Kolt, Drive, Giles. Why older Australians participate in exercise and sport[J].Journal of Aging and Physical Activity, 2004, 12(2): 185-198.

[11] Maxwell M B. The impact of social networks on mortality, disease incidence, and disease progression. Unpublished doctoral dissertation, Unpublished doctoral dissertation, Pennsylvania State University, 1985.

[12] Kelly J R, Steinkamo M W.Later life statisfaction: Does leisure contribute?[J].Leisure Science, 1987(9): 198-200.

[13] 林佳蓉.老人生活满意度模式之研究[D].未出版之硕士论文,桃园县:体育学院体育研究所.

[14] Seppo E, Iso-Ahola, Chun J P. Leisure related social support and self-determination as buffers of stress-illness relationship[J]. Journal of Leisure Research, 1996, 28(3): 169-187.

[15] 朱坤连.退休人员生活需要及满意度相关因素之研究:以高雄市公教退休人员为例[D].未出版之硕士论文,高雄:高雄师范大学成人与继续教育研究所.

[16] 陈肇男.台湾老人休闲生活与生活品质[J].人口学刊,2003(26):96-136.

[17] 廖素娴,社区老人参与志愿服务之探究:以台中县社区长寿俱乐部为对象[D].台中:东海大学社会工作研究所硕士论文,2003.

[18] Ragheb M G, Griffith C A.The contribution of leisure participation and leisure satisfaction to life satesfaction of old persons[J].Journal of Leisure Research, 1982, 14(2).

[19] Long B C., Haney C J.Enhancing physical activity in sedentary women: Aerobic exercise: information, locus of control and attitudes[J].Journal of Sport Psychology, 1986(8), 8-24.

[20] 施清发,陈武宗,范丽娟.高雄市老人休闲体验与休闲参与程度之研究[J].社区发展(季刊),2000(92):346-358.

[21] 罗家德.社会网分析讲义(第二版)[M].社会科学文献出版社,2010:83-115.

[22] Burt R. Network items and the general social survey[J].Social Network, 1984(6): 293-339.

[23] 王琪延,罗栋.北京市老年人休闲生活研究[J].北京社会科学,2009(4).

第三章 老年人旅游市场信息需求及其实现路径研究：以北京市老年人调查为例*

第一节 引言

目前我国人口老龄化速度不断加快，调查数据显示，截至2011年底，全国60岁及以上老年人口达到1.85亿，占总人口的13.7%①，按照联合国教科文组织的标准，很明显我国已经步入老龄化社会。随着我国老龄化日趋普遍和生活水平的普遍提高，老年人旅游成为丰富老年人业余生活，提高生活品质的重要手段。一些调查显示，我国老年人旅游市场仍存在一些问题，一方面是老年人有着强烈的旅游需求愿望，另一方面老年人旅游需求的数量质量却得不到满足[1-3]。造成这种市场需求不对称状态的原因有很多，如市场的老年人旅游产品供给不足，结构性供需不平衡，旅游企业对老年人的专业服务质量不足等都是造成老年人旅游需求不足的原因，而除此之外，一个重要的原因还在于老年人出游中的旅游信息不对称，这一问题主要表现在老年游客无法及时获取旅游信息，旅游经营者严重的信誉缺失及给老年旅游者提供虚假的信息，冒用其他企业的名称、品牌，以次充好、服务质量和行程安排信息严重滞后，等等。这些信息不对称问题广泛存在于旅行社、酒店、旅游车船公司或旅游景点中，这不但使老年人的旅游需求难以满足，还阻碍了老年旅游市场的健康发展。要解决旅游市场信息不对称问题，一方面，需要从老年旅游市场入手，掌握市场信息供给的状况，另一方面我们还需要了解把握老年人的市场旅游信息需求状况。

本文从老年旅游者的信息需求出发，通过对北京市老年人的实地调查，总结出老年人旅游市场信息需求类型、渠道，影响因素，并从旅游市场、老年人信息获取的渠道、旅游管理部门三个方面构建老年人旅游信息需求实现的路径，这对于解决老年旅游市场需求问题有重要的意义。

---

* 该文最早发表于《上海商学院学报》2013年第4期，作者时少华。
① 资料数据来源于《2011年中国老龄事业发展统计公报》。

第二节　文献综述

目前，关于老年人旅游市场信息需求方面的研究非常少见，笔者通过查阅国内外论文期刊网站，收集到国内外关于老年人旅游信息需求方面的文章并不多。在老年人旅游信息需求种类研究方面仅检索到 1 篇文章，即 Bekiaris 等的关于老年残疾人信息能力服务中的旅行需求方面的研究，该文章从信息科学角度指出了老年人在旅行前、旅行中和旅行后三个阶段获取信息的主要任务和信息需求。该文指出老年人旅行之前主要的任务是规划（Planning），需要三种信息类型，即旅行规划的车票信息，订购/预订和支付信息，实时预检查一些干扰信息（如交通状况和天气条件等）；而在旅行中也需要三种信息类型，即本地（localisation）与方位（orientation）信息，检查（checking）信息，可预计的（anticipation）信息；在旅行后需要的信息类型有两类，即本地（localisation）信息和方位（orientation）信息[4]。虽然 Bekiaris 等的研究对老年残疾人的旅行需求信息类型划分具有一定贡献，但该分类对老年旅游者这一特殊群体来说其信息类型划分仍缺乏代表性，无法反映老年旅游者的信息需求特征，主要因为老年残疾人旅行者毕竟在老年人旅行者中是小众群体。同时"老年残疾人旅行者"和"老年人旅游者"也是不同的，因为旅游相对于旅行来说受到时间、货币预算、天气条件和社会人际关系外部因素的影响较大[5]，故信息需求类型也不太相同。而在老年人旅游信息需求获取渠道方面，冉思燕、杨晓霞[6]和刘娅[7]通过对重庆和武汉两个城市的老年旅游者调查，提出了老年旅游者在旅游前获取信息的主要渠道是自己身边的亲朋好友和子女，而旅行社则不是获取旅游信息的主要渠道。应该说，在老年人获取信息渠道方面，目前国内研究还主要侧重于老年人的旅游前的信息获取方面，而对于老年人旅游过程中的信息获取渠道，并没有相关研究，而美国学者帕特丽夏·A.史托考斯基（Patricia A. Stokowski）关于老年旅游者在旅游过程中人际关系强度对旅游的影响研究似乎可以给予我们一定的启示，史托考斯基通过对冬季到德州旅游的老年人信息网络的研究证实了老年游客在利用强弱人际关系的获取信息方面存在类似的差异，并指出了人际关系强度对老年旅游者获取信息有重要的影响[8]，因此，老年人旅游过程中通过人际关系网络传播信息的过程很值得我们进一步研究。

综上可以看出，老年人旅游市场信息需求方面的研究无论在信息需求类型，还是信息获取渠道方面，目前仍存在很多不足，还需要进一步深入研究。而关于老年旅游市场信息需求的实现路径更是无人问及，而这些问题正是本文所要探讨的。

第三节　老年人旅游市场信息需求的类型、获取渠道与影响因素

一、老年人旅游市场信息的需求类型

本文运用内容分析（content analysis）的方法来研究老年人旅游信息需求。内容分析法最早产生于传播学领域，后来被广泛运用到新闻传播、图书情报、政治学、社会学、管理学、心理学等社会科学各领域中，取得了显著的成效，该方法是对被记录下来的媒介的研究，包括对书籍、杂志、网页、诗歌、电子信息等各方面内容的分析，内容分析法的对象主要为媒介中的内容信息，如与内容分析法相关的、传播媒介中所包含的有形的词[9]。Neuendorf认为内容分析法是"对信息特征进行系统的、客观的、定量的分析方法"[10]，袁方等也认为内容分析法是对"各种信息交流形式的明显内容进行客观的、系统的和定量的描述"，所谓"明显内容"是指文字、颜色和实物本身，而不是这些文字、颜色和实物的含义，研究者所分析的只是这些外在的、表面的内容，而不是内容的深层次解释。内容分析方法通常包括三种具体方法，即计词法、概念组分析法和语义强度分析法，而这三种方法中最简单最常用的方法是计词法，即通过确定与研究问题有关的关键词，然后统计这些关键词在各个样本中出现频数和百分比并进行比较[11]。本文所采用的内容分析法就是计词法，通过分析与旅游信息相关的"关键词"，来统计词汇出现的频率，计词法包括两个步骤，一是从文本中整理并确定需要检索的关键词及关键词所属类别，二是统计并确定关键词在样本中出现的频数及百分比。本文中进行内容分析的文本是通过2012年4月在北京市进行的《老年旅游者旅游意向与行为调查问卷》中七道开放式问题收集的信息文本整理而成，该问卷按照"方便抽样"的方法，共调查问卷700份，收集有效问卷652份。问卷中七道开放式问题是老年旅游者针对旅行社、导游、餐厅、住宿、旅游景区、旅游设施等方面提出的旅游信息方面的意见和建议。通过数据整理，共整理出630条老年人信息需求意见与建议文本，我们从630条文本信息中提取了"旅行社""领队""导游""旅程""安排""餐饮""吃""服务质量""价格""宾馆""住宿""交通""购物""旅游商品""景区""景点"16个关键词，并按照16个关键词对老年人旅游信息需求进行分类（见表1）。结果显示，旅行社、领队与导游服务信息需求130条，行程安排信息需求121条，餐饮信息需求117条，住宿信息需求110条，交通信息需求55条，购物信息需求49条，游览信息需求48条。从

这些分类中，我们进一步总结了旅行社、领队与导游服务，行程安排，住宿，餐饮，交通，购物，游览七个方面的具体旅游信息需求的类别。

表 1 老年人旅游市场信息需求分类表

信息分类	提取的关键词	关键词出现的频次	关键词反映信息需求的内容	每类关键词出现的频次	关键词出现的百分比（%）
旅行社、领队与导游服务信息	"旅行社""领队""导游"	37	领队与导游服务质量的信息	130	20.63
		31	导游在老年人购物过程中的角色信息		
		20	领队与导游的业务素质信息		
		17	旅行社要提供真实的旅游信息		
		13	旅行社要多发布老年人旅游线路信息		
		12	旅行社的诚信信息		
行程安排信息	"旅程""安排"	29	针对老年人的旅程中的照顾服务信息	121	19.21
		28	针对老年人的旅程中的医疗保健服务信息		
		17	突出老年人特点的游览与休息合理安排信息		
		15	突出老年人特点的食宿合理安排信息		
		15	突出老年人特点的旅游线路合理安排信息		
		10	突出老年人特点的交通合理安排信息		
		7	突出老年人特点的购物与游览合理安排信息		
餐饮信息	"餐饮""吃""服务质量""价格"	38	整洁干净且舒适的餐饮场所环境信息	117	18.57
		26	适合老年旅游者口味的餐饮信息（如清淡、营养、容易消化的、低糖的）		
		21	提供当地特色的小吃信息		
		19	服务人员服务质量信息		
		13	菜品价格信息		
住宿信息	"宾馆""住宿"	48	交通便利、距离景区不远的住宿信息	110	17.46
		32	舒适的住宿信息		
		18	整洁干净的住宿信息		
		12	宾馆人员服务质量信息		
交通信息	"交通"	16	交通的便利信息	55	8.73
		14	交通的安全信息		
		13	交通工具的舒适程度信息		
		12	交通线路和拥堵程度信息		

续表

信息分类	提取的关键词	关键词出现的频次	关键词反映信息需求的内容	每类关键词出现的频次	关键词出现的百分比（%）
购物信息	"购物""旅游商品"	18	透明的购物信息	49	7.78
		17	旅游商品的市场价格信息		
		14	对强制购物行为的监管信息		
游览信息	"景区""景点"	16	景区及当地文化信息	48	7.62
		12	有吸引力的特色景区或景点信息		
		11	景点详尽解说信息		
		9	景区内老年旅游设施的操作与使用信息		
合计	共16个关键词	630		630	100.00

二、老年人旅游市场信息获取的渠道

调查显示，老年人对旅游市场信息的获取是相对闭塞和滞后的。很多老年人不相信旅游广告，目前也无专业的老年报纸或老年电视台来发布老年人旅游的相关信息，老年人只能依靠自己子女或者身边老年朋友口头传播，所以老年人获得的旅游信息是很不完整的。老年人旅游信息获取的渠道主要是通过子女和亲朋好友介绍（35.3%），这一结论我们在访谈老年人的过程中也得到了证实。其次是网络查询（19.9%）和到旅行社咨询（18.9%）。老年旅游者也依靠平时的印象获取信息（9.7%），而通过媒体广告（7.7%）、新闻（7.1%）获取信息则排在最后。冉思燕、杨晓霞[6]和刘娅[7]通过对重庆和武汉两个城市的老年旅游者调查也证实了老年旅游者对亲友口传的认同度非常高，非常注重亲朋好友的评价，但在网络查询信息的利用、旅行社咨询、媒体广告和新闻方面，冉思燕、杨晓霞和刘娅和本次调查的结果又不同，冉思燕、杨晓霞认为老年旅游者首先利用的是电视媒体（29.17%）、报刊（18.29%）和广告（17.71%），其次是网络查询（6.86%）。而刘娅认为老年旅游者首先利用的是报纸杂志（32.3%），其次是电视网络（22.6%），最后考虑旅行社宣传（19.9%），这一调查结果的不同可能与研究者选择的调查地点有关。调查过程中我们还发现，老年旅游者在旅游过程中更倾向于通过人与人之间的交往获得旅游信息，虽然这一结论有待进一步证实，但一些相关研究似乎部分地证实了这一结论，李爽等证实了以厦门作为旅游目的地的自助旅游者在旅游过程中倾向于采取人际沟通方法获取旅游公共信息[12]。史托考斯基还证实了美国老年旅游者利用不同的强弱人际关系而获取不同类型的旅游信息的途径[8]。

三、老年人获取旅游市场信息的影响因素

第一,旅游经营企业对老年人提供不全面和不真实信息的制约。

(1)旅游经营者和旅游消费者在旅游产品成本上的信息不对称。低价吸引旅游者是所有旅游经营者的"撒手锏",旅游经营者为了加强说服力,便在旅游广告、旅游合同中拿旅游产品成本大做文章。一般来说,旅游产品价格的高低与该产品成本的多少直接相关,成本与旅游时的食、住、行的标准,旅游景点、景区的门票相关。食、住、行的标准弹性较大,因而出现了许多文字游戏,造成信息不对称。在景点安排上,几乎没有老年旅游者知道那些未曾去过的景区景点当中哪些项目需要收门票、哪些项目是可以免费参观游览。调查显示,73.9%的老年旅游者很在意旅游的价格问题,其中51.2%的老年人倾向于选择性价比最高的旅游产品,但由于老年人无法了解到旅游企业真实的成本,以及无法辨别旅游企业的宣传的真实性,只能依靠有限的信息来判断,进而造成了信息不对称。

(2)旅游经营者和老年旅游者在旅游产品内容上的信息不对称。一般来讲,旅游经营者都在旅游广告特别是旅游合同中把产品的大致内容罗列出来,并通过合同条款细化。但是旅游产品具有综合性、服务性,用简单的等级或者数量大多时候是无法把产品信息准确描述清楚的。旅游合同中的菜肴大多是几菜几汤,几荤几素等,但是具体的菜肴品种就有很大的调整空间。住宿上即便是同样星级的酒店,地理位置的不同也会导致其品质不同,如市区、郊区、海滨、景区内等,有比较大的弹性。因此,连旅游合同都不能细化的旅游产品内容,使老年旅游者不能真正了解旅游产品的质量。

(3)旅游经营者和老年旅游者在旅游服务质量上的信息不对称。旅游服务质量是老年旅游者旅游过程中至为关心的因素之一,在调查中,旅游经营者在对老年旅游者的服务主要体现在食、住、行、游、购等各个环节,在这些环节中,老年人对旅行社的领队与导游的素质和服务质量、行程安排和住宿餐饮服务的舒适性和便捷性,都是要求是比较高的。如住宿要求安静、舒适,行程安排不能够太紧张并且要配备保健医生,饮食要求清淡、营养、容易消化的、低糖的食物等。然而,一些旅游经营者明白知道自己拥有什么样的服务人员,具有什么样的职业素养和职业技能,能够提供什么档次、何种质量的服务,往往为了企业的利益,而隐瞒这些信息,同时,对于老年旅游者来说,由于旅游信息获取渠道的相对封闭和滞后,以及旅游消费的异地性、同步性,他们无法事先准确获取上述旅游服务质量信息,从而导致双方在旅游服务质量上的信息严重不对称。

第二,老年旅游者自身获取旅游信息的制约与影响因素。

在老年人行程安排,住宿、餐饮、交通、游览、购物和旅行社领队与导游服务七

个方面的信息需求中,我们发现,60~69岁的老年人相对于70岁及以上老年人来说,在住宿、餐饮和导游服务方面的信息需求差异显著($P<0.05$),60~69岁的老年人非常希望获取住宿、餐饮和导游服务方面的信息。而已婚的老年人相对于离异、丧偶和未婚的老年人来说,在导游服务方面的信息需求差异显著,调查显示有82.4%已婚老年人需要导游服务方面的信息。在子女方面,有子女的老年人相对于无子女的老年人信息需求差异显著,有子女的老年人更需要餐饮和住宿方面的旅游信息。在教育程度方面,大学以下学历老年人相对于具有研究生学历的老年人在旅游行程安排和交通方面信息需求差异显著,大学以下学历老年人更需要游行程安排和交通方面信息。王琪延等人通过对北京老年人休闲旅游生活的调查也证实了老年人学历越高对各类休闲旅游活动的感受力越低,而中低学历的老年人心态更开放,休闲旅游活动的参与程度更高[13],而参与程度和开放的心态将需要更多的信息进行选择,这也是为什么低学历老年人更需要旅游信息的原因。研究还发现,老年游客在利用人际关系网络获取信息方面也存在差异,往往利用强关系(与子女、亲属和身边熟悉的老年朋友的关系)获取旅游过程中比较重要的景区和吃住行方面的信息,而在抵达目的地后则更倾向于利用弱关系(与旅行社服务人员、旅游目的当地人、当地旅游企业服务人员的关系)获取一般的日常信息,如健康照顾、各类服务的提供情况,以及当地的民俗文化信息等。史托考斯基(Patricia A. Stokowski)通过对冬季到得州旅游的老年人信息网络的研究也证实了老年游客在利用强弱人际关系的获取信息方面存在类似的差异,并指出了人际关系强度对老年旅游者获取信息有重要的影响[8]。

第四节 老年人旅游市场信息需求的实现路径

基于以上论述,由于旅游市场中旅游产品和服务质量,以及老年人自身特征所导致的旅游信息需求不足现象广泛存在,要改善老年人旅游信息需求状况,则需要通过旅游经营企业、老年游客和旅游管理部门三方共同作用才能实现。因此本文试图构建一个以老年人信息需求为主,在遵循信息方便性、快捷性和准确性原则基础上,提出老年人旅游市场信息需求实现的三个路径。

一、旅游企业要提供真实、透明且全面的信息

老年人要获得真实、可靠透明且全面的旅游信息,首先就需要解决旅游市场中旅游产品的成本、内容和服务质量上存在的信息不对称问题。因此要建立一个行之有效的信息传递、反馈监督系统,以保证老年旅游者对旅游企业的信任度,这需要我们细化与规范老年人旅游行程安排、加强老年人对旅游全程的监督反馈,并提供企业人员

服务质量的信息，进而提升老年游客的旅游满意程度。如旅行社同老年人签订旅游合同时，应将具体旅游活动的日程安排、旅游接待标准、旅游过程中的医疗保健标准、旅游景点安排、旅游报价的具体构成等条目全部分解细化后交给老年旅游者，并且应当标注服务内容和老年人在旅游过程中应享有的各种权益，提示老年人一旦发生导游员违反旅游合同的行为时应向旅行社提出投诉，告知其投诉的方法和接受投诉旅行社管理者的姓名、联系电话、地址等。另外，旅游企业还应建立一个行之有效的售后服务和信息反馈系统，征询老年人对旅游企业提供的各种服务的综合评价意见。通过该系统，旅游企业一方面可以在旅游活动结束后继续同老年游客保持密切联系，及时发现问题、解决问题，加强老年旅游者对旅游企业的信任度，从而能够稳定和巩固老年客源；另一方面，旅游企业可以对服务人员的服务质量进行评价，对其进行相应的奖惩，并将服务人员质量信息及时传递给老年旅游者，如对服务人员的服务质量进行评星，星级越高，说明服务质量越好，服务人员带星上岗，并将该信息及时传递给老年人，让老年人能够直接了解服务人员的服务质量，进而增强老年人对旅游企业的信任。

二、拓宽老年人旅游市场信息的获取渠道

调查显示，北京老年人获取信息最好的方式仍然是子女和亲朋好友介绍，其主要原因在于老年旅游者认为旅游企业旅游信息宣传存在虚假和不真实的情况，而老年人自身又无法辨别信息的真伪，故选择了自己所信赖的亲朋子女作为获取信息的主要渠道。因此，要扩大老年旅游市场信息获取渠道，第一，要对老年人身边的子女和亲朋好友进行有效的旅游目的地宣传，开展一些活动，如定期开展子女为老人献爱心活动，让子女将旅游信息带给老年人，为老年人购买旅游产品，带动老年人旅游。还可以开展一些专门为老年人设计的旅游线路，通过信息宣传，鼓励老年人的亲朋好友一起参加。在旅游信息宣传过程中，要坚持旅游信息真实、不存在夸大或虚假的成分，将旅游过程中的详细服务信息公开，尤其是住宿、餐饮、交通、游览、购物和旅行社行程安排与导游服务方面，让老年人和其身边的子女与亲朋好友放心。第二，要方便老年人旅游信息搜寻。调查显示，北京老年人获取旅游信息的场所主要是健身场所、老人社区、老年大学等老人活动场所。因此，为方便老年人旅游信息的获取，旅游行政部门和旅游企业可以运用多种信息传播手段，如旅游企业同旅游管理部门和街道办事处、老年社区和老年大学合作，通过当地电台和电视台进行广泛宣传。调查发现，目前北京老年人通过上网和手机获取信息日渐增多，因此可以通过手机和网络等方式加强对老年旅游信息的发布和传播，降低老年人的信息搜寻成本，提高市场透明度，有助于克服旅游市场信息不对称的弊端。第三，要按照老年人人口信息特征分类中所需要的信息类型对老年人旅游信息需求进行市场定位与细分，如按照年龄段、婚姻状况、家庭结构、教育程度的不同对老年人的住宿、餐饮、交通、游览、购物和旅行社与导游信息需求进行分类供给与满足，定制个性化老年人信息需求服务，从而提升老年人旅游过程中的体验。第四，要增强老年人获取旅游信息的能力，在旅游市场上，老年旅游者是旅游信息的缺乏者，处于弱势地位，必须加强对其旅游信息获取的援助建设，要丰富老年旅游者旅游常识。老年人在旅游活动之前，应对旅游线路、旅游产品做详细的考察，搜集更多的相关信息，了解旅游产品价格、产品成本、产品内容、产品运作、产品质量等方面尽可能多的信息，在旅游市场信息不对称中更好地保护自身的权利。

三、旅游管理部门对老年旅游者的公共信息供给与旅游企业信息提供的监管

上述老年旅游者的行程安排、住宿、餐饮、交通、游览、购物和旅行社与导游等方面的信息需求虽然主要是市场旅游信息，但在上述信息需求中，也需要旅游管理部门的配合与监管，一些旅游市场信息还需要旅游管理部门来提供，如老年旅游目的地信息咨询系统，这不是某个单独的旅游企业所能够提供的，旅游目的地信息咨询系统需要旅游政府管理部门、通信运营商和旅游企业共建才能够完成。开展老年旅游咨询电话服务，并扩大旅游咨询服务电话的影响力，并开通旅游目的地移动信息服务和手机导游服务，为来旅游的老年游客发布其需要的医疗保健、安全救助、旅游目的地服务等信息，从而保证老年游客随时获得快速、及时、方便的旅游公共信息服务。同时，政府应鼓励旅游企业创办和经营当地老年人旅游信息报纸与杂志，方便老年旅游者更加快捷、全面地了解旅游目的地。同时，旅游管理部门还应强化旅游服务提供方的老年人需求信息披露义务，加强旅游管理部门的信息监督职能，由管理部门收集老年人所需要的各种旅游信息，在媒体上公布或免费供查询。对不按规定披露信息或公布虚假错误信息的旅游企业，要进行警告或惩罚。

参考文献

[1] 郑仓江，王颖.老年旅游市场的开发研究［J］.商业研究，2002（6）：126-129.

[2] 姚宝荣，韩琪.关于开发国内老年人市场的一点构想［J］.西安外国语学院学报，2001（4）：107-110.

[3] 牟真臻.试论老年人旅游市场［J］.绵阳师范学院学报，2006（4）：22-25.

[4] Evangelos Bekiaris, Maria Panou, Adriani Mousadakou. Elderly and disabled travelers needs in infomobility services［M］.Universal Acess in Human Computer Interaction. Coping with Diversity Lecture Notes in Computer Science. 2007, Volume 4554：853-860.

[5] Kowald M, A Frei J K, Hackney J. Illenberger, K W Axhausen. The influence of social contacts on leisure travel：A snowball sample of personal networks［A］. Paper Presented at the 12th International Conference on Travel Behaviour Research, Jaipur, December, 2009.

［6］冉思燕，杨晓霞.老年旅游行为实证研究——以重庆主城区为例［J］.重庆工学院学报（社会科学版），2009（6）：59-64.

［7］刘娅.武汉市老年人旅游行为特征研究［D］.湖北大学硕士学位论文，2008：35-36.

［8］Stokowski P A.Exploring the meaning of strong vs. weak social network ties［A］. In Abstracts of the Proceedings of the 1990 National Recreation and Park Association Leisure Research Symposium. Alexandria. VA：National Recreation and Park Association.

［9］周萌.内容分析方及其在社会学中的应用评述［J］.重庆科技学院学报（社会科学版），2007（3）：52-53.

［10］B.W.里切，等.旅游研究方法［M］.吴必虎，于海波，译.天津：南开大学出版社，2008：315-316.

［11］袁方，王汉生.社会研究方法教程［M］.北京：北京大学出版社，2004：401-409.

［12］李爽，李建中.城市旅游公共信息服务系统建设——以厦门市为例［J］.资源开发与市场，2010，26（7）：652-654.

［13］王琪延，罗栋.北京市老年人休闲生活研究［J］.北京社会科学.2009（4）：23-28.

第四章 网络阅读行为一般模式的构建[*]

网络的发展为人类创造了一个全新的生活空间,对人类的思维方式、生存状态产生了巨大的冲击与震撼。随着计算机网络的普及,网上阅读越来越流行。网络媒介作为一种新型的传播媒介,其阅读模式的研究却不尽如人意,多数研究者从人际传播的角度给出了一个类似于施拉姆模式一样的反馈传播模式[1,2],与施拉姆的模式的唯一不同就是强调"受众"地位向"网众"地位的变化[3],并且这些模式只强调反馈传播简单的阅读行为。本文认为,以上研究不能概括网络信息使用者的阅读行为特点。据CNNIC的最新调查数据显示,上网查阅信息成为人们利用网络的最主要途径。网络搜索引擎成为网民获取资源的首要工具。随着网民的逐年增加,这一网上浏览趋势也将逐步扩大,面对这种时尚的网络阅读趋势,我们有必要从信息使用者(网络阅读人)的视角构建一个网络阅读行为模式。

第一节 网络阅读行为模式的含义

网络阅读行为模式是对网络阅读行为采取的标准化、结构化和过程化的表达形式。其中,网络阅读,也即网络阅读行为,是以互联网为媒介,为需求、获取、使用和反馈传播信息而进行的各种阅读行为。我们可以从以下三个方面来理解网络阅读行为模式。

网络阅读行为模式是阅读模式的一种类型。从媒介的角度看,阅读模式可以分为网络阅读行为模式、电视电影等电子媒介阅读模式、报纸杂志等纸质媒介阅读模式,等等。因此,网络阅读行为模式仅仅是阅读模式的一种类型,就历史的发展与演进来看,它是最先进、最现代的一种阅读模式。

网络阅读行为模式是各种阅读模式的综合。从阅读行为的角度看,阅读模式可以分为信息需求模式、信息搜索模式、信息使用模式以及信息反馈传播模式。而网络阅读行为模式则是上述所有模式的一个综合体,是集上述所有模式于一体的阅读模式,是迄今为止最完善的一种模式。

---

[*] 该文最早发表于《哈尔滨工业大学学报》(社会科学版)2003年第4期,作者时少华、何明升。

第二节 网络阅读行为模式的奠基性研究

韦斯特利和麦克莱恩借鉴了纽科姆的模式并将该模式扩展,与纽科姆的模式相比,韦斯特利和麦克莱恩在他们的模式中,加了无数的事件、观点、对象和人物。在这个模式中[4](见图1),X是消息的形式(一种可以传递x的抽向形式),是"客观存在"的对象和事件。A是信息的传播角色,它可以是有目的地选择和传送消息的一个个体或一个社会系统,多个x被传播者(A)选择并抽象后作为一个消息(x′)传给C,C在这里既是A传送信息(X′)的接收者,又是向B传送信息(x″)的发出者,C在这里的作用就向B的代理人,它有目的或无目的地选择和传播B所需要的信息,特别是那些不易被B取得的信息。C传给B的消息(x″)代表C在两方面的消息选择,一是A传播给C的x′,二是C从自身的感受范围(x3c,x4)对X进行抽象得到的。C的角色有三个功能:①选择能满足B的需要或解决B的问题的对象X的抽象符号;②将他们转化成包含与共享意义的一些符号形式;③通过某种渠道或媒介将这些符号传送给B。C不但具有接收A的信息并理解、吸收以满足自身需要的功能,同时,C还具有反馈的功能,把需要反馈(fca)给A。B在这里意味着"信宿"与"受众",从C处接收自己所需要的信息(x″),并把自己的需要反馈给C(fbc),以及反馈A(fba)。

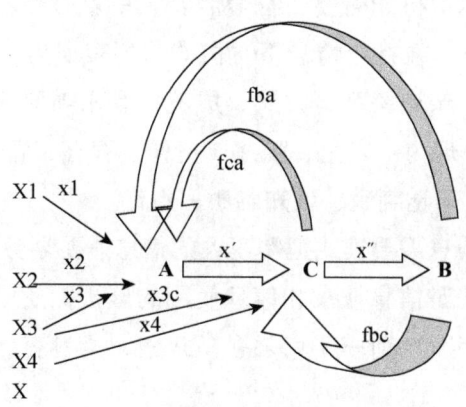

图1 韦斯特利-麦克莱恩模式

韦斯特利-麦克莱恩模式既不是简单的线性阅读模式,也不是简单的人际互动式的阅读模式,而是二者的结合,是一个互动式的线性阅读模式,这一特点是其他现有的阅读模式所不具有的。阅读人B和C在模式中的地位是不同的,B是一个完整的阅读者,直接从阅读源A处获取信息,而C则是从B那里接受信息的二级阅读者,是阅读源 A 的间接阅读者，这明显比线性阅读模式复杂。韦斯特利—麦克莱恩模式既具有阅读源（信息源 A），又有阅读者（角色 C 和 B），并描述了阅读人怎样阅读和反馈信息的，同时还阐述了阅读人之间（B 和 C）怎样交流阅读信息的，从总体上给出了网络阅读行为模式的大体框架，为网络阅读行为模式的下一步研究奠定了基础。但在韦斯特利—麦克莱恩模式中，我们也很容易产生这样的几个问题：阅读人 C 有什么样的信息需要？他们又是采取什么样的方式来获取信息的？以及他们又是怎么使用信息的？而这些问题在网络条件下更显得尤其重要。这些问题在韦斯特利—麦克莱恩模式中没有给我们解释。

第三节 网络阅读行为模式的改进性研究

通过对韦斯特利—麦克莱恩模式的评析，本文认为韦斯特利—麦克莱恩模式在三个方面需要补充和完善，即信息的需要、信息的搜索、信息的使用。因此，在本文中，我们将借鉴其他学科的最新研究成果来改进韦斯特利—麦克莱恩模式的这些不足。

一、在信息需要方面的改进

Hoyer 和 McInns[5]在论述消费者的行为时，构建了一个信息需要模式，该模式由三种需要构成，即（个体）机能需要、符号需要、享乐需要，并把这三种需要置于社会的与非社会的情景之下：在社会情景下，机能需要表现为：模式化需要、机能维持；符号需要表现为：地位、亲属关系、归属、成就；享乐需要表现为：性、玩乐；在非社会情景下，机能需要表现为：安全、秩序、身体、存在；符号需要表现为自我控制、独立；享乐需要表现为：知觉刺激、认知刺激、新奇。

Hoyer 和 McInns 的信息需要模式把阅读人的信息需要划分为三个不同层次的需要，并把不同层次的需要用于对信息搜索和信息使用的分析，使信息需求贯穿阅读的各种行为中，因此，解释了韦斯特利—麦克莱恩模式中阅读者有什么样的信息需要这一的问题。

二、在信息搜索方面的改进

（一）Hoyer 和 McInns 动机模式的评述

当网络阅读行为者体验信息需要时，一个问题便产生了，为什么使用者没有决定放弃"感觉输入"呢？这个决定又是由什么来决定的？决定忽不忽略"感觉输入"主要是由动机来决定的[5]。Hoyer 和 McInns 认为，动机是完成目标的能量所激起的一种内部状态。动机在信息搜索过程中是被六种不同的因素影响的,一是与个体相关的事情,即个体自身所直接承受或对我们生活效果和意义相关的一些事情;二是价值观,关于什么是好的或适当的一种重要文化信仰;三是目标,一种有可能完成的目标;四是需要,从一种理想的和心理的状态中产生的某些不平衡感所导致的一种扩张的内部状态;五是感觉风险对于信息消费者不确定后果所导致的范围;六是态度的不一致,与信息消费者以前的态度相比的不一致性。Hoyer 和 McInns 动机模式决定了能否产生阅读动机,这是阅读行为能否实现的关键,而阅读动机能否产生,与上述六种因素直接相关。Hoyer 和 McInns 动机模式深刻地揭示了阅读需求、动机以及行为之间的联系。

(二) Jul、Ellis、Hoscher 的信息搜索模式的评述

1. Jul、Furnass 和 Spense 的信息搜索导航模式的阐述与评价

Jul 和 Furnass 以及 Spense[6] 提出了一个信息搜索导航模式。该模式由七个阶段构成:形成目标,比如,我想寻找什么;决定策略,比如,我应该怎样尝试;获取数据,比如,对于实现目标,是否需要获取资料;扫描,比如,浏览一下周围的环境;访问,在行动之前,需要更多的信息,以便可以更好地行动;行动,在这一过程中,有可能返回或改变方向。在行动中之后,有三种可能的情况,放弃目标,寻找其他的事情;或放弃尝试形成新的策略,做其他的事情;或是在行动之前,想获取更多的信息。在访问之后,形成概念模式,以便更好地指导行动。

该模式的分析侧重于在信息搜索阶段从信息使用者形成目标的一系列的行为开始。Jul 等的模式没有具体阐释搜索阶段的具体阅读行为。同时,对于"决定策略"这一行为,Jul 等却始终没有给出一个详细的策略方案。但 Jul 的模式从整体上给出了信息搜索的行为流程结构,为具体的分析阅读的搜索行为奠定了基础。

2. Ellis 等的信息搜索行为模式的阐述与评价

Jul 等的信息搜索过程模式,从整体上建构了一个信息搜索模式的框架,但是,正如一些研究[7]所认为的那样,在具体的搜索行为上,始终没有解释清晰。Ellis 的模式包括开始(Starting)、链接(Chaining)、浏览(Browing)、区分(Differentiation)、回复(Monitoring)、选取(Extracting)六种阅读行为。"开始"是一种初始的搜索行为,这种行为是为了发现并确定兴趣信息源。这种兴趣信息源通常包括我们熟悉的已经被使用过的信息源,有少数信息源还可以提供相关的信息。"链接"是从初始信息源到另一种信息源的行为。链接可以"向后"或"向前",向后链接发生在初始源的指示器或文献被追踪,在科学家和研究者那里是一个既定的规则。向前的链接行为是识别和追踪其他的指向初始信息源和文献的信息源,虽然这是拓宽搜索的有效方法,但向前链接还是通常很少被使用。当存在一种既定的信息源和文献时,"浏览"在潜在的

搜索区域是一种半定向的活动。个体通常借助于看内容的目录、标题的目录、文章的标题、组织或人们的名字、摘要和概要等，来简化浏览。在"区分"行为中，个体按提供信息的性质和品质注意过滤和选择被扫描的信息。区分过程可能依靠个体的以前或初始的从人与人接触中的口头推荐或看已经出版的信息源获得的经验来实现的。"回复"是一种借助于一些有规则的跟踪源，为了一定的区域进展而保持的一种活动，个体的监视是借助于集中在非常小的被感知的核心源中，核心源在被区分的信息组中处于一种变化的状态，但通常既包括主要的个人间的接触，又包括出版物。"选取"是为了确定信息源或为了鉴别兴趣材料的一种系统的加工活动。作为一种搜索形式，借助于直接咨询信息或间接搜索文献目录、索引线上数据库来完成的。Ellis 认为，超文本系统已经有能力来执行他的行为模式中的功能。如果我们把 www（Word Wide Web）作为超文本分布式网络信息系统的话，那么，在 Ellis 模式中的信息搜索行为分类已经被别人的研究所支持。

Ellis 等的移动行为模式详细地说明了阅读人在信息搜索阶段的各种行为，解释了阅读人怎样进行信息搜索的问题。弥补了 Jul 模式的不足，完善了网络搜索行为的研究。但是，Ellis 的模式忽略了以网络搜索引擎为中心而展开的各种搜索行为，而这些行为对于网络阅读来说又是非常重要的。

3. Hoscher 和 Strube 的网络搜索行为的阐述与评价

Christohp Hoscher 和 Gerhard Strube[8]在研究网络技术专家和网络新手的网络搜索行为时，分别就网络技术专家和四组具有不同网络经验和知识背景的网络使用者提出了两种不同类型的搜索行为模式。在这里，Hoscher 和 Strube 给出了以搜索引擎为中心的网络搜索行为模式，Hoscher 和 Strube 认为，网络搜索有两条途径可以浏览网站，一是直接访问已知的网站；二是利用搜索引擎来查找相关信息。Hoscher 和 Strube 进一步研究了以搜索引擎为中心的局部搜索模式，并把这一行为细划为五种行为：选择/发动搜索引擎，在这行为中，阅读者选择自己知道或喜欢的搜索引擎，并链接到这个搜索引擎的 RUL 地址；形成并选择搜索主题，接着公式化查询，根据不同的任务，形成许多搜索主题并选择一个最佳主题进行公式化、操作化；提交查询，得到结果，键入查询的词，提交查询，并得到链接结果网页；检验结果中的网页；从结果网页中选取信息，检验文件，从网页中选取最佳的信息，并检验该文件能否连接到相应的页。

在 Hoscher 和 Strube 的模式中，其整体的搜索行为虽然没有 Ellis 等的详细，但是某些局部的搜索行为，如以搜索引擎为中心的局部搜索模式等一系列行为，在 Ellis 等的模式中却没有提到过。同时，Hoscher 和 Strube 的模式与 Ellis 等的模式不同，还在于 Hoscher 和 Strube 的搜索模式是以搜索引擎为中心而展开行为分析的，侧重于整体性。而 Ellis 等的搜索模式则侧重于对每一个具体的搜索行为的分析，更侧重于个体性。与 Ellis 等和 Strube 的搜索模式相比，Jul 等的信息搜索过程模式似乎更注重于信息搜索行为整体框架的研究。在上述的信息搜索行为的论述中，无论是 Ellis 等的搜索模式，还是 Strube 的搜索模式，对"浏览"行为似乎都没有做进一步的分析。

（三）Aguillar 浏览模式的评述

Aguillar 等研究了"浏览"行为，并提出一个浏览模式。Aguillar[9]初始的浏览模式后来被 Weik 和 Daft 在理论上进行了扩展，该模式由三部分组成，分别是随意浏览（undirected viewing）、条件浏览（conditioned viewing）和特定目标搜索浏览（informal and formal search）三个模块组成。随意浏览是指个体在搜索信息时，在头脑中没有专业化的信息需要，扫描搜索时，许多不同的信息源被使用，大量的信息被过筛，信息间的差别很大，大块的信息很快在记忆中被遗忘，扫描目标范围宽广而分散，有时会有意外的信息发现。扫描范围在不同的信息源之间以及信息源的不同类型之间。条件浏览是指个体在搜索信息时，头脑中有一个标题式的信息或某一确定类型的信息，信息寻找的目的是为了找到相关的信息或为了评估所需要信息的有效性，信息使用的目的是为了增加学习兴趣和相关题目的知识。扫描范围主要在信息源的不同类型之间。特定目标搜索是指个体积极寻找信息，目的是为了加深知识和特定问题的理解，或编制谨慎的有计划的方案来获取专业化的或关于特殊问题类型的信息，这是因为特定目标搜索是结构化的，可以根据已有的程序和方法来进行搜索。目标是为了有系统地搜索相关信息，提供一种决策基础和行为过程。

Aguillar 浏览模式对网络阅读浏览时产生的不同的浏览状态进行了详尽的阐释，在不同的浏览状态下，会产生了不同的搜索策略，不同的阅读人处于不同的浏览状态中，就会有不同的搜索行为策略，这是对 Ellis 和 Hoscher 的信息搜索行为的进一步完善。

（四）Raquel 的认知策略模式的评述

Raquel、Scaile 和 Rogers[10]给出了一个网络搜索认知策略模式。Raquel 等通过研究总结了三种网络搜索认知策略，一是上—下策略（Top-down strategy）指使用者先在最一般的范围内进行搜索，然后，从提供的链接中逐渐缩小范围，直到他们发现想要的信息。二是底—上策略（Bottom-up strategy）与上—下策略相比，底—上策略是指在指令中所提供给他们的特殊关键字开始的，使用这种策略，使用者在搜索引擎中直接键入关键字并不断地卷动屏幕，打开链接结果并返回到开始目录，直到他们找到信息为止。这种策略经常被有经验的使用者用来进行特定事实结果的搜索。三是混合策略（Mixed strategy）是以上两种认知策略的并行或交替使用，这种策略只是被有经验的使用者使用。Raquel 等把上述研究结果同他们的四个假设条件结合起来，构造了一个在使用者的经验水平、搜索任务类型和信息结构作用下的搜索认知策略模式。Raquel

的认知策略模式总结了对不同网络经验的阅读者各种不同的搜索认知策略。这些策略充实了 Jul 的信息搜索过程模式中的认知策略，也进一步完善了韦斯特利—麦克莱恩模式。

三、信息使用方面的改进

费斯廷格等的理解与吸收模式由选择性接触、选择性注意、选择性理解、选择性记忆四部分组成。其中，选择性接触直接来自费斯廷格[11]的认知不和谐理论，选择性接触就是个人倾向于使自己接触那些与自己原有态度一致的传播，而避免与自己意见不合的传播现象。有关选择性接触的早期评论倾向于质疑这种现象的有效性，但后来研究发现，对选择性接触的支持更多。Cotton 后来对选择性接触进行的研究，"普遍控制得更小心的控制，已经产生了更积极的效果。几乎每一项研究都发现了显著的选择性接触效果"。[12]然而，个人通常无法事先知道决定消息的内容。选择性注意是个人倾向与注意消息中的那些与其现有的态度、信仰或行为非常一致的部分，而避免消息中那些违背现有态度、信仰或行为的现象。一些研究认为，我们通常是被那些主要论题上与我们意见一致的人或媒体所包围着，也有些研究证明，如果人们认为，不支持他们立场的信息是很容易否定的话，他们也会注意那些材料，但是他们会回避那些支持他们立场，但力量很弱的信息，因为后者很可能导致他对最初的立场失去信心。选择性理解这一术语指人们的理解容易受愿望、需要、态度及其他心理因素的影响。现代心理学显示，理解是一个相当复杂的过程。理解被描述为"人们选择、组织和解释感官刺激，使其成为一种有效意义并与世界紧密联系的复杂过程"。[12] Scott 指出，"观察是一种习得行为，它包含了理解活动"，[12]理解也包括了推理的过程。选择性理解较为成熟得理论有概略理论、潜意识理解理论和图像理解理论。选择性记忆是受愿望、需要、态度及其他因素影响而有回忆的倾向。某些选择性记忆的证据来自奥尔伯特和波斯特曼对谣言的传播研究，他们在研究中发现，人们在传递消息或描述图画时常常遗漏了许多细节。另一项研究也支持了选择性记忆，Levine 和 Murphy 研究发现，受试者面对支持或反对苏联的材料，当他们与自己的态度相违背时，记得慢，而忘得特别快。[12]

费斯廷格等的理解与吸收模式从四个层次由浅入深地解析了在信息使用阶段的行为，虽然这个模式仍然遭到一些疑义，但其中的思想是值得我们借鉴的。从网络阅读的角度看，费斯廷格等的模式是对韦斯特利—麦克莱恩模式的补充和完善。

第四节　网络阅读行为一般模式的提出

在上述的评述中，我们对网络阅读的奠基性模式，即韦斯特利—麦克莱恩模式在信息需求、信息搜索、信息使用三个方面做了改进。这样，我们就得到了网络阅读的一般模式（见图2）。在这个模式图中，共由四个历时性阶段组成，分别是：网络阅读行为的信息需要阶段、网络阅读信息搜索阶段、网络阅读信息使用阶段、网络阅读信息反馈传播阶段。下面我们对这四个阶段分别作以介绍：

（1）在网络阅读需要阶段共有三种需要行为（即机能需要、符号需要、享乐需要），这三种需要行为贯穿到信息搜索和信息使用阶段，并在信息搜索阶段形成了不同的搜索策略。信息需要阶段是网络阅读行为的初始阶段，在这一阶段，使用者产生一种信息需求。

（2）在网络阅读信息搜索阶段，使用者在信息需要目标的作用下，形成了查找信息的动机，动机决定是否继续进行阅读行为。如果动机决定继续进行阅读行为，则产生阅读目标，阅读目标形成确定的任务，任务规定了不同的认知策略，按照不同的认知策略和阅读目标可以产生出三种的浏览状态和十种不同的搜索行为，在不同的浏览状态下可以形成不同的搜索策略。

①随意浏览条件下的网络搜索策略。

在网上的随意浏览模式中，包括"开始""链接"两种搜索行为。在随意浏览条件下，阅读者主要采取了"开始+链接"搜索行为策略，即浏览者没有明确的搜索目标，从初始的主页开始，不停地向前或向后"链接"，每链接到一个网站或网页，都大略地浏览扫描，这些扫描的信息很容易被遗忘，扫描的信息在信息间差别特别大，包括不同类型的信息。

②条件浏览下的网络搜索策略。

在条件浏览模式中，包括了"选择/发动搜索引擎""形成并选择搜索主题/公式化查询""提交查询""检查""访问/检查""区分""回复"七种搜索行为。在条件浏览模式下，有两种类型的搜索行为策略：一种是以搜索引擎为中心的搜索策略，在选定搜索引擎并键入查询信息提交后，信息搜索者可能发现所选择的搜索引擎并不理想，不适合自己的搜索查询，而重新返回到"选择/发动搜索引擎"阶段，重新选择搜索引擎。在"检查"结果网页阶段，有三种可能的情况，一是结果网页中没有理想的信息而返回重新提交查询；二是从结果网页中，发现自己对搜索任务有误解，而返回到"形成并选择搜索主题/公式化查询"阶段，重新开始；三是对结果网页中显示的信息不满意或由于对搜索引擎本身不熟悉而重新选择搜索引擎。在"访问/检查"阶段,有两种可能的情况,一是通过访问文件发现,该文件的信息不适合自己而重新提交查询;二是变换搜索引擎重新开始。当找到所需的信息后,有两种选择,一是对信息进行"复制""打印"等行为,二是直接进入"选取"阶段或结束任务。第二种类型的搜索行为策略是网络信息搜索者直接进入已经知道的网页和网站,然后,选择是否进行"区分"。

③特定目标搜索条件下的网络搜索策略。

在特定目标搜索行为中,包括了"区分""回复""选取"三种搜索行为,搜索可能在小范围的一些网站内进行,在这些网站中进行"区分"主要依据个人的关于网站信息的相关性、信息的性质、信息间紧密关系和可靠性等方面的知识。特定目标搜索使用的局部搜索引擎,提供了相对广泛的搜索范围和一系列强有力的局部搜索特征。因为使用者实在不希望遗漏任何重要的信息,因此,使用者愿意积极自发地在搜索中度过更多的时间,用来学习和使用复杂的搜索特征,以此来确定信息源在精确的和可靠的条件下被发现。特定目标搜索分两个阶段:多网站间的搜索来确定有效信息,然后接着在网站内部十分密集、仔细地搜索。"选取"可以被"回复"的行为再次通过服务器来支持。比如,网站提醒搜索不到的其他网站或网页,或用电子邮件通知提醒,目的是为了提醒信息已经被破坏。在特定目标搜索条件下,搜索策略比较简单,在局部的网站或网页内通过局部搜索引擎和简单的索引,链接反复查找所需信息,直到找到信息,然后决定是否进行信息"区分"。

(3)在网络阅读信息使用阶段,从外在的阅读行为看,是一种看和/或听的行为,从内在的阅读行为看,是理解与吸收信息的行为。[11]阅读人把从信息搜索中得到的信息和自己从网络以外的其他渠道(比如:从报纸杂志、电视、多媒体和人们之间的口头交流)的信息内化为自己的知识,生成新的信息,传播给信息的接收者。

(4)在阅读信息的反馈传播阶段,网络阅读人把内化生成的新信息反馈给信息的接受者,同时,还可能以反馈的形式,把信息反馈给信息源。而信息的接收者接收到信息后,也内化信息,然后反馈给信息的发出者,同时,还把信息反馈给信息源(见图2)。在这里,如果我们把信息的搜索行为简化为"搜索",把信息的理解与吸收行为外化为"看(听)",则形成了四种反馈传播策略:一是"搜索+看(听)"组合的行为,网络阅读人运用不同的搜索策略搜索到信息理解与吸收信息后,网络阅读人的行为就此停止,没有发生任何反馈、传播行为。二是"搜索+看(听)+反馈"组合行为,阅读人除了搜索和内化信息外,还把信息反馈给信息源。三是"搜索+看(听)+传播"组合行为,在这种行为中,阅读人在理解消化信息后,把信息传播给信息的接收者。四是"搜索+看(听)+反馈+传播"组合行为,在这种组合行为中,阅读人把生成的信息同时或交替地反馈和传播给信息源和信息接收人。

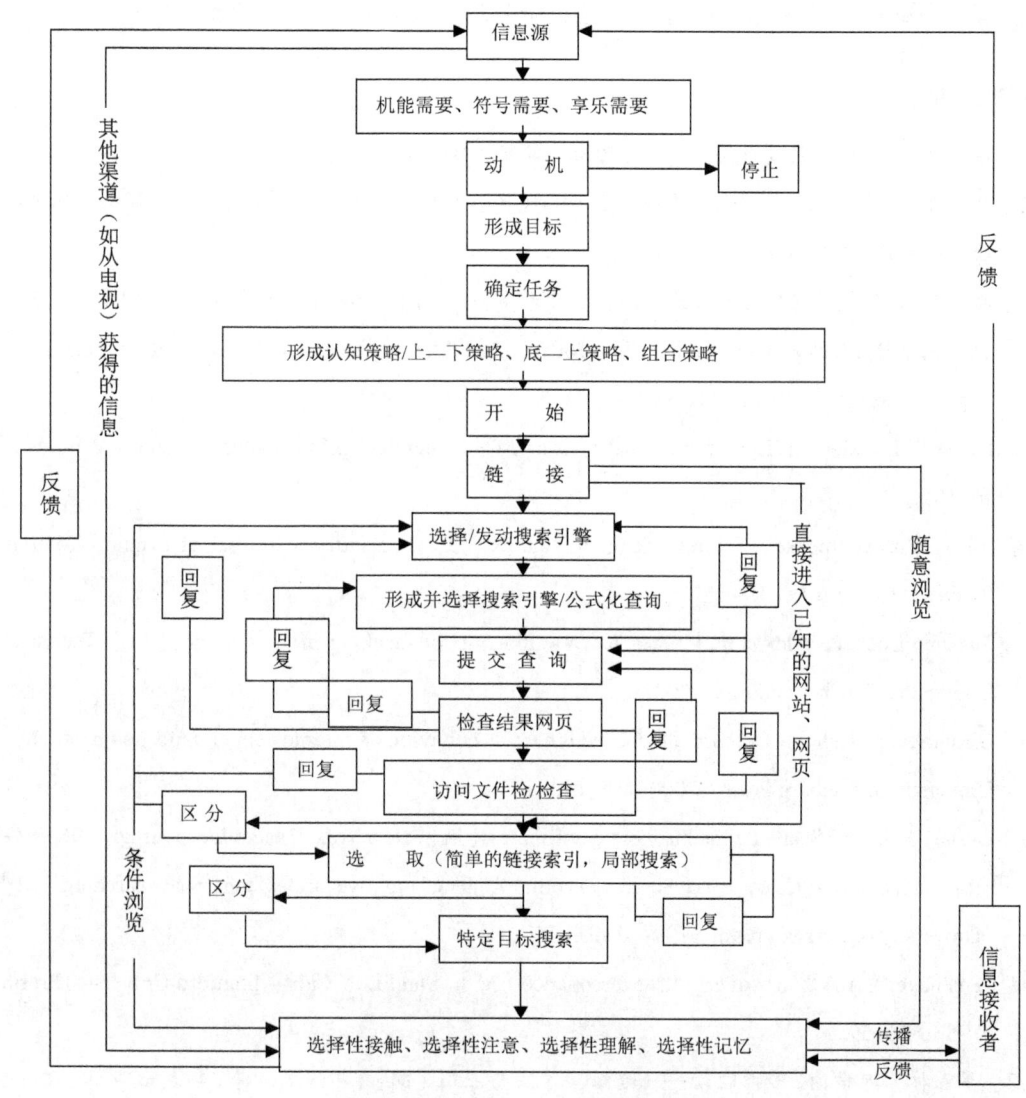

图 2　网络阅读行为的一般模式

第五节　结语

网络阅读与其他阅读相似，有其内在的阶段性和相应的行动策略，这些策略充分体现了网络阅读人的理性阅读机制，而这种机制最终外化在网络阅读的行为模式中。本文揭示了网络阅读行为内在的阶段和各阶段的行为策略，提出了网络阅读的一般模式，但相对于网络阅读整体而言，还只是一个初步的探索，仍有待于研究方法的进一步完善和后继研究的论证，更有待于经验研究的支持。

参考文献

[1] 石艳红.传播学中的受众诠释[J].国际新闻界，1999（3）：17-18.

[2] 明安香.受众地位与超文本记者——关于信息高速公路将给大众传播带来的巨大影响之三[J].国际新闻界，1999（4）：40-46.

[3] 翟本瑞.网络阅读与行为模式改变的社会学考察初探[J].台湾南华大学学报，2001（6）：7-14.

[4] Westley J H .Maclean and I and "The Model" In L.Manca（ed）[J].Journal of Communication Inquiry（Spring），1976：26-34.

[5] Hoyer W D, MacInns D. Consumer behaviour[M].Houghton Mifflin Company, 2001（2）：4-12, 16-18.

[6] Jul S, Furnas Spense.A framework for navigation[J].Nternational Journal of Human-Computer Studies, 1999（6）：18-22.

[7] Susanne Loeber, Alexandra Cristea.A www information-seeking process model[M].Technische Universiteit Eindhoven Press, 2002：2-8.

[8] Christoph Hölscher, Gerhard Strube.Web search behavior of internet expertsand newbies[M]. University of Freiburg Press, 2000：15-19.

[9] Guilar, Francis J.Scanning the business environment[M]. New York: Macmillan Journal, 1967: 7-9.

[10] Raquel Navarro-Prieto, Mike Scaife, Yvonne Rogers.Cognitive strategies in web searching[M]. University of Sussex Press, 1999：6-10.

[11] Festubger L A.A theory of cognitive dissonance[M]. Stanford, Calif: Stanford University Press, 1957：56-59.

[12] 赛佛林·坦卡德.传播理论——起源、方法与应用[M].郭镇之，译.华夏出版社，2000：63-65，78-80，81-83，130-133.

第二篇
休闲活动的制度需求研究

第五章　休闲语境中社会资本研究的进展与评析[*]

第一节　引言

20世纪80年代社会学家布迪厄（Bourdieu）和科尔曼（Coleman）将社会关系与结构分析纳入到了资本分析的范畴，从而提出了社会资本的概念。从社会资本的内涵看，可以将社会资本分为三个层次，微观层次的社会资本、中观层次的社会资本以及宏观层次的社会资本，微观层次的社会资本的研究侧重个人可以通过建立社会关系来获得所需资源，中观层次的社会资本聚焦于个人在社会结构中所处的特定位置及其资源的可获得性，而宏观层次的社会资本分析关注的则是在团体、组织、社会或国家中某一行动者群体对社会资本的占有情况[1]。由于社会资本可以从上述三个层面来考察，这就使得对社会资本概念的理解变得十分复杂，围绕这一概念研究者们展开了激烈的争论，这一争辩给社会资本的概念注入了无限的活力，并使社会资本的概念具有了广阔的学术潜力。自20世纪90年代中期，大量的社会资本分析评论出现在学术期刊、政府报告、专著和主流媒体中，证明了社会资本作为社会相关建构的广泛的吸引力，而这自然也吸引了休闲研究者的注意。实际上，社会资本与休闲关系的研究最早并不是在休闲研究领域中产生的，而是在社会学和政治学领域中产生的，布迪厄和普特南（Robert D. Putnam）在其关于社会资本的论述中都涉及休闲方面的研究，尤其是哈佛大学政治科学家普特南，其在政治民主领域中关于休闲与社会资本关系研究的影响则更为直接与深远。普特南在其两本著作《使民主运转起来》和《独自打保龄球》中详细论述了社会资本在意大利北部自愿性休闲组织中的正向功能，以及美国公民休闲参与下降等问题，并暗示出公民休闲参与和自愿性休闲组织在社会资本生产、维护与使用中的重要角色[2, 3]。正是在普特南这些富有启发性的研究推动下，在休闲领域中，美国学者海明威（Hemingway J L）于1999年在《休闲研究杂志》（*Journal of Leisure Research*）中发表论文评论社会资本与休闲之间的关系，该文将社会资本作为民主政治领域中休闲和公民身份之间的主要连接，探讨了休闲在实现公民民主中的作用[4]，从

---

[*] 该文最早发表于《旅游学刊》2014年第12期，作者时少华，易瑾。该文目录结构有修改。

而奠定了休闲社会资本研究的基础，这之后，休闲研究者开始逐渐更多地关注休闲语境中的社会资本研究[5]，这些研究表明社会资本研究事实上已经成为休闲领域研究中的新方向。

第二节　早期休闲与社会资本研究：厘清休闲、社会资本与公民民主之间的关系

普特南在社会资本研究方面的重要贡献是在其著作《使民主运转起来》中对意大利地区政府改革的研究，被广泛地认作为经典研究。普特南和他的合作者发现制度改革和执行的效力非常显著地与自愿性组织有长期紧密的联系，尤其是网络的信任、互惠性和公民参与的规范受到鼓励，普特南借鉴了托克维尔（De Tocqueville）的自愿性组织概念促进了社会整合和公民参与方面的研究，指出网络更重要的形式是自愿性组织，无论行会、合作社、体育俱乐部、文学协会或者观鸟俱乐部，他们都是围绕着活动被组织起来的，参与自愿性组织明显地加强了在合作性活动中促使人们在一起的市民团结[2]。普特南接下来将社会资本的概念应用于美国本土的公民参与研究中，他在1995年写出了文章《独自打保龄球》（他后来的专著也是这个标题），考察了美国民主社会中公民在自愿性协会中参与下降的后果[6]。普特南观察到了美国人越来越少地在社团组织里玩保龄球，而较多地和朋友、家人，甚至是独自一人玩保龄球，普特南宣称发现几乎所有的自愿者组织的类型，包括公民委员会、服务俱乐部和兄弟组织等都存在社团内部正式成员参与下降的问题，并指出社团成员参与下降的后果是严重的，因为社团组织内社会互动的缺失会造成成员之间的普遍不信任，进而不利于社会合作的形成[6]。普特南还重点论证并回答了美国公民社交和参与的效果，以及对自愿团体的破坏所带来的沉重成本，普特南用数据资料表明，因弱人际关系而产生的成本往往会出现这样可能的意外形式，包括沮丧、神经故障、溃疡和心脏病发作，弱人际关系的人们也可能较少地投票或对他们的邻居产生不信任，并且更多地对簿公堂或冷淡他人[3]。尽管普特南详细论述了社会资本作为一种弱人际关系形式对休闲自愿团体所带来的负面影响，但普特南在他的论证中也还没有放弃通过自愿性成员身份来发展对于市民和社会来说通往幸福之路的强人际关系，普特南特别强调自愿性组织内部强人际互动的重要性，认为这些组织的成员经常会一起带来有关系的陌生人，因此建立和维持了更大的社会网络，而这培育了普遍信任和相互作用，接着促进了社会合作的价值[6]。《独自打保龄球》这本著作在获得了大量的媒体关注的同时，普特南的证据和结论也受到了某些质疑。批评者指出，普特

南将一套特定的历史事件和自愿性组织中的特殊类型提升到了本源类型的高度，然而却忽略了新协会组织形式的出现。在传统的社团组织中成员是越来越少的，而在最近创建的社团组织中成员是渐渐增多的，如果少数人加入了共济会（odd fellows），那么很多人就会加入塞拉俱乐部（sierra club）[5]。当然普特南也注意到了这些批评，并对社会资本的概念进行了修正，从社会网络中，而不是在宏观的文化规范中定义社会资本，普特南强调社会网络和规范是由成员身份所引起的，这些规范可以构成公民的美德，而当成员身份嵌入在互惠的社会关系的密集网络中的时候，这将是最有力的[3]。虽然普特南修正了自己的论点，但学者们对普特南的批判仍然没有停止，艾齐厄尼（Etzioni）认为，普特南论点中最重要的难题仍然是自愿性组织成员中社会资本创建和维护的影响机制及其范围的详细论述与解释[7]。艾齐厄尼对普特南的质疑使一些休闲研究者开始冷静下来思考这一问题，虽然艾齐厄尼没有挑战社会资本的公民价值，但是他指出了对普特南困境的解决思路，即在特定的机制中研究社会资本在休闲和公民民主之间的转换能力[7]，这个转换能力的议题是整个社会资本研究必须面对的难题。为了解决这一难题，海明威尝试用跨学科的视角在休闲、社会资本与公民民主三者之间关系中寻找解决问题的路径。海明威指出不同的民主形式需要不同的休闲（即休闲的形式、内容和分布），也即不同的休闲方式会产生不同的公民民主形式，培养不同程度的公民（强公民或是弱公民）[4]。虽然这些休闲的直接政治影响很明显，但海明威却用美国休闲活动项目的研究结果证实了休闲对形成公民民主最根本的贡献之一是间接影响，即借助社会资本，休闲连接了公民民主[4]。这一结论促使海明威继续探讨休闲与社会资本的关系，通过对普特南的研究和罗宾逊与戈比等关于美国社会休闲调查的进一步考察，海明威认为休闲活动产生社会资本的多少决定了促进公民民主的程度，与不能产生社会资本的休闲活动相比，能产生社会资本的休闲活动更有利于促进民主，而在美国社会中，不能产生社会资本的休闲活动呈明显上升趋势，因此对促进公民民主无明显作用[4]。海明威还进一步解释了在不同种类的休闲中个体公民参与和休闲服务是如何被安排和递送的以及个体公民参与转换能力是如何形成的，海明威认为在休闲期间拥有自主权的人和更多休闲的人有助于个体能力更充分地发展，更多的社会资本可能被生成，和更多的个体参与能力被转换的可能[5]。海明威接着推断自主权个体参与创造他们休闲的程度范围，这不是简单地进行休闲消费，这是一个再生产的过程，再产生的社会资本更可能将有助于公民参与能力和公民美德的提升[5]。海明威最后指出了在研究休闲与社会资本分析的结合可能还需要从三个路径来完善：一是民主社会资本不能脱离有限民主国家中的休闲活动内容，必须在公民民主这一框架约束下最大限度地努力促进休闲、社会资本和民主参与和政策等方面的研究，并分析不同休闲方式对民主社会资本的重大影响；二是必须更好地理解休闲社会资本的发展所必要的个人和社会资源，以及社会资本的结构和分布，以便使社会资本的形成更加平等。三是社会资本不但是其他社会活动的副产品，而且也是休闲活动的副产品，换句话说，即社会资本产生于休闲活动，要重点探讨休闲在社会资本中的角色问题。应该说，海明威关于休闲、社会资本之间关系的研究从理论上基本上解决了普特南研究中所面临的难题，尤其可贵的是，海明威除了从概念与理论上构建所需命题外，更通过对大量美国调查数据的分析初步验证了其所提出的命题。另外，海明威所提出的三个需要注意与解决的问题更值得我们关注与反思，这实际上是近十余年来休闲社会资本研究发展过程中所面临的问题。因此，笔者在借鉴海明威上述所提的休闲与社会资本今后研究三个研究方向基础上，进一步查阅了2000年以来国外休闲领域中的相关文献，共检索出期刊论文共计24篇，其中，7篇理论评析性论文，17篇实证论文，并在此基础上尝试对国外休闲语境中社会资本研究情况进行总结与评述。

第三节　近十年来的休闲与社会资本研究内容评述

一、休闲语境中的社会资本与公民民主研究

20世纪90年代中期，当学界对普特南的社会资本概念进行批判，并质疑社会资本概念设定与社会资本正向功能的时候，在休闲领域中，社会资本研究却出现了一种不同的现象，即在休闲与社会资本研究方面仍然保持了普特南的早期形成的社会资本作为一个组合的文化规范、广义的信任的构想，强调休闲社会资本的积极效应。之所以出现这一现象，海明威认为主要因为休闲研究人员发现普特南的早期构想是有吸引力的，自愿团体导向的休闲活动，比如打保龄球，用来充当社会资本的来源，以维持美国社区生活内部广泛的社会结构，以这样的一种方式，社会资本被休闲研究者动员起来以支持社区内部团结、公民参与提高和公民美德实现的愿望，这符合休闲语境中借助社会资本在公共属性中所产生的规范化基础建设的需要[8]，而近十年来休闲领域中社会资本与公民民主方面研究也基本沿着这一研究方向进行扩展与补充，这主要体现在休闲自愿性组织、社区节日与体育赛事、公共休闲政策与服务三个方面。

在休闲自愿组织研究方面，该方面研究实际上延续了普特南的研究传统，强调休闲自愿性组织内部强人际互动的重要性，以及休闲自愿组织语境在社会资本生成和公民参与中的作用，如云等（Yuen et al.）关于青少年国际露营地中社会资本与成员参与方面的研究则探讨了青少年在露营语境中参与的休闲活动在何种程度上指向合作和有效的沟通，从而影响社会资本的发展和团体意识的形成[9]。杉等（Son et al.）通过对老年妇女休闲俱乐部中社会资本的考察，揭示了休闲语境下社会资本生成中的各个方

面，包括纽带和桥的机会、社会支持、姐妹关系，指出俱乐部成员都有一种团体意识，容易形成公民参与，并将社会资本和社区健康及福祉问题联系起来深入探讨[10]。应该说，该方面研究保持了普特南研究的传统，但在研究方法上却强调社会网络分析的方法的使用，虽然普特南也曾提出社会网络在公民参与中的重要作用，但普特南在此方面的实践工作却没有展开，而上述研究在某种程度上进一步拓展了普特南的研究。在节日赛事研究方面，该方面研究侧重于考察社区节日、体育赛事语境中如何发展与维持社会资本，以及社会资本与公民参与之间的关系，如云等（Yuen et al.）设计了一个社区节日项目来观察社区居民参与过程中是如何创建社会资本的，研究发现公共休闲机构在发展社会资本，促进社区水平和垂直的关系的重要影响，并指出社区节日与活动在创建社会资本，吸引人们建立关系的积极作用[11]。与云等关注社会资本的创建不同，阿卡狄亚等（Arcodia et al.）重点关注节事是如何维持与发展资本，以及二者之间的协同作用，该研究采用文献分析方法，重点考察了社区节日参与在何种程度上有利于维持与增强社会资本，并在此基础上进一步考察了社会资本与节日公民参与之间的协同正向作用[12]。与社区节日研究类似，体育赛事方面也强调休闲语境在社会资本的创建、社区公民参与的关系与作用，如麦森纳等（Misener et al.）认为社会资本的构建可能提供一个理解体育赛事如何能够建立社区网络和促进改善社会关系，及公民参与的重要理论范式[13]，斯科伦科尔（schulenkrf et al.）考察了社区间体育事件在民族分裂的斯里兰卡建立和发展群体间关系和社会资本中的潜在的积极作用，重点讨论了社区体育事件对群际关系和社区有效的社会资本存量的积极影响[14]。应该说，社区节日与体育赛事作为休闲语境进一步发展了休闲的表现形式，加深了海明威关于研究不同休闲形式对社会资本与公民民主产生影响的论断理解，拓展了休闲社会资本研究在休闲领域中应用范围。在公共休闲政策与服务方面，主要关注政府提供休闲服务与制定休闲政策对社会资本和公民民主的积极影响，如梅纳德等（Maynard et al.）考察了公共休闲服务对退休人员和那些接近退休年龄的人员创建社会资本的积极正向作用，作者将亚里士多德的休闲、社区和友谊的观念引入了社会资本的讨论，建议为了更有效地社会资本的创造，应重构同时代人的社区休闲服务框架，并提出公共休闲服务代理机构能够在培育老年人社区参与的过程中扮演关键角色[15]。另外，伦道夫（Randolph）则将种族化因素引入社会资本和公共休闲服务关系研究中，指出种族主义必须被当作社会资本、社会凝聚力来处理和培育，只有如此，休闲服务对社会资本，以及社区发展才是有益的[16]。而在公共休闲政策方面，霍姆斯（Holmes）评价了英国政府在协调志愿主义、公民身份和社会资本中政策的质量与可靠性，并提出了休闲政策的制定应该是培育与激励人们变成好公民、积极的志愿者和国家有益的贡献者，重点强调人们的积极的公民权和适当的行为，而这些是减少犯罪和暴力的根本方法[17]。上述这些研究肯定了休闲服务与政策作为休闲语境给社会资本与公民民主带来的益处，以及社会资本在休闲语境与公民民主关系中体现出的重要价值，这也是符合目前政府机构进行规范化基础建设的需要。

综上所述，十年来西方学者从休闲自愿性组织、社区节日与体育赛事、公共休闲政策与服务三个休闲语境框架出发，深入探讨了社会资本对公民民主的促进效应，在普特南和海明威研究的基础上，取得了一些突破。但随着休闲社会资本研究的进展，一些休闲研究者还是逐渐认识到，在公民视角的文化规范中定义社会资本的公共属性是不够的，因为社会资本可能限制了成员与广泛的社区成员的联系，排斥外来人，并且服务于利己的或违反社会公德的目标[18, 19]。因此，有必要将研究视角从休闲社会资本的公共属性建设转向休闲社会资本使用的个人属性方向。

二、休闲语境中的社会资本的使用及其负面效应研究

正如阿瑞和潘德勒（Arai & Pedlar）所指出的那样，"或许是因为我们领域的规范化建设的原因，休闲研究者倾向于忽略社会资本的个体视角，而重点放在团体层次的社会资本上"[18]。这即是说，要重视休闲社会资本研究的个体视角，要从社会资本个体视角出发研究社会网络中资源获取的可得性，以及个体社会资本所导致的消极后果都是非常重要的议题。格洛弗对休闲领域中的个体社会资本使用问题进行了深入研究，格洛弗引入了林（Lin）的社会资本的资源分析法，当社会资本代表资源嵌入在社会关系中时，进入并使用这样的资源从根本上是属于个体性的[20]，也正如林所认为那样，"对于（个体性）社会资本研究来说关键性的议题是社会资本的不平等促成社会团体的社会不平等到什么程度"[20]，在这里，格洛弗将林的资本亏损或回报亏损概念，以及弗利等（Foley et al.）的术语"使用—价值"（use-value），也即使用社会资本（appropriable social capital）等概念融合在一起，认为只有关注于社会资本的实际使用，才能使休闲研究者准确地在休闲语境下表达社会资本关联关系的发展和把握社会资本增值的效益，并最终从社会资本的分配中透视社会资本的不平等，以及由此导致的负面效应[18]。在格洛弗研究的启发下，产生了一些相关实践研究，这些研究除了考察休闲语境中个体社会资本的使用问题外，还重点关注团体对个体所导致的排斥、冲突、系统压制和个人认同等问题[21-25]，如格洛弗等（Glover, et al.）考察了朋友圈非正式网络中社会资本是如何使用的，结果表明交朋友对健康和幸福是非常重要的影响因素，但更应该引起注意的是交朋友也会使女性产生负担[26]。与格洛弗等的研究类似，莫克利等（Mulcahy et al.）通过考察加拿大安大略省西南部一个中型城市社区中的非正式休闲母亲团体，通过对网络中资源使用的考察，发现在这个团体中社会资本既可以产生积极的正向的友谊、支持和交换资源，也能够产生诸如排斥、批判和性别意识形态滋

生的消极效应[25]。而艾瑞克等（Erik et al.）则注意到了不同休闲活动（生产性活动与消费性活动）与社会资本使用之间的关系，发现生产性休闲活动同互助社会资本使用指标呈现正向相关，而消费性的活动则呈现负向相关[27]。此外，阿瑞（Arai）在格洛弗研究的基础上还进一步扩展了休闲社会资本使用方面的研究，认为社会资本使用不仅体现了个体之间的关系不平等，而且也体现了空间的创造，阿瑞认为从权力、空间和行动者代理的角度讨论休闲社会资本的结构是十分重要的，因此阿瑞将社会资本使用理解为在某种程度上尊重个人认同和承认系统压制的过程[28]。在这里，休闲社会资本的结构增加了权力与个人代理方面的讨论，而这一讨论有助于加深社会资本使用研究的三个特征的理解：一是有助于社会资本发展的行动者和从中受益的行动者之间可能是不同的；二是在一种情况下产生社会资本的行动，在其他情况下可能就不会产生；三是人们使用社会资本的份额是不均等的。应该说，格洛弗等的研究使我们认识到了个人在工具性行动之中所实际动用的社会资本在休闲研究中的重要性，并在实践方面展开了相关研究，还从权力、社会空间等角度进一步拓展了社会资本使用的研究，更重要的是，阿瑞关于休闲在社会资本使用中的角色的论述，这实际上提出了一个非常重要的命题，休闲在社会资本使用中扮演着必不可少的重要角色，这一过程中包含了不平等与冲突、社会空间、身份价值的形成与转变，而对这一过程中休闲角色的讨论有助于我们厘清休闲在社会资本使用研究中地位与贡献。

三、休闲——社会资本生成与使用中的重要角色

通过上述对休闲社会资本研究成果综述，会发现这些研究文献似乎都关注或触及到一个更基本的问题，即休闲在社会资本创建和使用中的角色与地位问题。这实际上提出了一个休闲社会资本研究更基本的理论问题，即休闲在社会资本生成和使用过程中所扮演的角色问题，而这一问题也是海明威所提出的未来休闲社会资本研究中需要注意的三个问题中的一个，即休闲在社会资本创建与生成中的角色问题。而这一问题在传统的社会资本研究领域中是没有涉及的，因为在经典的社会资本研究中，一般认为社会资本的生成或维持的条件包括信任、互惠主义、公民参与等因素[29]，然而这些因素中却没有将休闲纳入其中，因此休闲在社会资本创建或维护过程中的角色和地位往往被忽略了。而实际上，通过分析上述文献的主要论点会发现，休闲在社会资本的创建与发展过程中往往扮演着重要的角色，这一理论发现值得休闲研究者为此进行深入研究与理论解释。随之而来的问题是休闲的哪些特质是社会资本生成与使用所必需的，笔者尝试对该问题进行初步的、探索性的理论考察：

第一，休闲中的"社会交往特性"构成了社会资本生成与维持的特质。对社会资本研究来说，更基本的议题是构成社会资本的社会网络自身的持续存在和维护问题，

因为如果社会网络减弱或消失，在社会网络内部存在的社会资本也将会减弱或消失。由于社会资本存在于人们的社会连带中，当提及社会资本的时候有时我们把它当作社会结构的一个过程，有时当作社会结构的后果。但在社会连带中的社会资本不是存在于自然给定的或静态的形式中，社会资本的创造和维护依赖于社会连带的创造和维护，换句话说，依赖于建构中的人们的关系。和其他的资本形式不同的是，社会资本的扩大使用，如果没有持续的投资就会消失。科尔曼认为，"如果没有维护，社会关系将会消失，预期和义务将枯萎在时间中，规范依赖于定期的交流"[30]。面对社会资本的脆弱性，由于忽视而衰落的敏感性，以及创建的紧迫性，上述所强调的"定期的交流"实际上指的是面对面的互动，这是社会资本创建和长期存在的中心，而这种互动性就是波特斯（Portes）所说的"社会交往特性"（sociability）[31]。"社会交往特性"对于休闲研究者来说这既有机遇，也有挑战，"社会交往特性"在结构上和动机上都是休闲的中心内容，在制度性的社团组织中，"社会交往特性"本质上具有休闲特征[32]，正因如此，休闲对于社会交往特性来说可能因此是重要的舞台。在某种程度上，休闲提供了更多无拘无束的互动的机会，这促进了潜在的社会连带的建立，社会连带中的社会资本也可能被生成，这一社会资本产生过程可能将有助于公民参与能力和公民美德的提升，这也充分解释了为什么社团组织中公民之间的"团结一致"使积极分子愿意承受在追求公民民主和政治目标中接受不成比例的工具性奖励，和为什么某些人更愿意被公民民主和政治的行动所动员[5]。因此，对休闲社会交往特性与社会资本之间的研究是值得休闲研究者探索的。

第二，休闲活动的"工具性"构成了社会资本使用的原则。林认为在社会活动中，社会资本的使用活动是一种目的活动，而获得资源的活动为工具性活动，该活动相对于维持资源的表达性活动来说是一种高级形式[20]。然而普特南却认为，休闲可能像其他活动形式一样具有目的性，但却不太可能具有工具性[3]，但随着社会资本使用研究的深入，上述关于社会资本使用方面的理论与实践研究也证明了休闲活动中存在工具性行动。海明威也认为忽略休闲活动的工具性研究使休闲研究者走入了一个误区，只有将参与自愿性组织和休闲活动的工具性定义相结合，才能创建对于塑造他们成员内部民主政治态度交际互动来说的可以确认的竞技场[33]。从休闲活动工具性角度看，其基本原则是失去最小，获益最大，这个原则不仅与资源直接联系，而且也是休闲网络结构发生变化的根本原因。因为当每个成员都按照工具性原则支配自己的行为时，有限的资源就面临着严峻的争夺，而建立新秩序将成为人们不可回避的任务，而这一新秩序就是休闲网络结构的重新调整。在上述这一过程中，休闲结构内在于人的理性活动之中，随着人们的选择行动而不断地调整与改变，一旦形成稳定的结构，又反过来制约着人们的选择活动，这一点同吉登斯（Giddens）所论述的结构化理论有共同之处，吉登斯认为社会行动构建了社会结构，而社会结构一旦形成，便对社会行动具有不可摆脱的制约性，二者之间存在双向影响的关系[34]。而上述休闲网络结构的变化调整在某种程度上就是社会资本使用的变化调整，因为社会资本的创建与维持都依赖于社会关系网络，而关系网络结构的变化必然导致社会资本的变化，因此，可以说休闲工具性活动的选择与改变必然导致社会资本使用规则的变化。当然，在这一过程中可能还存在一系列的影响因素，这些因素也部分影响或改变了休闲活动与社会资本使用规则之间的关联，如林曾论述了组织和制度场在个人与社会资本之间的关系[35]，而这一理论角度也可以引入到休闲研究中进行深入的探讨。

综上所述，休闲在更充分地及多层次地实现人的交往互动过程中，将必不可少地在社会资本的创建中扮演重要的角色。而休闲的工具性行动在争取自身利益最大化的过程中也将改变社会资本的实际使用规则，这一规则结构一旦生成，会反过来制约休闲工具行动的选择。无论是休闲的社会交往特性，还是休闲的工具性，作为一种语境对社会资本的影响都值得进行理论与实践上的持续关注与探索。

第四节　休闲与社会资本的研究方法评述

从社会资本研究的方法论层面看，考克（Woolcock）在解读普特南、布迪厄、科尔曼等经典社会资本内涵的基础上，从社会资本的结构功能方面，总结了社会资本研究的两个基本理论范式，即"资源方法"（resources approach）和"公民方法"（civic approach）两个范式。资源的方法也即微观层次的社会资本研究，强调社会网络中资源获取的可得性，强调社会资本产生于某一行动者的外在社会关系，其功能在于帮助行动者获得外部资源，因此资源的方法更突出社会结构，像资源、位置、代理人、社会角色等[36]。在资源视角中，社会资本是借助于社会网络来实现其功能的，即社会资本借助社会网络，通过网络内外部的连接来实现共同行动，并实现网络资源的交流与共享，形成和维持社会资本的[37,38]。换句话说，社会网络是社会资本的来源与促进因素，而边燕杰则进一步明确提出社会资本就是网络关系、网络结构和网络资源，认为社会资本的存在形式是网络，而本质是网络中的资源[39]。资源方法中的社会资本被称为外部社会资本，外部社会资本归属于个人而且服务于个人的私人利益，因此被列纳等（Leana et al.）归为一种"私人物品"，具有个体私人属性[40]。而公民的方法也即宏观层次的社会资本研究，重点考察社会资本与公民参与或公民身份之间的关联，这种方法将积极的公民身份、公民参与、公民美德混合在一起，重点关注文化层面，比如广义的信任、参与、规范、互惠、价值等问题的研究，以及形成于行动者（群体）

内部之间的关系研究，其功能在于提升群体的集体行动水平，因此，公民的方法中的社会资本被称为内部社会资本，内部社会资本被视为一种"公共物品"，因为它归属于某一群体，而且服务于该群体的公共利益，因此具有公共属性[36]。在休闲领域中，海明威和格洛弗借鉴了考克上述社会资本划分方法，并在此基础上将休闲社会资本划分为两个研究方向：即公民的视角和资源的视角，认为休闲社会资本研究基本上可以从这两个视角展开研究，而在这两个视角中，公民的视角在休闲研究领域中被认为是最普遍和成熟的一种研究视角[5]。虽然公民的视角比较成熟且休闲学者也乐于在此范式下展开研究，但学者们强调从文化、规范的角度来理解休闲与社会资本关系的思路还是限制了休闲社会资本研究的进一步发展[18]。简言之，我们对社会资本的关注，不仅仅要关注正面积极的后果，也要关注负面消极的后果。而对消极效应的关注导致了近些年休闲领域中社会资本研究视角的转向，即由公民的视角转向资源的视角。而针对视角转换这一问题最早进行反思的还是普特南，普特南在面对批评时，已经将研究范式从文化规范的视角转向了社会网络的视角，开始关注社会资本的私人属性，以及如何借助社会资本获取个人所需资源的。继普特南之后，海明威通过考察20世纪90年代中期以来社会资本发展中学术脉络与取向，也建议休闲领域中应该承认社会资本所具有的私人属性，以解决休闲领域中社会资本研究的不足，并前瞻性地引入了资源方法以解决这一问题，但遗憾的是，海明威本人并未从资源的视角深入下去，而是格洛弗等（Glover et al.）将这一工作进行了推进。格洛弗在考察了布迪厄（Pierre Bourdieu）关于社会资本的目的性和利己主义的研究，以及林和弗林等社会资本相关概念后，对休闲领域中的社会资本使用和不平等问题进行了深入研究，强调从个体资源的视角，而不是从集体主义和结构主义的视角来考察休闲社会资本问题，此后一些研究不断丰富了这一方面研究，如阿瑞从认识论与方法论的角度指出了休闲语境中社会资本使用在权力、社会空间方面的文化与心理学上的细微差别，认为这有利于打破社会资本使用研究结构主义的禁锢，并加深和使更复杂的建构应用于我们的社区和休闲的考察中[28]。应该说，休闲社会资本研究从公民视角转向资源视角不仅使休闲研究者拓宽了研究的视域，使社会资本研究同资源、回报、效益、权力、行动等问题联系在一起，更超越了传统休闲社会学理论局限，传统休闲社会学往往强调从群体和整体主义的视角展开研究，而较少关注个体选择与行为研究，这种现象在社会学研究中由来已久，而目前休闲社会资本公民视角与资源视角的研究在某种程度上正逐渐克服了这一理论局限，使整体与个体的二元对立走向融合。

从具体研究方法上看，首先从休闲社会资本的调查方法看，上述研究既有定性研究的方法，如文献分析法、历史比较方法、民族志和访谈的方法，也有定量的分析方法，如问卷调查法、二手数据分析等。总的来看，公民视角中的研究多运用文献分析法，历史比较的质性分析方法，但也辅之以二手数据分析和调查法，而资源的视角则倾向于定量分析的方法，如问卷调查法和自我中心网络调查法（如位置生成法和提名生成法）。其次从休闲社会资本的分析指标看，公民视角中休闲社会资本的分析指标基本上沿用了普特南社会资本的测量方法，在政治参与方面，用投票率和对政府的信任程度和参加各种社会自愿组织的人数来表示[2]，而资源视角中休闲社会资本的分析指标，格洛弗认为只有关注于实际动用的社会资本情况，才能准确表达休闲语境中社会资本的分配与获取情况[18]，而测量人们在某种工具性行动过程中所实际使用的社会资本时，对非正式网络途径的使用测量，社会网络中流动的信息与影响资源的测量，关系网络的强度测量都是重要的社会资本分析指标[1]。从上述分析可知，公民视角中的分析指标和资源视角中的分析指标差别很大，而这种差别某种程度上可以说反映了社会资本研究中微观层面与宏观层面之间存在的鸿沟，那么在休闲社会资本研究中是否存在一种可能，在二者之间架起一座桥梁，将两种测量指标体系，甚至是两个视角联合在一起呢？笔者认为，社会网络分析方法可以扮演这一角色，因为迄今有关社会网络分析的研究主要关注的还是作为个体行动层面而不是宏观集体层面的社会资本，但越来越多的研究者开始意识到，在测量集体社会资本时完全可能结合社会网络分析的方法，进行更为深入和系统的分析[20, 41]，当然这还需要不断的实践研究加以印证。

第五节 国外休闲社会资本研究对中国研究的借鉴与启示

从国内研究文献看，与国外休闲社会资本研究相比，中国的相关研究较国外研究起步晚，且相关研究非常少，笔者在中国知网以"社会资本"和"休闲"或"闲暇"作为关键词，共检索出期刊论文1篇，硕博论文4篇，且均为实证文献。从研究内容上看，我国学者主要关注体育与互联网休闲语境对社会资本的影响[42-46]，这些研究相对于国外休闲社会资本研究来说，研究内容比较单一，仅仅关注到了体育与互联网休闲语境对社会资本产生的正向功能，并触及了国外休闲领域中社会资本研究的基本问题，即休闲在社会资本生成过程中的角色问题，但这些文献明显受普特南等人的研究影响较深，忽视了休闲语境中社会资本的消极利己主义影响，以及个体为获取资源而使用的规则和运作过程的分析。同时，相比于国外的休闲政策与服务、节日赛事、自愿组织等休闲语境下社会资本的研究则没有涉及。另外从研究方法看，研究范式上侧重于公民视角，强调休闲语境对资本的正向效应，而对于资源视角的关注则不足，具体方法上侧重于问卷调查与统计分析法，相较于国外研究中运用多种研究与分析方法来说显得过于单一。应该说，整体上看中国休闲社会资本研究才刚刚起步，研究范式、主题和内容还未成熟，然而中国社会的现实却是一个强调"关系"和"人情"的熟人社会，在这样的社会中，人们的行为方式和交往方式往往是"情重于法"，在一个情重于法的社会中，社会资本的地位和作用要比法重于情的社会中高得多，因为社会资本的本质就是以承认个人之间的感情关系为前提的，个人之间的感情关系是社会资本发生和存在的基础[47]。因此，从现实看中国人社会交往的行为特征决定了中国休闲社会资本研究应该得到重视，因为休闲语境是社会资本生成过程中的重要来源，重视休闲在社会资本创建和使用中的作用，意味着增强公民民主的参与性和凝聚力，可以提升社会资本总量，提升公民的民主能力与幸福，当然在这一过程中也应该注意到休闲社会资本带给个体的私利主义一面，预防休闲过程中社会资本形成所带来的限制性与破坏性。

鉴于中国休闲社会资本研究的现状，笔者认为，中国的休闲社会资本研究虽然刚刚起步，但中国社会的现实必然决定了中国休闲社会资本研究具有广阔的学术前景，而要推进中国休闲社会网络研究，首先需要借鉴国外休闲社会资本的研究成果，从休闲语境中的公民与资源视角展开社会资本的研究，关注多种休闲语境下社会资本生成与使用过程中的异同，并借鉴国外休闲社会资本研究方法，尝试多种调查与分析方法相结合，在借鉴与吸收国外研究成果的同时，还需深入细致地开展中国的本土化研究，在中西研究比较的基础上找出休闲社会资本研究的差异与成因，这对于持续开展中国休闲社会资本研究具有重要的理论与现实意义。而从今后中国休闲社会资本研究内容上看，主要体现为三个方面：第一，关注不同休闲形式对民主社会资本的影响。我们可以从节事赛事、休闲公共政策与服务、自愿性组织、因特网、体育休闲等方面来考察休闲、社会资本与公民民主类型之间的关系，并总结中国与西方社会不同民主环境中在生成与使用社会资本过程中的差异与影响因素。并且不同休闲方式，如商业休闲、大众休闲和私人休闲方式对民主社会资本的相对存在和分布可能存在的重大影响也是值得我们探讨的议题。第二，聚焦休闲语境中社会资本的使用研究主题。该研究主题侧重于从资源的视角出发，重点考察休闲语境中个体为取得优势地位、角色和权力运用社会资本中的资源而引发的冲突、排外和不均等问题，我们可以从权力、信息、影响、利益等资源的角度来研究休闲社会资本的使用过程，因为一些中国学者对这些资源网络进行了深入本土化研究[48-50]，这些成果可以引入到休闲社会资本研究中来。第三，重视休闲语境中社会资本的生成与使用中的角色问题。如前所述，休闲的社会交往特性有助于创建社会连带、建立社会关系，并促进团体内部公民民主的参与和公民民主能力的形成，而休闲的工具性活动的选择与改变必然导致社会资本使用规则的变化。由于中国社会相较于西方社会更加注重人们之间的互动与情感因素，社会资本生成与使用方式相较于西方社会来说会更加复杂与多样化，而随着中国社会休闲方式的广泛开展，将休闲语境纳入到社会资本的生成与使用中，从宏观与微观两个角度深入研究休闲创造与使用社会资本的规则与策略，这既能丰富休闲与社会资本研究之间的研究，又能提升休闲在社会资本研究中的地位与贡献。

参考文献

［1］赵延东，罗家德.如何测量社会资本：一个经验研究综述［J］.国外社会科学，2005（2）：18-24.

［2］Putnam R D, Leonardi R, Nanetti R Y. Making democracy work: Civic traditions in modern italy［M］.Princeton, N J: Princeton University Press, 1993: 176, 183.

［3］Putnam R D. Bowling alone: The collapse and revival of American community［M］. New York: Simon & Schuster, Inc, 2000: 19, 58, 115.

［4］Hemingway J L. Leisure, social capital and democratic citizenship［J］. Journal of Leisure Research, 1999, 31（2）: 150-165.

［5］Glover T D, Hemingway J L. Locating leisure in the social capital literature［J］. Journal of Leisure Research, 2005, 37（4）: 387-401.

［6］Putnam R D. Bowling alone: America's declining social capital［J］. Journal of Democracy, 1995, 6（1）: 65-78.

［7］Etzioni A, Etzioni O. Face-to-face and computer-mediated communities, a comparative analysis［J］. The Information Society, 1999（15）: 241-248.

［8］Hemingway J L. Leisure, social capital and civic competence［J］. Leisure/Loisir: Journal of the Canadian Association for Leisure Studies, 2006, 30（2）: 341-355.

［9］Yuen F C, Pedlar A, Mannell R C. Building community and social capital through children's leisure in the context of an international camp［J］. Journal of Leisure Research, 2005, 37（4）: 494-518.

［10］Son J, Yarnal C, Kerstetter D. Engendering social capital through a leisure club for middle-aged and older women: Implications for individual and community health and well-being［J］. Leisure Studies, 2010, 29（1）: 67-83.

［11］Yuen F C, Glover T D. Enabling social capital development: An examination of the festival of neighborhoods in kitchener, ontario［J］. Journal of Park & Recreation Administration, 2005, 23（4）: 20-38.

［12］Arcodia C, Whitford M. Festival attendance and the development of social capital［J］. Journal of Convention & Event Tourism, 2006, 8（2）: 1-18.

［13］Misener L, Mason D S. Creating community networks: Can sporting events offer meaningful sources of social capital? [J]. Managing Leisure, 2006, 11（1）: 39-56.

[14] Schulenkorf N, Thomson A, Schlenker K. Intercommunity sport events: Vehicles and catalysts for social capital in divided societies [J]. Event Management, 2011, 15（2）: 105-119.

[15] Maynard S S, Kleiber D A. Using leisure services to build social capital in later life: Classical traditions, contemporary realities, and emerging possibilities [J]. Journal of Leisure Research, 2005, 37（4）: 475-493.

[16] Randolph H D, Racialization. Social capital, and leisure services [J]. Leisure/Loisir: Journal of the Canadian Association for Leisure Studies, 2006, 30（1）: 263-285.

[17] Holmes K. Volunteering, citizenship and social capital: A review of UK government policy [J]. Journal of Policy Research in Tourism, Leisure & Events, 2009, 1（3）: 265-269.

[18] Glover T D. Toward a critical examination of social capital within leisure contexts: From production and maintenance to distribution [J]. Leisure/Loisir: Journal of the Canadian Association for Leisure Studies, 2006, 30（2）: 357-367.

[19] Blackshaw T, Long J. What's the big idea? A critical exploration of the concept of social capital and its incorporation into leisure policy discourse [J]. Leisure Studies, 2005（24）: 239-258.

[20] Lin N. Social capital: A theory of Social Structure and Action [M]. New York: Cambridge University Press, 2001: 120.

[21] Warde A, Tampubolon G. Social capital, networks and leisure consumption [J]. The Sociological Review, 2002, 50（2）: 155-180.

[22] Warde A, Tampubolon G, Savage M. Recreation, informal social networks and social capital [J]. Journal of Leisure Research, 2005, 37（4）: 402-425.

[23] Glover T D, Parry D C, Shinew K J. Building relationships, accessing resources: Mobilizing social capital in community garden contexts [J]. Journal of Leisure Research, 2005, 37（4）: 450-474.

[24] Devine M A, Parr M G. Come on in, but not too far: Social capital in an inclusive leisure setting [J]. Leisure Sciences, 2008, 30（5）: 391-408.

[25] Mulcahy C M, Parry D C, Glover T D. Play-group politics: A critical social capital exploration of exclusion and conformity in mothers groups [J]. Leisure Studies, 2010, 29（1）: 3-27.

[26] Glover T D, Parry D C. Friendships developed subsequent to a stressful life event: The interplay of leisure, social capital, and health [J]. Journal of Leisure Research, 2008, 40（2）: 208-230.

[27] Erik V I, Koen V E. Leisure and social capital: An analysis of types of company and activities [J]. Leisure Sciences, 2009, 31（2）: 192-206.

[28] Arai S M. Where does social control end and social capital begin? examining social space, conflict,

and the politics of difference [J]. Leisure/Loisir: Journal of the Canadian Association for Leisure Studies, 2006, 30 (2): 329-339.

[29] 颜烨. 转型中国社会资本的类型及其生成条件与机制[J]. 西南师范大学学报(人文社会科学版), 2004, 30 (1): 64-70.

[30] Coleman J. Foundations of Social Theory [M]. Cambridge: The Belknap Press, 1990: 302-304, 321.

[31] Portes A. Social capital: Its origins and applications in modern sociology [J]. Annual Review of Sociology, 1998 (24): 1-24.

[32] Fine G A. Mobilizing fun: Provisioning resources in leisure worlds [J]. Sociology of Sport Journal, 1989 (6): 319-334.

[33] Hemingway J L. Emancipating leisure: The recovery of freedom in leisure [J]. Journal of Leisure Research, 1996 (28): 27-43.

[34] 刘少杰, 后现代西方社会学理论[M]. 北京: 社会科学文献出版社, 2002: 335-384.

[35] 刘少杰. 经济社会学的新视野: 理性选择与感性选择[M]. 北京: 社会科学文献出版社, 2005: 180-181.

[36] Woolcock M. Social capital and economic development: Toward a theoretical synthesis and policy framework [J]. Theory and Society, 1998 (27): 151-208.

[37] Seinfield C., Ellison N, Lampe C. Online social network use, self-esteem, and social capital: A longitudinal analysis [J]. Journal of Applied Developmental Psychology, 2008, 29 (6): 434-445.

[38] Brehm J, Rahn W. Individual-level Evidence for the Causes and Consequences of Social Capital [J]. American Journal of Political Science, 1997, 41 (3): 98-125.

[39] 文宏, 栾博. 社会结构取向下的社会资本研究[J] 社会, 2007 (2): 52-71.

[40] Leana C R, Harry J V. Organizational social capital and employment practices [J]. In the Academy of Management Review, 1999, 24 (3): 538-555.

[41] Adler P, Kwon S W. Social capital: prospects for a hew concept [J]. The Academy of Management Review, 2002, 27 (1): 17-40.

[42] 李洪君. 从社会资本的视角看村庄生活中的休闲体育[J]. 武汉体育学院学报, 2009, 43 (7): 29-32.

[43] 郑素侠. 互联网使用与内地大学生的社会资本[D]. 武汉: 华中科技大学, 2008.

[44] 许月云. 侨乡社会资本与侨乡社会体育发展绩效的理论及实证研究[D]. 福州: 福建师范大学, 2006.

[45] 郑祥荣. 城市家庭体育模式及其形成机制的理论与实证研究[D]. 福州: 福建师范大学,

2010.

[46] 毕钰．基于社会网络的网游用户消费行为研究［D］．哈尔滨：哈尔滨工业大学，2012.

[47] 时少华．国外社会网络视角下休闲研究的进展与评述［J］．旅游学刊，2013，28（5）：25-34.

[48] 翟学伟．中国社会中的日常权威：概念、个案及其分析［J］．浙江学刊，2002（3）：106-113.

[49] 吴毅．"权力—利益的结构之网"与农民群体性利益的表达困境［J］．社会学研究，2007（5）：21-45.

[50] 孙庆民．社会交换资源理论评述［J］．湖南师范大学社会科学学报，1994（6）：117-120.

第六章 连锁餐饮服务人员社会支持对休闲参与的影响研究：以北京市麦当劳餐厅调查为例

第一节 研究背景

现如今餐饮行业的不断发展，随之投入的服务人员的需求也不断扩大。各种档次、各种类型的餐厅的服务人员已经成为一个不容忽视的群体。这一群体作为社会的重要成员，对休闲的要求有着不可小觑的影响。连锁餐饮集团在人员培训方面有些很好的经验，也能够为员工提供良好的休闲活动，而且企业会很重视员工的长期发展，对连锁餐饮服务人员调查有助于更规范地了解餐饮服务人员的生存状况。有些人在遭遇到许多人生事件或者冲突后，仍然能够适应良好，除了个人因素外，常是因为具有良好的支持体系。沈桂芝（2001）提出社会支持是一种能够提供方向，以引导个体去解决现阶段的问题，并提供回馈给个体，经由其解决问题的技能提升，使其怀抱希望和增进对所处情境的控制能力。社会支持实际上就是从社会上得到他人的各种帮助，主要来自家庭、亲友、邻里、同事等方面的支持，餐饮行业的服务人员普遍存在年龄不大、文化水平低、收入不高、外来务工人员等特点，这些因素决定了社会支持对他们的休闲参与有很大的影响，对休闲活动的选择也会有很大的不同。连锁餐饮服务人员个人获得的社会支持分数越高，休闲活动的选择会相应地增多。

本文以麦当劳餐厅服务人员为研究对象，通过问卷调查的研究方式，进而运用统计中回归分析的方法，具体了解餐饮服务人员对休闲方式的参与类型，并对其特点做出讨论，研究社会支持对休闲参与的影响及提出相关对策建议。

之所以选择该选题，是由于餐饮行业服务人员的工作较累、时间长，在如此强度的工作状态下如果没有良好的休息与放松，可能会影响正常的工作。然而目前关于餐饮行业服务人员的研究多是从人力资源、如何使员工为餐厅创造更多的价值来考虑，真正关心员工工作外的生活和心理状态的研究不多。希望借此机会，真正从服务人员的心理需求出发，调查社会支持对休闲参与的影响，让社会了解服务人员能从何种休闲方式中让自己放松以及满足心理需求,从而心甘情愿地、开开心心地投入到每天工作劳动强度大的工作中去。并且希望能为以后研究餐饮行业人员流动性为何如此之大提供参考。

第二节　文献回顾

一、京餐饮行业服务人员现状

据中国贸经统计数据显示,我国连锁餐饮企业门店分布数量 2015 年全国达到 23 721 个,比 2014 年增长 7.43%,各城市连锁餐饮企业 2015 年末从业人员数合计达到 614 466 人,比 2014 年降低 5.12%;而北京 2015 年注册的连锁餐饮门市店就有 3010 家,从业人员达 119 584 人,从业人员数量全国排名第一。可见,餐饮服务人员是一个庞大的队伍,一个不容忽视的群体,对这一群体的研究必定能找到新的探讨点。在这之前必须对基本概念了解清楚。

二、社会支持的概念

Caplan（1974）认为社会支持是一种永久的关系,当人们面临压力时,家人、朋友或者其他重要的人会以不同的形式支持与援助并分享情绪上的负担,例如提供一个安全舒适的场所,一个可以尽情发泄的对象,在物质和精神上可以提供帮助的。Cobb（1976）认为社会支持是一种资讯的提供,可以促使个人被关爱、受尊敬,是属于一个共同与相互义务的网络,并且价值受到肯定。Thoits（1982）指出社会支持是由他人,提供在压力情境下,对需要援助者医改的协助,这些协助包括情感性,如自尊、归属、认同和安全感,以及工具性的协助,如提供信息和财物上的实际帮助。因此社会支持是一种能够提供指引,以引导个体去解决现阶段的问题,经由其解决问题的技能提升,并提供回馈给个体,使其怀抱希望和促进所处情境的控制能力（沈桂芝,2001）。在本文的探讨中,服务人员的社会支持从家人、朋友和同事三方面进行了调查和讨论,这几个方面比较直观更容易调查,他们在工作中面临的最大的压力是体力上的劳累,面对客人的抱怨心理也会有很多的委屈,由此来说社会支持对他们来说不仅是需要更是非常重要的。

三、休闲活动的基本概念

休闲活动是每个人都需要的,林晏州（1984）认为休闲参与是一种由目标引导、有所为而为之的行为，其目的在满足休闲参与者个人生理、心理以及社会需求，参与者依据个人需求在不同时间与地点选择从事活动，以便个人能够使休闲需求能够获得最高的满意程度。颜智渊（2002）认为休闲活动参与通常是指参与活动的种类与参与的频率而言，而所参与的活动是指非工作性质的活动，而且这种活动是可以自由选择参与或不参与的。其他学者也从参与种类和频率这两个方面来定义休闲活动参与（陈南奇，2000；苏广华，2001；林佳蓉，2001；谢清秀，2004）。陈艳丽（2003）将休闲参与定义为个人在自由时间，自由地选择参与非工作或义务性质的活动。马斯洛的一个广为人知的观点是：在需要层次中，在人们追求更高次序的需要之前，其基本需要应该首先得到满足。然而，现实的情况是许多正在忍受贫穷、悲伤和侮辱的人却能通过畅爽体验设法寻找满意感和成就。Brandenburg（1982）研究发现：当一个人要开始参与一项特定的休闲活动，必须有四个前提：①必须有机会，包括地理上的易达性、交通便利性、体能状况、财务状况、有足够的空间时间、资源容易取得以及生活情况的调整。②必须有知识，有的时候对参与的休闲活动越了解就越可能产生兴趣。③个人所在的社会环境必须认同或接受这项休闲活动。④必须乐于接纳，换言之就是要有尝试一项新体验的意愿和渴望。Larson（1985）研究指出，对少有社会接触货没有朋友的人而言，社会支持对休闲参与的冲击是有意义的，因为被隔离或孤独的人极少有社会接触，但经由休闲活动的参与可以弥补其支持系统的不足。陈育慧（2002）指出社会支持与休闲活动参与是相辅相成的，社会支持会增加休闲活动参与的机会，并成为刺激服务人员持续参与休闲活动的动力。David 和 Edward（2006）认为有规律锻炼的益处还包括有利于生理和心理上的健康，并已经得到了很好的证明。另外，学者指出家人与友伴的支持会在一定程度上影响人们的休闲活动参与。由以上的研究可以发现，社会支持对休闲活动参与有着正向的影响。所以本文来研究餐饮行业服务人员的社会支持与休闲参与之间的关系是有意义的。餐饮行业从业人员日常工作比较辛苦，即使是兼职人员除了在餐厅的工作还要兼顾上学或是其他的工作，休闲时间更是少之又少。社会支持系统的健全有助于身心发展，参与更加健康的休闲方式。

第三节 研究地点与研究设计

一、研究假设的提出

目前，把服务人员社会支持与休闲参与两方面结合起来研究的文章比较少，各种档次、各种类型的餐厅的服务人员已经成为一个不容忽视的群体，这一群体作为社会的重要成员,对休闲的要求有着不可小觑的影响。因此我们假设服务人员休闲活动的选择受社会支持的影响。本文研究对象的数据和资料主要是以访谈和问卷调查的形式取得,在阅读大量关于社会支持、休闲参与以及麦当劳餐厅文献的基础上设计问卷。本文主要想研究服务人员社会支持和休闲参与之间的关系,所以问卷内容的设计主要从这两方面着手。

二、调查地点选取

问卷共发放145份,回收133份,有效问卷122份。发放地点为北京市麦当劳餐厅回龙观店、北太平庄店、健翔桥店、管庄店和天通苑店,每家店的正式员工和兼职员工的总数约为60名,由于兼职人员上班的时间是每周按照他们自己的时间安排排班的,故一段时间内上班员工总人数并不确定。

三、问卷的设计

问卷设计中社会支持主要调查家人、朋友和同事的支持,休闲活动参与的类型主要从纯放松形式、户外锻炼形式和提高自身修养三方面调查,希望从中可以找到相互影响的契合点。社会支持和休闲参与的活动以量表的形式出现,满意度从"非常不同意"分五种程度逐渐上升到"非常同意",调查对象依据自身的实际情况在选择最适合自己的选项。个人信息和休闲参与的时间、频率和花费以选择的形式出现。个人信息包括年龄阶段、性别、婚姻状况、学历、收入以及籍贯,运用统计中回归分析的方法,了解调查问卷中餐饮服务人员性别、年龄、籍贯比重等,以及不同性别、籍贯的服务人员社会支持的差别和休闲活动参与的差别。在问卷数据输入后先要进行信度分析,以保证数据的可靠性。

四、实地调研访谈

访谈对象有麦当劳工作一年左右的正式员工,长期兼职员工和餐厅管理者,还有必胜客餐厅管理者,对必胜客管理者的访谈主要想了解两家企业在工作时间安排、员工管理等各方面的差异。访谈的内容有每天及每周工作的时间、休息的时间、如何进行排班、工作的劳动强度、同事相处的氛围、业余时间的休闲活动等方面。对餐厅的管理人员主要询问如何使员工工作起来更有效率,是否会关注员工工作外的情绪与休闲活动,他们是否认为休闲活动对工作是有影响的。

第四节 研究过程及分析

一、信度分析

评估一个系统的信度是以组成此系统的各个变量或者测量之间的相关系数为基础的。当一份问卷所问的项目相关性越高，则代表期间的一致性越高，故算出的信度也越高。通常一份问卷或测验，如果测验统一理念的项目越多时，会有信度越高的现象，故增加题目会提高一份测验的信度。

通过对麦当劳餐厅服务人员社会支持的信度分析 Cronbach's Alpha 的值比较低，结果显示 Alpha 为 0.669，信度值不是很高，但是由于处于旅游调查测量实践中，这个系数还是可以接受的。同样地，休闲参与的信度分析中的 Alpha 为 0.733，信度值一般，但总体来说，说明量表的信度还可以接受。

二、因子分析

在因子分析前，首先对价值量表的每个维度进行 Bartlett's 球形度和 KMO 检验，以确定各变量观察值之间是否有共同因子存在。KMO 统计量的取值在 0 和 1，KMO 值越接近 1，表示变量间的共同因素越多，越适合做因子分析，KMO 值越小，表示变量间的共同因素越少，越不适合做因子分析。

表 1 KMO 和 Bartlett's 球形度的检验

取样足够度的 Kaiser-Meyer-Olkin 度量		0.620
Bartlett's 球形度检验	近似卡方	103.573
	df	15
	Sig.	0.000

由表 1 可知，本文中 KMO 检验结果显示各维度的 KMO 值均为 0.620，说明样本适合做因子分析。

表 2 解释的总方差

成分	初始特征值			提取平方和载入			旋转平方和载入		
	合计	方差的百分数（%）	累积百分数（%）	合计	方差的百分数（%）	累积百分数（%）	合计	方差的百分数（%）	累积百分数（%）
1	2.108	35.131	35.131	2.108	35.131	35.131	1.845	30.749	30.749
2	1.275	21.256	56.386	1.275	21.256	56.386	1.471	24.520	55.268

续表

成分	初始特征值			提取平方和载入			旋转平方和载入		
	合计	方差的百分数（%）	累积百分数（%）	合计	方差的百分数（%）	累积百分数（%）	合计	方差的百分数（%）	累积百分数（%）
3	0.964	16.073	72.460	.964	16.073	72.460	1.031	17.192	72.460
4	0.662	11.031	83.491						
5	0.547	9.123	92.615						
6	0.443	7.385	100.000						

提取方法：主成分分析。

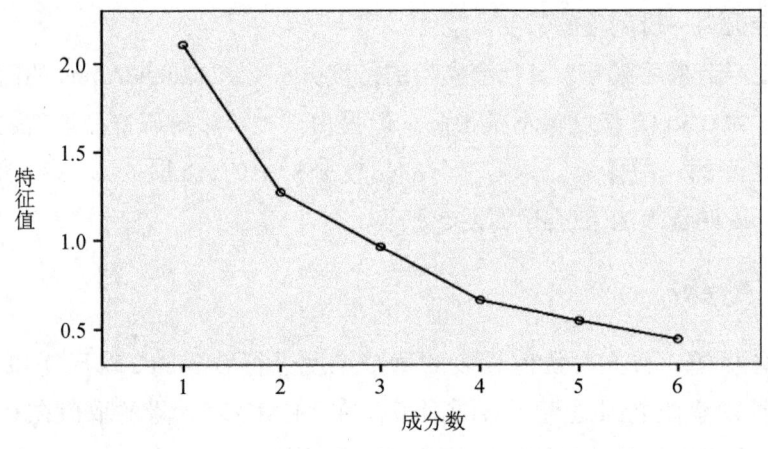

图 1　碎石图

通过表2我们可以得到积累解释变异数为72.46%，表明无论转轴前后，3个共同因素可以解释的总变异量为72.46%，亦即效度可达72.46%，说明是进行因素分析可以接受的程度。三个共同因素分别是朋友支持、家人支持和同事支持。由表2可知，Total栏为各成分的特征值，栏中只有2个成分的特征值超过了1，其余成分的特征值都没有达到或超过1。同时，由图1的碎石图可知，从第3个因子开始，以后的曲线变得比较平缓，最后接近一条直线。据此，可以抽取3个因子。

休闲参与的效度分析采取的是内容效度，也叫作表面效度。内容效度，指的是测量的内容和测量的目标之间是否适合，即量表项目与形式给人直觉上可以达到的效度，也可以说是指测量所选择的项目是否"看起来"符合测量的目的和要求。休闲参与项目是在参考了以往研究者类似研究的问卷内容加以修改而得到的。我们把休闲参与的类型分为纯放松形式、户外锻炼形式和提高自身修养三方面。

三、多元回归分析

回归分析是探究被解释变量如何随解释变量的变化而变化，并通过回归模型的形式描述和反映这种关系。

表3　回归模型的拟合优度检验

模型	R	R^2	调整后的R^2	标准估计的误差
1	0.421a	0.177	0.156	0.49280

注：a.预测变量：(常量)，朋友支持，同事支持，家人支持。b.因变量：休闲参与。

我们选择了三个对休闲项目有影响的因素，并采用多元回归分析方法进行分析。从表3可以看出相关系数R=0.421，决定系数R^2=0.177，即"休闲活动类型的选择"变异中的15.6%是由这三个解释变量引起的。

表4　回归模型的整体性检验

模型		平方和	df	均方	F	Sig.
1	回归	6.168	3	2.056	8.466	0.000a
	残差	28.657	118	0.243		
	总计	34.825	121			

注：a.预测变量：(常量)，朋友支持，同事支持，家人支持。b.因变量：休闲参与。

在多元线性回归分析中，方差分析仍然是对回归方程的显著性进行假设检验的方法，其原假设H0为所有的偏回归系数同时为0，即检验所有偏回归系数与0有无显著差异。在表4中其方差分析的结果Sig=0.000<0.05，拒绝原假设，即认为偏回归系数不同时为0。说明朋友支持、同事支持和家人支持对休闲参与类型的选择影响显著，可以用线性模型描述他们之间的关系。

表5　回归模型的系数与检验

模型		非标准化系数		标准系数	t	Sig.	共线性统计量	
		B	标准误差	试用版			容差	VIF
1	（常量）	2.069	0.337		6.139	0.000		
	家人支持	0.146	0.062	0.205	2.358	0.020	0.924	1.083
	同事支持	0.181	0.063	0.246	2.875	0.005	0.951	1.051
	朋友支持	0.110	0.053	0.177	2.081	0.040	0.962	1.040

注：a.因变量：休闲参与。

在表5中，解释变量"家人支持"T检验的显著性Sig.=0.020<0.05，"同事支持"T检验的显著性Sig.=0.005<0.05，"朋友支持"T检验的显著性Sig.=0.040<0.05，所有的T检验的显著性都小于0.05，即每一个偏回归系数都与0有显著差异。

四、相关分析

表 6　简单双变量相关性分析

指标	相关系数与检验	遇到不开心的事情我更愿意向朋友倾诉	我喜欢逛街购物聚会K歌
遇到不开心的事情我更愿意向朋友倾诉	Pearson 相关性	1	0.249**
	显著性（双侧）		0.006
	N	122	122
我喜欢逛街购物聚会K歌	Pearson 相关性	0.249**	1
	显著性（双侧）	0.006	
	N	122	122

注：** 表示在 0.01 水平（双侧）上显著相关。

表 6 中，"遇到不开心的事情我更愿意向朋友倾诉"和"我喜欢逛街购物聚会 K 歌"的相关系数 R=0.249，Sig.=0.006<0.01，说明在 0.01 水平下两者的关系显著。身边朋友的支持是社会支持中重要的一部分，远离家乡亲人不能总陪伴在身边，同事之间因为有利益上的冲突而不能真心相待，只有好朋友的关心才能让人心理放松。所以和朋友一起参加休闲活动会在一定程度上减轻心理压力，获得放松。

表 7　简单双变量相关性分析

指标	相关系数与检验	我和同事之间的关系非常好	我喜欢参加餐厅举行的各种社团集会活动
我和同事之间的关系非常好	Pearson 相关性	1	0.304**
	显著性（双侧）		0.001
	N	122	122
我喜欢参加餐厅举行的各种社团集会活动	Pearson 相关性	0.304**	1
	显著性（双侧）	0.001	
	N	122	122

注：** 表示在 0.01 水平（双侧）上显著相关。

表 7 中，"同事之间良好的人际关系"和"喜欢参与餐厅组织的活动"的相关系数 R=0.304，Sig.=0.001<0.01，在 0.01 的水平下线性关系显著，说明两者之间存在着显著的正相关关系。也就是说，餐厅员工之间相处得越好大家就越愿意参加集会活动，餐厅组织的休闲活动对员工有很大的吸引力。

五、交叉分析

表 8 双变量交叉列联分析

指标	指标值	京籍人士	非京籍人士	汇总
对于喜欢的休闲活动多久参加一次	几乎天天参加	12	5	17
	一个星期一次	23	9	32
	一个月一次	10	9	19
	不定	27	27	54
合计		72	50	122

表 8 中，休闲活动参与的频率是评价休闲活动一个重要的指标，从表中可以看出从事喜爱的休闲活动参与的频率上，北京籍员工的频率持平或者略高于非北京籍员工。

表 9 双变量交叉列联分析

指标	指标值	京籍人士	非京籍人士	汇总
每月用于休闲的花费	50 元以下	5	5	10
	51~100 元	14	14	28
	101~200 元	26	12	38
	200 元以上	27	19	46
合计		72	50	122

表 9 中，在参与休闲活动时所花费的费用上研究，数据显示北京籍员工在每一项上都持平或者高于非京籍员工。

总的来说，京籍员工在休闲时间、频率和费用上都略高于非京籍员工，京籍员工获得的家人的社会支持更多，在一定程度上打消了很多的压力。

六、人口统计学数据分析

服务人员性别比方面，男性约占 45%，女性占 55%；婚姻状况方面，未婚约占 74%，已婚约占 26%；年龄方面，18~21 岁约占 42%，22~25 岁约占 33%，26~29 岁约占 15%，30 岁以上约占 10%；收入水平方面，1000 元以下约占 43%，1001~1500 元约占 19%，1501~2000 元约占 20%，2001 元以上约占 18%；文化程度方面，高中以下约占 10%，高中或中专技校约占 23%，大专及高职院校约占 24%，本科或本科以上约占 43%；籍贯方面，京籍人士约占 59%，非京籍人士约占 41%；休闲时间分配方面，1 小时以内约占 1%，1~3 小时约占 10%，半天约占 30%，一天以上的约占 59%；休闲时间感受方面，很少约占 33%，合适约占 50%，偏多的只占 17%；活动频率方面，几乎天天参加约占 14%，一星期一次的约占 26%，一个月一次的占 16%，不定次数的约占 44%；休闲的费用方面，50 元以下的约占 8%，51~100 元的约占 23%，101~200 元约占 31%，200 元以上的约占 38%。

从人口统计数据的分析可以得出麦当劳餐厅员工的主要特点是：年龄在 18~21 岁之间的京籍未婚女性，学历虽然多是本科，收入却在 1000 元以下，她们的休闲时间每周能够保证一天，虽然休闲活动的频率不定，费用却多在 200 元以上，而她们自己认为这样的休闲对她们来说是比较合适的。

其实不难看出，这些员工多为麦当劳餐厅的兼职人员，是在校大学生。个人认为麦当劳选择当地大学生做兼职有这么几种优势：①不牵扯到住宿问题；②大学生廉价的劳动力；③当地学生有家人和更多的朋友做后盾，内心生存的压力较小，能够以平和的心态对待工作；④生长在北京，对当地人的生活习惯和口味比较了解。

问卷设计中社会支持主要调查家人、朋友和同事的支持，休闲活动参与的类型主要从纯放松形式、户外锻炼形式和提高自身修养三方面调查。根据了解，正式员工的工作比较累，实行三班倒休，每周休息两天。在麦当劳工作的员工 2/3 属于兼职，少部分是正式员工。当问及正式员工工作的劳累程度时，多数回答是比较辛苦的，他们虽然有心参加更多的休闲活动，但是由于工作的劳累多是选择在家休息。

第五节　研究结果的分析与讨论

从回归分析中我们明确了社会支持和休闲参与的相关性。休闲活动方式的选择受很多因素的影响，例如场地、时间、费用等，通过对服务人员社会支持量表和休闲参与量表调查，证明社会支持对休闲活动还是有影响的，"休闲活动类型的选择"的 15.6% 是由家人、朋友和同事的社会支持引起的。

由于餐饮行业服务人员的进入点比较低，以至于很多人认为这是一个是个人就能干的行业，没必要关注服务人员工作以外的状况。事实上，无论哪一个行业都有自身存在的独特性，都有自己的特点。

一、家人支持对休闲活动的影响

家人的社会支持程度越高，服务人员在选择休闲活动的类型上更趋向于健康向上、有意义的活动，例如阅读书籍、参加户外运动等。员工籍贯的不同，所得到的社会支持会有很大的区别，在休闲活动上京籍员工比外地员工无论是在时间、费用还是频率上都略高。总的来说，员工还是比较重视休闲活动的，也希望通过合理、有意义的休闲活动使自己获得充分的休息。

二、朋友支持对休闲活动的影响

通过访谈我们了解到，朋友的社会支持主要体现在非京籍员工身上。老乡、同学是他们在京工作期间得到帮助最多的人群。朋友之间最常做的休闲活动是聊天、唱歌和逛街，其中多以聊天为主，互相诉说工作中的事情。

三、同事支持对休闲活动的影响

很多一线员工是比较注重工作氛围的，良好的同事关系会让他们更愿意投入工作中去，进而同事之间良好的关系也使得员工在工作之余更进一步地接触，通过休闲活动例如逛街、打球等增加感情。当今形势，服务人员的流动性特别大，很多餐厅把工资涨了又涨还是留不住人，在这里麦当劳餐厅为我们做出了榜样。

麦当劳一直秉承的理念，就是在你进入麦当劳的那一刻，就有一个专门的团队对你在麦当劳的发展做出了规划，他们期待你的成长，期待你的进步，更比任何人都期待你的成功，所以为员工创造有意义的休闲活动应该成为他们的工作之一。另外，接受问卷调查的员工中，多数为未婚，而未婚员工的休闲方式也呈现多元化，乐意尝试不同的活动。年轻人的生活是丰富多彩的，餐厅应该利用兼职员工天生的活力组织更多有意义的、适合大家共同参与的聚会，不仅丰富员工的生活也提高了整个团队的凝聚力。参与适当的休闲活动，可以为生活带来更丰富的体验和感动。

第六节　建议与对策

第一，餐厅组织有意的、员工感兴趣的活动让大家参加。大家感兴趣的事情才会有热情去做，才能从中体验到活动带来的乐趣。

第二，一方面，可以选择一些可以让员工带自己的家人或朋友一起参加的活动，组织这种活动的好处是让员工感受到企业不仅关注员工本身，也关注他们的家人，对企业更有归属感。另一方面，多给员工创造和家人一起活动的机会，有利于促进家庭关系和睦。

第三，作为餐厅的主管部门，要关注员工的心理健康，引导健康的休闲方式。对于一个企业来说，关注员工心理状态的变化就是关注员工创造的价值。

第四，作为一名年轻人要树立良好的休闲观念，多利用社区提供的公共资源和场地，多参加有意的活动。

第五，参与者在参与休闲活动的过程中，除了获取休闲带来的效益，思考休闲活动本身的意义与价值更重要，因为参与者如果能在休闲中提升自己的精神和心灵层次，那么休闲就更可以充分地体现她对工作于生活的意义。所以，在完成一项活动时要尽量帮助员工思考休闲带来的益处。总之，员工在获得更多的社会支持下，参与的休闲活动也更趋于健康向上，有利于自身的成长和进步。

通过讨论，可以得出家人、朋友的社会支持的分数越高，越利于促进员工参与健康、积极向上、有意义的休闲活动，提高生活质量；同事之间良好的关系也会使员工更乐于参加餐厅组织的活动，而且在活动中能进一步加深同事的感情，形成一个良性循环，反之则是恶性循环，不仅导致员工身心不愉快，更不利于工作的开展；本文的研究还为服务人员流动性为何如此之大找出了一个原因，就是没有足够的社会支持，劳累的工作不仅是身体的折磨，心理更承受着巨大的压力。

对未来的研究，因为把服务人员的社会支持与休闲放在一起研究的例子并不多，当代人由于生活压力大，所以社会支持是不可或缺的部分。本文的研究对象多是本地员工，希望以后能在外来务工人员的服务人员中做进一步的研究，因为他们更需要社会支持。餐厅过多地考虑员工的休闲并为之投入大量资金，会不会适得其反，员工是否关注休闲而不再努力工作也是我们应该注意的问题；另外在调研过程中我们也了解到，非京籍服务人员多通过情感等途径获得社会支持，这一途径对休闲与工作关系的影响如何，这应该也是我们要关注的问题。

参考文献

[1] 卓秀足，陈沁怡，杨仁寿.社会网络密度和群体中心性对团体效能的影响——以某休闲餐厅为例[EB/OL].http://www.doc88.com/p-29610766296.html.

[2] 林顺利，孟亚男.国内弱势群体社会支持研究述评[J].甘肃社会科学，2010（1）.

[3] Troy D. Glover .Locating leisure in the social capital literature[J].Journal of Leisure Iiesearch 2005，31（4）：387-401.

[4] 谢亚恒，谢易庭.社会网络、重视身材与心理幸福因果模型之建构与检证：以台湾地区大学生为例[J].教育与社会研究，2009（19）.

[5] 廖浩彬.外籍劳工休闲参与及休闲效益之研究：以印度尼西亚籍外劳为例[D].台湾师范大学运动与休闲管理研究所硕士学位论文，2010.

[6] 廖婉茹.退休者对休闲农场认知、社会支持及参与休闲农场长住意愿之研究[D].朝阳科技大学休闲事业管理系硕士论文，2008.

[7] 黄丹.城市已婚职业女性休闲参与和休闲制约因素：基于湖北省黄石市社会调查的分析[J].湖北师范学院学报，2009（5）.

［8］李强，吕勇.社会支持与青年下岗职工心理健康［J］.青年研究，2001（7）.

［9］南湖思政网，共青团湖北省委组织开展青年农民工城市生活状况问卷调查［EB/OL］.http：//www.mingong123.com/news/13/20109/2438cffed4d60719.html.

［10］李享.旅游调查研究的方法与实践［M］.北京：中国旅游出版社，2009.

［11］David X，Marquez，Edward，McAuley. Social cognitive correlates of leisure time physical activity among latinos［J］. Journal of Behavioral Medicine，2006，29（3）.

第七章 自我中心网视角下的城市老年人人际关系对休闲参与影响研究：以北京老年人调查为例 *

第一节 引言

目前我国人口老龄化速度不断加快，调查数据显示，截至 2009 年，全国 60 岁及以上老年人口达到 1.6714 亿，占总人口的 12.5%，2009 年城市老年人为 6600 万左右，占城市总人口的 11.6%。按照联合国教科文组织的标准，"老龄化社会"的老年人口比例标准定为 10%，很明显我国城市已经步入老龄化社会[1]。然而，随着城市老龄人口地不断增加，老年人的休闲生活却存在越来越多的问题，北京市 2006 年进行的老年人休闲娱乐项目调查显示，老年人尤其是空巢老人对娱乐休闲生活的满意度并不高。85%的老年人离不开电视，选择上网、旅游、跳舞等交往性休闲活动内容的比例还较低[2]。另一项关于全国 7 城市老年人生活质量的调查显示[3]，有四成老年人对自己的休闲娱乐生活表示不满意，老年人的休闲生活还存在许多问题，其中，主要的问题是由于老年人人际关系的广度和深度不够而影响休闲娱乐，调查显示，仅有 31.2% 的受访者表示自己"经常能交到新朋友"。目前仍在工作的老年人，人际关系满意度的各项指标都高于现在不工作的老年人，特别是在"能经常交到新朋友"方面，更是远远高于现在不工作的老年人，以 5 分制的打分情况来看，工作的老年人给自己打的分数为 3.34，不工作的老年人则只给自己打了 2.86 分。这说明老年人的社交状况需要改善，而拥有更好的人际关系也有助于缓解老年人的孤独寂寞等心理问题。从上述调查可以看出，城市老年人人际关系对休闲参与有重要的影响。

从研究文献来看，老年人人际关系对休闲参与的影响研究方面的文献大体上体现在老年人社会支持（Social Support）对休闲参与影响方面，社会支持指个人通过人际关系的交流，获得的象征性或情感性的帮助与支持，感受到他人的爱与关心，以及对

---

* 该文最早该文收录于《2011"旅游学刊"中国旅游研究年会会议论文集》中，后发表于《北京第二外国语学院学报》2013 年第 7 期，作者时少华。

自己的肯定[4]。从一般意义上说，社会支持就是指人们从社会关系中所得到的、来自别人的各种帮助[5]。从社会支持的定义可以看出，社会支持与人际关系之间关系密切，许多研究证实，人们经常以是否交换社会支持来定义关系的亲疏，把那些给自己提供帮助的人看作亲密关系[6]。因此社会支持在某种程度上可以看作是人际关系的外在表现，衡量社会支持的指标一般从家人支持、邻里支持、朋友支持三个方面来衡量[6]。Kaplan 等[7]对社区老年人社会支持对休闲活动参与的影响发现，接受较多社会支持的老年人参与较多的休闲活动。Deborah L 等[8]关注了以社交网络为基础的休闲群体——红帽会所中的女性，研究结果显示，老年女性的休闲社交网络结构所形成的功能性社会支持对进一步参与休闲活动有显著正向影响。此外，老年人会因为配偶、子女、朋友等不同的支持来源而影响对活动的参与，其中，活动型老人以信息支持最多，支持来源为配偶与子女，而支持满意度与社区参与程度呈显著正相关[9]。台湾学者陈育慧[10]、赖宏坤[11]指出社会支持与休闲活动是相辅相成的，社会支持增加休闲活动的机会增多，二者是显著正向关系。上述文献说明了老年人社会支持对休闲参与的正向影响，也即说明了老年人人际关系对休闲参与的正向影响。但用老年人"社会支持"来衡量老年人"人际关系"也存在一定的缺陷：从理论层面看：虽然"社会支持"与"人际关系"联系密切[6]，但社会支持本质上仍是一种人们交往后的结果（精神与物质上帮助），它忽略了"人际关系"本身是一种关系，只能发生在人与人的交往过程中这一事实；从操作层面看，老年人"社会支持"一般操作化的三个方面指标——家人支持、邻里支持和朋友支持都是从人际关系来源出发，而忽略了老年人关系的亲密度、互动时的频率、保持关系的持久性等问题。

为了解决上述问题，本文考虑从自我中心网视角或个体网视角（ego-network）出发，来研究城市老年人人际关系是如何影响休闲参与的，之所以选择自我中心网的角度，是因为该视角强调与被调查者有关系的人及他们之间的关系，重点强调的是关系。在这一研究视角中，采取的调查方法主要用被调查人自己提名的方法。在关系的测量指标方面，韦尔曼用关系亲密度、交往是否主动和关系的多重性来测量关系，认为符合者三项中的两项这可以认为是亲密关系。边燕杰只用关系亲密度一项来测量关系的强弱[6]，格兰诺维特从个体关系强度的角度把社会人际关系划分为强关系和弱关系，强弱关系的划分标准可以从四个维度来衡量，关系的久暂、互动频率、亲密程度（包括话题亲密和行为亲密）以及互惠内容，一般而言，强关系比弱关系拥有更长的互动历史，以及更高的互动频率，并包括较亲密的话题和行为，以及相互间经常性的互惠[12]。前三个维度后来被发展有信度的指标，被列入美国一般社会调查之中，并逐步发展一套成熟完善的自我中心社会网的调查方法[13]。罗家德在借鉴格兰诺维特关于关系强度划分体系的基础上，结合中国本土人际关系的相关理论和实际研究资料，运用统计调查方法，验证了格兰诺维前三个测量指标在中国社会的适用性。并进一步提出关系强度的另一个指标，即亲密朋友圈是中国人际关系强度的一个指标[13]。基于上述关于测量人际关系指标文献综述，本文采用了罗家德测量社会关系的五个指标，即认识久暂、互动频率、话题亲密、行为亲密和亲密朋友圈，之所以选择该指标体系，是因为这5个指标都经过中国本土化的检验，具有良好的信度与效度。

基于上述老年人人际关系（社会支持）对休闲参与有显著正向影响的结论，结合衡量中国社会人际关系的五个指标，来研究提出如下理论假设：

假设1：城市老年人之间认识久暂对休闲参与有正向影响。即认识时间越长，相互间参与休闲的程度越高。

假设2：城市老年人之间互动频率对休闲参与有正向影响。即互动频率越高，相互间参与休闲的程度越高。

假设3：城市老年人之间亲密话题对休闲参与有正向影响。即相互之间话题越亲密，相互间参与休闲的程度越高。

假设4：城市老年人之间亲密行为对休闲参与有正向影响。即相互之间行为越亲密，相互间参与休闲的程度越高。

假设5：城市老年人之间的亲密朋友圈对休闲参与有正向影响。即相互之间共同认识的人朋友越多，相互间参与休闲的程度越高。

第二节 研究假设的操作化与问卷设计

在理论假设中关系强度的操作化基于社会关系方面的文献综述可以由5个指标来衡量，即认识久暂、互动频率、亲密话题、亲密行为、亲密朋友圈。这5个指标都经过中国本土化的检验，具有良好的信度与效度[12]。休闲参与方面，Raghed和Griffith[14]将休闲参与视为参与某种活动的频率或象征个体所参与一般休闲活动的类型。Long和Haney[15]将休闲参与的测量分为三个方面：一是参与的频率（一周参与的次数），参与的持续性（一周参与的时间）；二是对被调查者参与的主观感受；三是参与持续性与强度的结合。台湾学者施清发等[16]在老年人休闲参与程度的研究中，分别以一个月参与休闲活动的数量，每周参与休闲活动的天数，以及每天参与休闲活动的时间来衡量休闲参与程度。基于上述关于休闲参与测量的研究，本文用老年人之间一起休闲的次数，每次参与休闲的时间两个指标来衡量休闲参与程度。且两个指标经8位专家和30多位被调查者认可，具有内容效度和信度。本文的调查问卷共分为两个部分，第一部分是问卷的主体部分，采用自我中心网的提名调查方法，共有9个问题：

第 1 个，要求被调查者提供"最近半年，你最常和哪些人一起进行休闲娱乐活动？"要求最多提供五个人。第 2 个，要求被调查者填出与这个五个人经常进行哪类休闲活动，依据王琪延等关于老年人休闲活动划分观点，我们共划分五类休闲活动，即体育锻炼、娱乐消遣、休闲旅游、修身养性、公益服务。第 3 个，他们之间的休闲次数（一天至少一次、一周至少一次、一月至少一次、半年至少一次）。每次休闲娱乐的时间。第 4、第 5、第 6、第 7、第 8、第 9 个问题分别询问被调查者与五个人之间的关系（夫妻关系、子女关系、兄弟姐妹关系、好朋友关系、普通亲属关系、普通朋友和认识的人）、认识时间久暂（刚刚认识、半年到一年、一年到三年、三年到十年、十年以上）、联络的次数（一天至少一次、一周至少一次、一月至少一次、半年至少一次）、共同认识的人（亲密朋友圈）（没有什么共同认识的人、一群都不太熟悉的共同认识的人、一小群十分熟悉共同认识的人、好几群十分熟悉的共同认识的人）、平时一起做什么事情（行为亲密）（除了休闲以外，我们平时没有什么事情可以做；我们会一起参加休闲以外的活动；一起吃午饭或晚饭、两家人会聚在一起参加休闲活动；他（她）会借我一个月退休金以上的钱给我；我们会相约一起长途旅游；他（她）会对你做人处世提出规劝意见；你有重大困难，他（她）牺牲自己的重大利益主动来帮你）、平时谈论的话题（话题亲密）（除了休闲以外，我们没有什么其他共同话题；消费、天气、子女、电影、电视、政治信息；共同的兴趣、交换相关知识与心得；评论共同认识的人或别人，如我喜欢谁，不喜欢谁；深入讨论自己的宗教、信仰或自己的世界观；自己的婚姻和私人感情生活）。问卷第二部分是被调查人的社会人口信息，包括被调查人的性别、年龄、教育程度、家庭结构（空巢家庭、两代人家庭、三代人家庭、四代人家庭）、婚姻状况、家庭平均月收入。

为了检验上述理论假设，本文选取了北京市作为研究对象。之所以选择北京市，是因为截止到 2009 年底，北京市户籍总人口为 1245.8 万，其中 60 岁及以上老年人口为 226.6 万，比上年增加 8.6 万，占全市总人口 18.2%，而全国老年人 2009 年占总人口 12.5%，北京老年人口占总人口比例超出全国 5.7%，是一个典型的老年人较多的城市，其研究结果对全国城市老年人有一定代表性。

本文按照分层抽样的方法，在北京市 6 个城区中，共随机抽取 360 份问卷，有效问卷 307 份，无效问卷 53 份。其被调查老年人信息人口特征见表 1。307 份问卷共形成以自我为中心的网络关系数为 966 对，其关系来源如表 2，从表 2 可知，老年人在参与休闲的时候，最经常与朋友（好朋友和普通朋友）在一起，占总关系来源的 71.8%。

表 1　北京城市老年人信息特征分布

变量	变量值	样本比例（%）	变量	变量值	样本比例（%）
性别	男	44	婚姻状况	夫妻二人	78.8
	女	55.3		丧偶	18.5
	缺失	0.7		离异	2.2
学历	初中（含）以下	48.9		缺失	0.7
	高中/中专	34.7	家庭结构	空巢	18
	大学及以上	15.5		两代人	29
	缺失	0.9		三代人	45.3
年龄	60~69 岁	53.1		四代人	7.3
	79~79 岁	40.8		缺失	0.3
	80 岁及以上	4.6	休闲活动参与情况	体育锻炼	60.1
	缺失	1.6		娱乐消遣	50.1
家庭平均月收入（元）	3957.51（均值）			休闲旅游	30
				修身养性	22.9
				公益服务	7.1

表 2　北京城市老年人的人际关系来源

	各种关系	频率	百分比（%）	有效百分比（%）	累积百分比（%）
关系类型	夫妻关系	95	9.8	9.9	9.9
	子女关系	38	3.9	3.9	13.8
	兄弟姐妹关系	28	2.9	2.9	16.7
	好朋友关系	536	55.5	55.6	72.3
	普通亲戚关系	35	3.6	3.6	75.9
	普通朋友关系	157	16.3	16.3	92.2
	认识的人关系	75	7.8	7.8	100.0
	合计	964	99.8	100.0	
缺失	系统	2	0.2		
合计		966	100.0		

对于关系强度五个指标，我们采取了加权赋分的方法，满分均为 10 分，分值越大表示关系越强。权重对每个指标来说不一样。如认识时间久暂指标其权数为 2，五个变量值赋分如下，"刚刚认识" 2 分，"半年到一年" 4 分，"一年到三年" 6 分，"三年到十年" 8 分，"十年以上" 10 分。联络的次数指标其权数为 2.5，四个变量值赋分如下，"一天至少一次" 10 分，"一周至少一次年" 7.5 分，"一月至少一次" 5 分，"半年至少

一次"2.5 分。共同认识的人（亲密朋友圈）指标其权数为 2.5，四个变量值赋分如下，"没有什么共同认识的人" 2.5 分，"一群都不太熟悉的共同认识的人" 5 分，"一小群十分熟悉共同认识的人" 7.5 分，"好几群十分熟悉的共同认识的人" 10 分。平时一起做什么事情（行为亲密）指标其权数为 1.25，8 个变量值赋分如下，"除了休闲以外，我们平时没有什么事情可以做" 1.25 分，"我们会一起参加休闲以外的活动" 2.5 分，"一起吃午饭或晚饭、两家人会聚在一起参加休闲活动" 3.75 分，"他（她）会借我一个月退休金以上的钱给我" 5 分，"我们会相约一起长途旅游" 6.25 分，"他（她）会对你做人处事提出规劝意见" 7.5 分，"你有重大困难，他（她）牺牲自己的重大利益主动来帮你" 10 分。平时谈论的话题（话题亲密）指标其权数为 1.67，6 个变量值赋分如下，"除了休闲以外，我们没有什么其他共同话题" 1.67 分，"消费、天气、子女、电影、电视、政治信息" 3.34 分，"共同的兴趣、交换相关知识与心得" 5 分，"评论共同认识的人或别人，如我喜欢谁，不喜欢谁" 6.67 分，"深入讨论自己的宗教、信仰或自己的世界观" 8.35 分，"自己的婚姻和私人感情生活" 10 分。

第三节 数据分析

休闲参与程度构面我们以休闲次数和每次休闲娱乐时间两个指标来衡量，并把这两个指标作为因变量。以关系强度的五个指标为自变量，运用研究 Logistic 回归分析和多因素方差分析的方法来分析关系强度如何影响休闲参与程度。其中，关系强度与休闲次数进行多分类变量 Logistic 回归分析得到三个模型（见表 3）。关系强度与每次休闲娱乐时间进行多因素差分析（见表 4）。为了使模型更具有解释力，我们把被调查人的社会个人信息（性别、年龄、教育程度、家庭结构、家庭平均月收入）引入了模型中并作为控制变量。同时，一些研究也证实人际关系来源也是影响休闲参与的重要指标[17, 9]。因此，我们把人际关系来源也作为模型的控制变量引入模型中。

表 3 人际关系与休闲次数 Logistic 回归分析

自变量	模型1 （因变量：一天至少一次/ 半年至少一次）	模型2 （因变量：一周至少一次/ 半年至少一次）	模型3 （因变量：一月至少一次/ 半年至少一次）
截距	24.97	33.41	32.66
认识久暂	−0.15	−0.20	−0.09
联络频率	1.15***	0.32*	−0.10
亲密朋友圈	0.08	0.00	0.04

续表

自变量	模型1 （因变量：一天至少一次/ 半年至少一次）	模型2 （因变量：一周至少一次/ 半年至少一次）	模型3 （因变量：一月至少一次/ 半年至少一次）
亲密行为	0.07	0.05	0.13
亲密话题	−0.17	−0.15	−0.22
家庭平均月收入	0.00	0.00*	0.00*
[性别=1]	−0.18	0.34	0.78
[性别=2]	0[b]	0[b]	0[b]
[年龄=1]	−16.65***	−17.00***	−16.87***
[年龄=2]	−16.08***	−16.25***	−15.69
[年龄=3]	0[b]	0[b]	0[b]
[教育程度=1]	1.44*	1.11	1.99**
[教育程度=2]	2.30**	1.89*	2.72***
[教育程度=3]	0[b]	0[b]	0[b]
[家庭结构=1]	−0.10	0.63	0.93
[家庭结构=2]	−1.66	−1.06	−0.16
[家庭结构=3]	−1.99*	−1.57	−0.97
[家庭结构=4]	0[b]	0[b]	0[b]
[婚姻状况=1]	−15.85	−16.80	−16.56
[婚姻状况=2]	−17.10	−17.95	−18.36
[婚姻状况=3]	0[b]	0[b]	0[b]
[关系来源=1]	1.62	1.19	0.63
[关系来源=2]	1.33	2.37	1.88
[关系来源=3]	0.74	0.74	−.763
[关系来源=4]	2.00*	2.36**	1.794*
[关系来源=5]	−0.57	0.85	.471
[关系来源=6]	0.75	0.97	.707
[关系来源=7]	0[b]	0[b]	0[b]

注：* $p<0.05$，** $p<0.01$，*** $p<0.001$；分类变量以最后变量值为参照变量。
Cox 和 Snell R^2 值 =0.412，Nagelkerke R^2 值 =0.465，McFadden R^2 值 =0.244。

从表3的分析结果可以看出，联络频率指标在模型1和模型2中是显著的，而且在模型1中$p<0.001$，表明老年人联络频率越高，其休闲参与次数就越多。在模型3中，我们发现联络频率指标的回归系数为负值，表明一月至少一次相对于半年至少一次的参与次数来说，联络的频率相对比较低，但该结论不显著。其他四个强度指标从统计上都不显著，我们发现，认识久暂、亲密话题两个指标系数均为负值，整体表明老年

人认识越久、话题越亲密越高，反而其休闲参与次数越少，该结论有待进一步验证。

表 4　人际关系与每次休闲娱乐时间多因素方差分析

自变量	B	自变量	B
截距	0.60	[关系来源=1]	0.23
[性别=1]	−0.03	[关系来源=2]	0.42
[性别=2]	0ª	[关系来源=3]	0.13
[年龄=1]	0.50	[关系来源=4]	0.33
[年龄=2]	0.46	[关系来源=5]	−0.50
[年龄=3]	0ª	[关系来源=6]	−0.18
[教育程度=1]	0.35*	[关系来源=7]	0ª
[教育程度=2]	0.40*	认识久暂	0.09**
[教育程度=3]	0ª	联络频率	0.03
[家庭结构=1]	0.12	亲密朋友圈	0.01
[家庭结构=2]	0.81***	亲密行为	0.04**
[家庭结构=3]	0.23	亲密话题	−0.08
[家庭结构=4]	0ª	家庭平均月收入	0.00
[婚姻状况=1]	−0.24		
[婚姻状况=2]	−0.06		
[婚姻状况=3]	0ª		

注：* $p<0.05$，** $p<0.01$，*** $p<0.001$；$R^2=0.137$，因变量：每次平均休闲娱乐的时间（小时）。

从表4的分析结果可以看出，认识久暂和亲密行为两个指标在 $p<0.01$ 显著，表明认识越久和行为越亲密，则他们每次休闲娱乐时间就越长。其他三个指标在统计上不显著，值得注意的是，话题越亲密越高，反而其每次休闲参与时间越少，这与表3的结论是一样的，该结论有待进一步验证。

第四节　结论与后继研究

综上两类模型分析，我们发现关系强度中的三个指标联络频率、认识久暂和亲密行为对休闲参与强度的影响是正向显著的。而其他两个指标亲密朋友圈和亲密话题在统计上不显著。结合我们前面的理论假设，我们认为假设1、假设2和假设4是成立的，也即联络频率、认识久暂和亲密行为三个指标对休闲参与程度呈正向显著影响。而假设3和假设5有待进一步验证。以上结论也说明了联络频率、认识久暂和亲密行为三个指标可以作为衡量城市老年人关系强度方面的重要指标。

同时，我们也发现，从两类模型中一些控制变量对休闲参与也有显著影响，年龄变量对休闲参与的影响呈负向的，即60~79岁的老人相对于80岁以上的老人来说休闲参与的次数相对较低，这一情况与我们观察到的情况不太相符，可能与调查样本80岁及以上年龄段样本相对比较少有关（60~79岁占样本比例为93.9%，80岁及以上占样本比例4.6%）。高中和中专学历（含）以下相对于大学及以上学历的老年人参与程度要高。说明"并非学历越高越会休闲，事实上学历越高对各类休闲活动的感受力越低，而中低学历的老年人心态更开放，休闲活动的参与程度更高"[18]。家庭结构方面，两代人家庭相对于四代人家庭每次休闲娱乐时间多，三代人家庭相对于四代人家庭休闲次数少。

关系来源变量中好朋友关系的老人共同参与休闲的次数相对于认识的人而言比较高，从本次调查的数据也可以看出，好朋友关系占所有关系的55.5%，可见城市老年人比较喜欢与好朋友一起参与休闲。罗家德[12]运用实证方法将中国人关系划分为拟家人关系、熟人关系和弱关系。认为父母、夫妇、子女、兄弟姐妹都对归于拟家人关系，好朋友关系基本上归于拟家人关系和熟人关系，普通亲属部分归类于熟人关系，更多归于拟家人关系。而普通朋友和认识的人更多归于弱关系。为了便于研究，本文将沿用格兰诺维特的人际关系二分法，即将人际关系划分为强关系和弱关系。我们将父母、夫妇、子女、兄弟姐妹和好朋友关系和普通亲属关系归为强关系，将普通朋友和认识的人归于弱关系。其关系强弱与休闲活动之间比例关系见表5。从表5可看出，强关系相对于弱关系在各类休闲活动中比例是比较高的，且强关系是城市老年人参与各类休闲活动的基础，其中，娱乐消遣、休闲旅游和公益服务活动中更有80%以上的关系都是基于强关系，且在统计上显著。说明中国城市老年人参与休闲活动选择伙伴时候主要基于强关系而不是弱关系。

表5　关系强弱与休闲活动的比例关系检验

基于关系来源的关系强度	参与休闲活动类型				
	体育锻炼	娱乐消遣	休闲旅游	修身养性	公益服务
强关系	78.10%	82%***	85.5%***	75.10%	88.4%*
弱关系	21.90%	18%	14.50%	24.90%	11.60%

注：* $p<0.05$，** $p<0.01$，*** $p<0.001$。

综上所述，本文证实了城市老年人人际关系强度对休闲参与的正向影响关系，并部分证实了本文的假设，指出了衡量城市老年人基于休闲参与的关系强度的三个衡量指标，并进一步基于城市老年人关系来源将关系强度划分为强弱关系，指出了城市老年人参与休闲活动选择伙伴时候主要基于强关系而不是弱关系的结论,当然由于调查有限,该结论还有待进一步证实。同时,本文仅涉及了自我中心网视角下的关系问题,从结构方面如网络规模、紧密度,网络趋同性、网络异质性和网络构成在本研究中均没有涉及,而这些指标在自我中心网研究中也是比较重要的,这也是今后研究努力的方向。

参考文献

[1] 卫敏丽.2009年我国新增老年人口达725万[EB/OL].中国老年保健协会网站,http://www.cehca.com/view.php?id=1978.

[2] 老年人娱乐休闲生活满意度不高[EB/OL].老年100网站,http://www.laonian100.com/Html/?633.html.

[3] 王乐.关注老年人生活质量系列报道之二:转变休闲观念 让生活丰富起来[J].中国医药报,2005(171).

[4] 李怡娟,张萃民.社会支持介入措施对居家中风个案身心健康之影响:以宜兰地区为例[J].护理研究,2000,8(4):23-433.

[5] 张文宏,阮丹青,潘允康.天津农村居民的社会网[J].社会学研究,1999(2).

[6] 贺赛平.社会网络与生存状态:农村老年人社会支持网研究[M].中国社会科学出版社,2004:26-39.

[7] M S Kaplan, J T Newsom, B H McFarland, L Lu.Demographic and psychosocial correlates of physical activity in late life[J]. American Journal of Preventive Medicine,2001,21(4):306-312.

[8] Julie S Son, Deborah L Kerstetter, Careen Yarnal, Birgitta L Baker. Promoting older women's health and well-being through social leisure environments: what we have learned from the Red Hat Society[J]. Journal of women & aging,2007,19(2-4):89-104.

[9] 沈桂枝.活动型老人之小区参与行为与社会支持之相关研究[D].台北护理学院护理系研究所,2001.

[10] 陈育慧.社会支持对中老年失能者忧郁状况之直接与间接影响[D].台北医学院公共卫生学研究所硕士论文,2002.

[11] 赖宏坤.社会支持、孤寂感与休闲活动参与对老年人生命意义影响研究:以台中地区长青学苑[D].朝阳科技大学休闲事业管理所硕士论文,2006.

[12] 罗家德.社会网分析讲义(第二版)[M].社会科学文献出版社,2010:83-115.

[13] Burt R. Network Items and the General Social Survey[J]. Social Network,1984,6,293-339.

[14] Ragheb M G, Griffith C A. The contribution of leisure participation and leisure satisfaction to life

satisfaction of old persons [J]. Journal of Leisure Research, 1982, 14 (2).

[15] Long B C, Haney C J. Enhancing physical activity in sedentary women: aerobic exercise: information, locus of control and attitudes [J]. Journal of Sport Psychology, 1986 (8), 8-24.

[16] 施清发, 陈武宗, 范丽娟. 高雄市老人休闲体验与休闲参与程度之研究 [J]. 社区发展季刊, 2000 (92), 346-358.

[17] Larson R, Zuzanek J, Mannel R. Being alone versus being with people: Disengagement in the daily experience of older adults [J]. Journal of Gerontology. 1985, 40 (3): 375-381.

[18] 王琪延, 罗栋. 北京市老年人休闲生活研究 [J]. 北京社会科学. 2009 (4): 23-28.

第八章　北京城市老年人休闲制约的路径分析：以北京三个社区调查为例*

第一节　引言

中国是一个已经步入老龄化社会的国家，城市老年人的休闲活动和休闲状态值得我们关注，尤其是制约老年人的休闲因素更是我们兴趣的焦点，据统计，2006年北京老年人的年平均增长速度已经大大超过了总人口的年均增长速度。总人口的年均增长率约为2.3%，而60岁及以上老人年均增长率为4.5%，65岁及以上老人年均增长率5.3%[1]。同时，根据北京市老龄委预测，从人口老龄化发展趋势和规律看，2010年，北京市老年人口将达到250万人，占总人口的15.2%。2020年，60岁以上人口比重将上升到20%以上[1]。以上这些数据说明北京市老年人人口增长速度快，比重大，到2020年，在北京市区中每五个人中就将有一个是老年人。然而，调查显示北京市老年人休闲参与和休闲生活质量并不理想，北京市老年人平均每日休闲生活时间约为6.75小时，但多数老年人每日平均有4.31小时（即将进2/3时间）是在家中度过的，户外休闲活动每天平均只有2.4小时左右。而且休闲方式比较单一，看电视、读书看报、听广播和做家务成了老年人主要的休闲方式[2]。而笔者针对北京三大社区老年人休闲调查数据显示①（如表1和表2），从表1可以看出，北京市三个社区老年人在体育休闲、修身养性、娱乐消遣和扩展知识方面平均每天不到1小时，在旅游方面每次平均3.18天，说明了三个社区老年人参与休闲的程度不高。从表2可以看出，三个社区老年人在体育休闲、修身养性、娱乐消遣、扩展知识和旅游方面休闲参与程度的主观评分为不到2.5分（最高分为5分，最低分为1分），也说明了三个社区老年人参与休闲的程度比较低。这也进一步说明了北京市老年人的休闲参与情况不太理想。基于上述数据

---

* 该文最早收录于2010年旅游资源和管理国际研讨会论文集中，该文收录时为英文版，作者为时少华、李享。
① 三个社区分别是北京昌平区天通苑社区、朝阳区望京社区、东城区和平里社区，三个社区的具体信息见文中数据收集与整理部分中关于社区的介绍。

分析得出的结论，我们要思考这样的问题，哪些因素影响北京老年人休闲参与？这些因素以什么路径作用于老年人休闲参与？作用的效果如何？这些问题是我们关注的。

表1 北京三大社区老年人休闲参与时间项目统计描述表

休闲项目	样本数量	最小值	最大值	均值	标准差
体育休闲（小时/次）	605	.00	2.70	.7018	.46563
修身养性（小时/次）	604	.00	5.40	.5271	.48480
娱乐消遣（小时/次）	605	.00	3.64	.8894	.54465
扩展知识（小时/次）	169	.00	2.57	.5741	.55933
旅游（天/次）	605	.00	45.25	3.1761	4.22553

表2 北京市三大社区老年人休闲参与主观评分统计表

项目	体育休闲	修身养性	娱乐消遣	扩展知识	旅游
有效样本数	605	605	605	605	605
均值	2.3597	2.1344	2.1098	2.2149	2.4215
中位值	2.2000	2.0000	2.0000	2.0000	2.5000
众数	1.80	1.67	2.14	2.00	3.00
标准差	0.77149	0.68934	0.59760	0.80875	1.01562

注：主观评分满分为5分，最小值为1分。

Jeffrey Godbey 和 Crawford[3]归纳了各类休闲制约，提出休闲制约的等级模型，将制约个体休闲偏好和休闲参与的影响因素归纳为三类：个人内在制约（intrapersonal constraint）、人际间制约（interpersonal constraint）和结构性制约（structural constraint）。按照Crawford等学者[4]所提出的观点，休闲制约是有结构层次性的。个人在参与休闲的过程中，必须先克服个人内在制约，之后才能达到下一个阶段的人际间制约，最后才是结构性制约。结构性制约因素对休闲参与的影响较弱，影响最大的是个人内在制约和人际间制约。Jeffrey Godbey 和 Crawford 的上述研究结论成为我们研究北京城市老年人的主要理论假设。国外关于老年人休闲制约方面的文献主要关注老年人的健康、收入、伙伴、社会情感、时间、老龄化、心理、文化、种族等因素对休闲的影响。更多集中于"某个"休闲影响因素是如何具体影响老年人休闲参与过程的，多运用过程与历史分析的视角来研究问题，而很少研究个人内在制约、人际间制约和结构性制约三者之间是如何作用与影响老年人的休闲参与的[5-7]。国内文献方面，笔者从中国知网检索到老年人休闲相关文献共57篇，关注领域为老年人休闲状况，老年人生活质量、老年健康休闲、老年产业研究等。其中，有10篇涉及北京市老年人休闲，但大部分是调查性探索性研究，有 3 篇文献直接从内在制约、人际制约和结构制约三个方面提到了休闲影响因素问题[2][8-9]，但对三个方面以什么样的路径影响北京市老年人参与休闲却没有做进一步的分析。由于休闲制约方面的研究在我国还刚刚起步，学术研究成果有限，无论从研究层次、研究角度、研究方法还是研究发展上，都处于初级阶段，还没有深入到研究制约机制和理论模型阶段[10]。因此，本研究通过北京市三个社区老年人休闲状况的问卷抽样调查分析，运用路径分析方法研究上述问题。在这里，我们仅通过休闲内在制约、人际间制约和结构性制约三个等级层次来探讨老年人休闲参与的关系，并在上述 Crawford 等学者理论基础上，主要关注老年人休闲制约的三个制约因素之间通过何种路径作用于休闲参与的，三个制约因素之间的路径关系怎样？三个制约因素对老年人休闲参与影响程度如何？而这些是 Crawford 等观点中没有提到过的，这也是我们真正关注的。

基于上述讨论，本研究的理论假设主要依据 Crawford 等的休闲制约模型基础上提出一个探索性的模型（见图 1），在模型中我们认为，老年人的结构制约因素不但直接影响休闲参与，还通过影响内在制约和人际制约来影响休闲参与；并且不但内在制约影响人际制约，而且人际制约也可以影响内在制约，我们的具体理论假设是：

假设 1：结构性制约通过内在制约、人际间制约来影响老年人休闲参与。

假设 2：内在制约和人际间制约之间存在双向影响的关系，并共同作用老年人休闲参与。

假设 3：结构性制约直接影响老年人休闲参与。

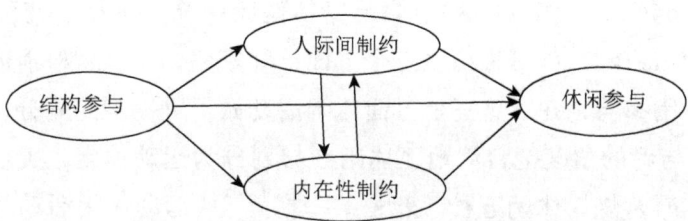

图 1　中国城市社会老年人休闲制约的路径理论假设模型

第二节　模型操作化与数据搜集

一、模型的操作化

个人内在制约因素（Intrapersonal constraint）指影响休闲偏好或参与者内在心理

状态和态度的因素。如压力、焦虑、沮丧、忧郁、信仰等。这些因素会影响人们对自己在某些特定活动中的能力感知，以及他们对这些活动本身的评价[11]。Samdahl 和 Jekubovich[12]指出，个人内在制约就个人心理特质而言，压力、焦虑、沮丧以及远离社交等是主要的。基于上述研究，本文认为城市老年人休闲个人内在制约变量由 3 个指标构成，即思想观念指标（q51）、特长/爱好/习惯指标（q52）、身心健康/增长知识/陶冶情操指标（q54）构成。人际间制约因素（Interpersonal constraint）指因为个体人际间的关系而影响其休闲喜好或参与的因素。如缺乏伙伴、与其他参与者不和、与家人和朋友的休闲偏好不同等情况。这些因素和人们的休闲活动取向和休闲活动参与之间会发生相互的影响。Jeffrey Godbey 和 Crawford[3]认为人际间制约缺乏合适的休闲伙伴。因此本文认为城市老年人人际制约变量由 4 个指标构成，即公益人际关系（q28）、亲友关系（q29）、与邻居的关系（q30）、与子女的关系（q31）。结构性的制约因素（Structural constraint），指影响个人休闲偏好和参与的外在因素。既包括了介于休闲偏好和休闲参与之间的中介制约因素，如时间、金钱、健康状况和机会等，也包括了来自社会环境的制约因素，如交通、信息、设施和行程[4]。Jackson 和 Henderson[13]指出结构性制约因素包括：花费、社会及地理区位限制、交通、缺乏相应技术和环境设施等。Alexandris 等[14]认为时间、知识、设施等因素必将作为休闲结构性制约因素而出现。王玮，黄震方[3]认为结构性制约因素包括中介制约因素，如时间、金钱、健康、缺乏机会、家庭等，以及社会环境制约因素。综合上述定义，本文认为城市老年人结构制约变量由 7 个指标构成，即安全（q45）、方便（q46）、场地/设施客观条件（q47）、天气（q48）、自己身体健康状况（q49）、花费（q50）、闲暇时间（q53）。Chris Bull[15]等提出从三个方面，即家庭休闲、乡村消遣和体育运动三个方面来划分休闲参与，并对这三个方面休闲活动做了进一步的划分，台湾学者蔡宏进[16]从休闲参与者的角度把台湾地区休闲参与划分为运动休闲、美容休闲、旅游休闲、文教休闲、露营烧烤休闲五种。此外栗海梅[17]从运动休闲活动的动机和目的视角出发，把运动休闲项目分为健身健美、康乐游戏、竞争对抗、养生保健、探险拓展、观赏怡情六个大类。根据休闲参与上述研究，本文认为城市老年人休闲参与变量由五个指标构成，分别是体育休闲（q70），修身养性休闲（q71），娱乐消遣休闲（q72），旅游休闲（q73），学习休闲（q74）。其中，体育休闲（q70）是由 5 道题（包括老年人散步、公共健身器械锻炼、打麻将/牌/下棋、武术类、球类）的变量均值构成。修身养性休闲（q71）是由 6 道题（包括宠物饲养、种花养草、闲坐、唱歌/唱戏/弹奏乐器、书画/摄影/收藏、宗教活动）的变量均值构成。娱乐消遣休闲（q72）是由 7 道题［包括听广播、看电视、跳舞、看碟（DVD/VCD）、外出观看演出、参观展览、到影剧院看电影］的变量均值构成。旅游休闲（q73）是由 4 道题（包括到居所附近的公园游园、郊外旅游、外省旅游、出境旅游）的变量均值构成。学习休闲（q74）是由2道题（包括阅读书报、上网）的变量均值构成。图2为中国城市社会老年人休闲制约三个方面的操作化模型。

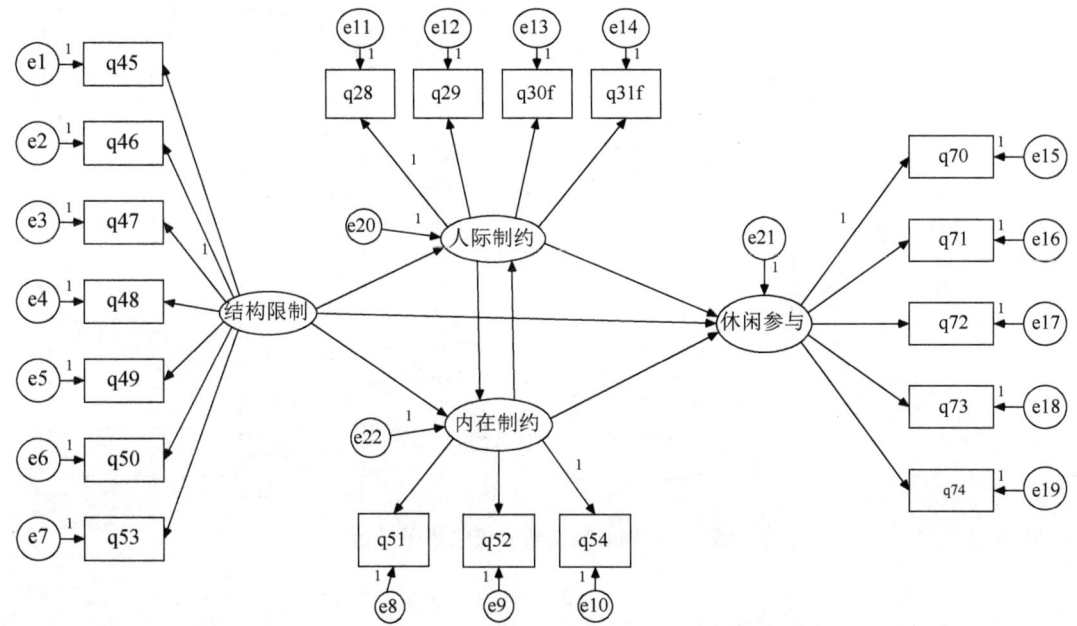

图2　中国城市社会老年人休闲制约的操作化模型

二、问卷的信度与效度分析

我们对休闲制约14道题和休闲参与4道题采用了李克特5点式量表测量法，并运用SPSS 17.0进行问卷内在信度分析。老年人休闲制约问卷的克朗巴哈Alpha系数为0.82，老年人休闲参与问卷克朗巴哈Alpha系数为0.78，表明问卷信度尚可。

对休闲制约问卷运用AMOS 7.0进行了二阶验证性因子分析。各检验指标分析结果显示卡方值=298.657，$p<0.001$，RMSEA=0.71，AGFI=0.903，表明标准化模型整体拟合较好。从图3可以看出，休闲制约三个方面各项指标与每个方面均正向相关，相关系数整体上比较高，各条系数在$p<0.05$上显著，问卷结构与数据结构一致，表明问卷的结构效度比较好。

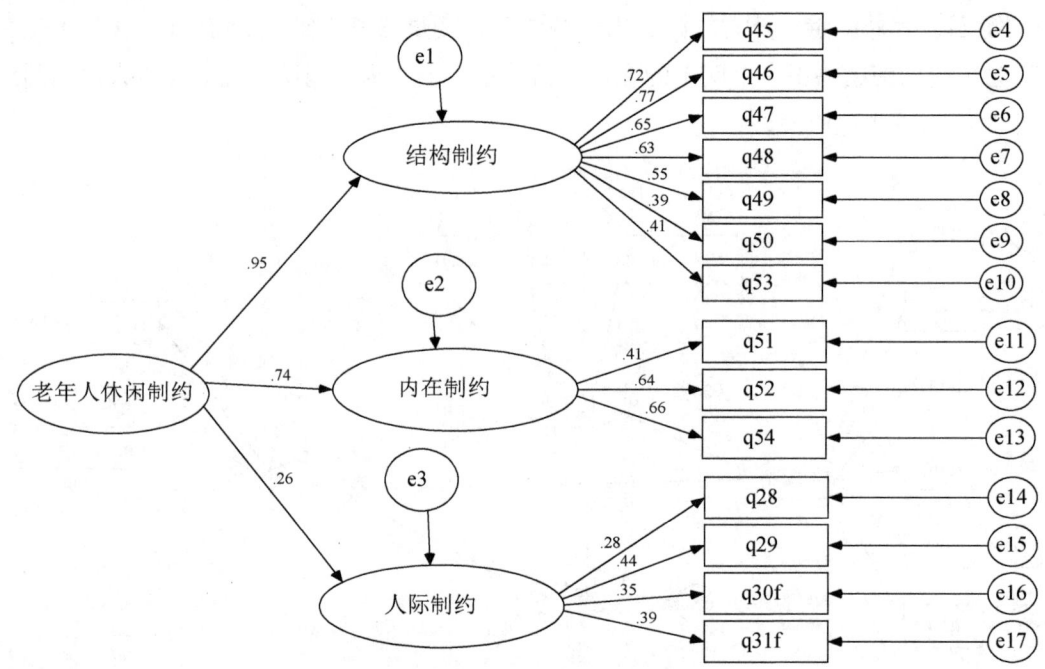

图3 结构效度二阶验证性因子分析

三、数据的收集与整理

基于上述研究设计，我们于2009年4月在北京选取了三个社区，即天通苑社区、望京社区、和平里社区，三个社区是北京地区比较大且比较成熟的居住社区，老年人相对比较多，比较具有代表性，在三个社区中按照随机抽样的原则，采取问卷调查方法，共调查有效问卷605份，其中，望京设区191份，占样本比例的31.6%，天通苑社区224份，占样本比例的37%，和平里社区190份，占样本比例的31.4%，所调查老年人平均年龄71岁，标准差6.937岁，样本的人口学特征分布如表1。

表3 被调查老年人信息特征分布

变量	变量值	样本比例（%）	变量	变量值	样本比例（%）
性别	男	50.7	婚姻状况	夫妻二人	77.2
	女	49.3		丧偶	21.3
学历	文盲	6.3		离异	1.3
	小学	19.2		未婚	0.2
	初中	27.6	家庭结构	空巢	27.1
	高中/中专	29.8		两代人	20.8
	大学及大专	16.5		三代人	48.3
	研究生	0.6		四代人	3.8

第三节　分析过程与模型解释

我们对上述假设模型进行数据验证分析，为了能够探索出各个休闲限制因素之间的路径关系，我们运用 Amos 7 软件中的模型界定搜索功能，挑选出与原理论假设架构最为符合、适配度佳的模型。根据前面我们的假设模型可以知道，我们的模型路径一共有 7 条，每条路径都有两种可能（影响或不影响），则我们的探索模型共计 128 个模型。表 4 是我们所探索 128 个模型中相关统计指标最优的前 10 个模型。从表 4 中可以看出，模型 19 从 BIC0 指标来看，在这 10 模型中指标值是最小的，BIC0 指标值等于 0，表明该模型与数据拟合得好。因此，模型 19 是与我们原假设最为符合的模型。图 4 就是模型 19 的路径系数图，从模型整体拟合的情况看，RMSEA 指标值为 0.53，接近 0.5，表明模型与数据拟合的好，GFI 值为 0.93，AGFI 值为 0.911，GFI 和 AGFI 值都接近 1，进一步表明模型对数据拟合得好。从表 5 可以看出，各条路径系数概率值 p<0.05，表明各路径系数值可以推论到总体。

表 4　各模型界定搜索相关统计指标

模型编号	模型名称	模型待估自由参数	模型自由度（df）	模型的卡方值（C）	模型的卡方值与自由度的差异（C-df）	BCC0	BIC0	模型卡方自由度比值（C/df）	显著性概率值（p）
19	预设模型	41	149	399.68	250.68	91.48	0	2.68	0
20	预设模型	41	149	404.05	255.05	95.85	4.37	2.71	0
33	预设模型	42	148	399.38	251.38	93.25	6.1	2.7	0
39	预设模型	43	147	394.68	247.68	90.61	7.8	2.68	0
40	预设模型	43	147	394.88	247.88	90.81	8.01	2.69	0
35	预设模型	42	148	402.06	254.06	95.92	8.78	2.72	0
37	预设模型	42	148	403.89	255.89	97.75	10.61	2.73	0
38	预设模型	42	148	404.38	256.38	98.24	11.1	2.73	0
9	预设模型	40	150	417.36	267.36	107.08	11.27	2.78	0
2	预设模型	39	151	424.87	273.87	122.87	112.53	12.38	2.81

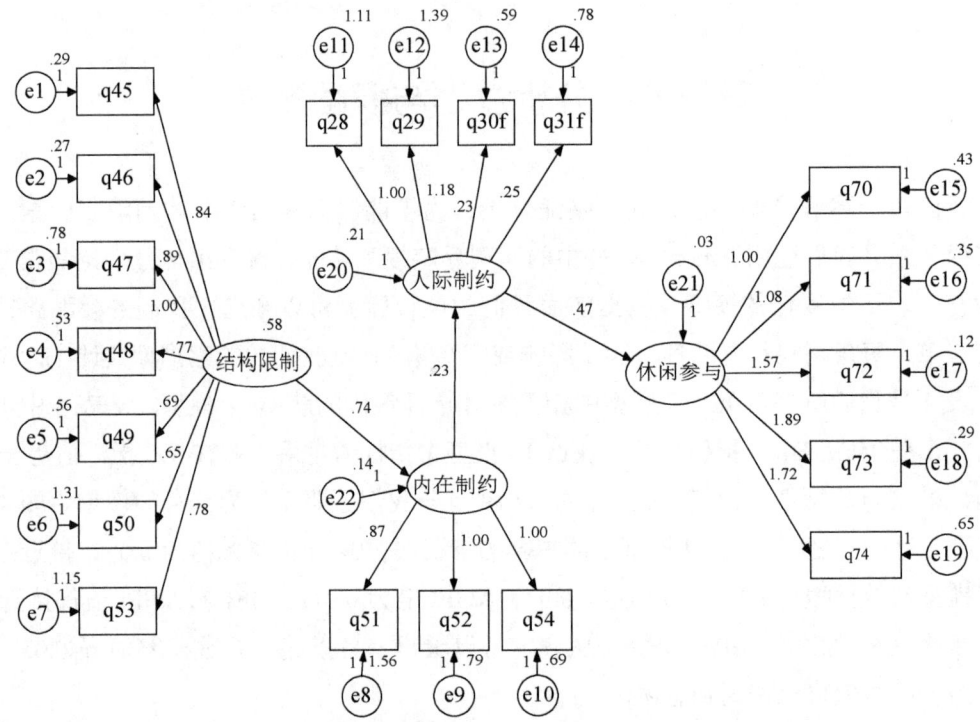

图 4　中国城市社会老年人休闲制约的路径模型

表 5　未标准化预设模型参数及检验结果

变量关系			Estimate	S.E.	C.R.	P	Label
内在制约	<---	结构性限制	00.738	0.069	10.739	***	
人际制约	<---	内在制约	0.229	0.059	3.897	***	
休闲参与	<---	人际制约	0.465	0.106	4.390	***	
q47	<---	结构性限制	1.000				
q46	<---	结构性限制	0.895	0.059	15.096	***	
q45	<---	结构性限制	0.844	0.058	14.571	***	
q48	<---	结构性限制	0.770	0.060	12.824	***	
q49	<---	结构性限制	0.690	0.062	11.176	***	
q50	<---	结构性限制	0.655	0.080	8.222	***	
q53	<---	结构性限制	0.776	0.083	9.292	***	
q52	<---	内在制约	0.997	0.097	10.305	***	
q29	<---	人际间制约	1.181	0.217	5.432	***	
q51	<---	内在制约	0.868	0.117	7.394	***	
q54	<---	内在制约	1.000				
q28	<---	人际间制约	1.000				

续表

变量关系			Estimate	S.E.	C.R.	P	Label
q30f	<---	人际间制约	0.234	0.099	2.374	0.018	
q31f	<---	人际间制约	0.252	0.112	2.240	0.025	
q70	<---	休闲参与	1.000				
q71	<---	休闲参与	1.084	0.171	6.329	***	
q72	<---	休闲参与	1.570	0.200	7.836	***	
q73	<---	休闲参与	1.894	0.241	7.847	***	
q74	<---	休闲参与	1.717	0.256	6.699	***	

注：*** 表示 p<0.001。

第四节　结论与建议

从上述模型分析和解释可以知道，在我们的理论假设中，假设 1 是成立的，而假设 2 和假设 3 是不成立的。也即结构性制约通过内在制约、人际间制约来影响老年人休闲参与。从图 3 中我们看出，结构性制约对老年人的休闲参与的总效应为 $0.74 \times 0.23 \times 0.47 = 0.079$，内在制约对老年人的休闲参与的总效应为 $0.23 \times 0.47 = 0.1081$，人际间制约对老年人的休闲参与的总效应为 0.47。从总效应来看，我们发现人际间制约对老年人的休闲参与的影响是最大的，其次是内在制约，再次是结构性制约。

上述研究结论与 Crawford 和 Godbey 等结论有不一致的地方，Crawford 和 Godbey 等人认为内在因素与人际因素都直接影响老年人休闲参与，具有同等重要性，但我们的结论是人际因素比内在因素更重要。而一些台湾学者[18,19]从社会支持（亲朋支持、家人支持、邻里支持等）的角度也证实了社会支持与老年人参与休闲活动有很高的相关性，比其他因素更能影响休闲活动。这个研究结论，给予我们一定的启示，中国社会不同于西方社会的一大特点是中国当代社会仍是"礼治秩序"或"熟人"社会，在人与社会的交往中不是遵循着理性原则，而是遵循着感性实践原则，亲情性、家族性、血缘性、圈子性和熟悉性都是人们日常交往的准则[20]，中国传统思想中儒家文化思想仍对中国当代社会具有重要的影响，当代中国社会学家梁漱溟的"伦理本位"思想，番光旦的"中和"思想，费孝通的"差序格局"理论都认为中国社会是一个礼治社会、人情社会。中国不同于西方社会的特点决定了中国城市老年人在进行休闲活动的时候必然考虑个人与社会之间的关系，因此，人际关系在中国城市老年人休闲参与中占有重要的地位也是可以理解的。依据上述研究结论，结合我们实际调查数据，提出如下建议：

一是本次调查发现，北京社区老年人每周与邻里见面次数在 2~3 次以上的 68.1%，与子女见面次数在 2~3 次以上的 50.2%，平日进行亲友交往或聊天活动每天 1.4 小时左右。但老年人参与社区公益活动时间平均每月不到 1 次，每次平均只有 0.65 小时。因此，建议提高北京社区老年人参与公益活动能力（如社区巡逻、社会老年人集体活动、捐赠、帮助邻里等能力），同时提升社区支持老年人的整体水平。

二是本次调查显示，特长、爱好、习惯和增长知识的满足是影响北京老年人参与休闲的重要因素，其满足程度主观评价为 2 分左右。因此要依据老年人的特长与爱好，进行人群分类，进行休闲教育，使老年人养成休闲习惯。

三是本次调查发现，安全性、方便性、自身健康和场地成为制约老年人休闲的主要因素，其满意程度 2.3 分。因此，要积极开发老年人休闲产品，改进社会养老机构的服务。尤其是加强有特殊需求老年人的服务。

四是需要强调的是本研究调查范围有限，因此所得结论只是一种推论，休闲限制研究的复杂性决定了我们还需更多的研究做进一步的检验与补充。本研究只是一个初探，还需要继续做老年人的分类研究，不同的群体可能存在不同的休闲制约路径，其效果也不一样。

参考文献

［1］北京市哲学社会科学研究基地报告：北京人口发展研究报［R］．北京市哲学社会科学规划办公室，北京市教育委员会，北京人口发展研究中心，2006.

［2］孙樱，陈田，韩英．北京市区老年人口休闲活动的时空特征初探［J］．地理研，2001（11），537-546.

［3］Crawford D W，Godbey G. Reconceptualizing barriers to family leisure［J］. Leisure Sciences，1987（9）：119-127.

［4］Crawford D W，Jackson E L，Godbey G A. Hierarchical model of leisure constraints［J］. Leisure Sciences，1991，13（4）：309-320.

［5］Recer P. Study: Elderly enjoying more vigorous old age［M］. In H.Cox, Annual editions: Aging（15th ed）.Guilford CT: McGraw-Hill/ Dushkin，2003.

［6］Shogan D.Characterizing constratints of leisure：A foucaultian analysis of leisure constraints［J］. Leisure studies，2002（23）：286-301.

［7］Nadirova A，Jackson E L.Alternative criterion variables against which to assess the impact of constraints to leisure［J］.Journal of Leisure Research，2000（32）：396-405.

［8］王琪延，罗栋．北京市老年人休闲生活研究［J］．北京社会学，2009（4）：23-28.

[9] 丁娜娜.北京市老年人休闲状况及问题研究[D].北京第二外国语学院硕士学位论文,2007: 50-57.

[10] 王玮,黄震方.休闲制约研究综述[J].桂林旅游高等专科学校学报,2006(6):370-374.

[11] 李仲广,卢昌崇.基础休闲学[M].北京:社会科学文献出版社,2004.

[12] Samdahl D, Jekubovich N. Acritique of leisure constraints: Comparative analyses and understandings[J].Journal of Leisure Research, 1997, 29(4): 430-452.

[13] Jackson E L, Henderson K A. Gender-based analysis of leisure constraints[J]. Leisure Sciences, 1995, 17(1): 31-51.

[14] Alexandris K, Tsorbatzoudis C. and Grouios G. Perceived constraints on recreational sport participation: Investigating their relationship with intrinsic motivation, extrinsic motivation and amotivation[J].Journal of Leisure Reseach, 2002(34): 233-252.

[15] Chris Bull, Jayne Hoose, Mike Weed.休闲研究引论[M].田里,董建新,等,译.昆明:云南大学出版社,2006:54-62.

[16] 蔡宏进.休闲社会学[M].台湾:三民书局股份有限公司,2004:170-171.

[17] 栗海梅,运动休闲的概念、分类及应用的研究[J].广州体育学院学报,2008(6):57-59.

[18] 赖宏昆.社会支持、孤寂感与休闲活动参与对老人生命意义之影响研究[D].台湾朝阳科技大学休闲事业管理系硕士学位论文,2006.

[19] 廖婉如.退休者对休闲农场认知、社会支持及参与休闲农场长住意愿之研究[D].台湾朝阳科技大学休闲事业管理系硕士学位论文,1997.

[20] 刘少杰.经济社会学的新视野[M].北京:社会科学文献出版社,2005:140-184.

第九章 北京农村居民休闲制约对休闲参与的影响研究：以北京房山区窦店村为例

我国是个农业大国，农村居民是我国人口最主要的组成部分之一。曾经休闲只是少数"有闲阶级"的特权，随着人们物质生活水平的不断提高，大众教育、大众媒体、有线电视网络的兴起，逐渐促成了一种大众休闲文化：休闲已成为与每个人的生存息息相关的领域，成为人们生活的重要组成部分，成为人们的基本需要和权利。农村居民也不例外，他们内心也强烈渴望休闲，存在休闲需要，希望休闲权利得以实现。所以关注农村居民的休闲生活，不仅是提高农村居民生活满意度的需要，同时也是建设社会主义新农村的题中应有之义。但无可厚非的是，农村居民的休闲状况与城镇居民相比存在很大差距，在农村仍然有许多制约因素阻碍着居民参与休闲活动。本文以北京房山区窦店村为例，通过对窦店村居民抽样调查的研究方式，具体了解阻碍当地居民参与休闲活动的因素有哪些，并对其进行讨论分析。

本篇论文的拟定，是因为在建设社会主义新农村的背景下，在休闲日趋重要的今天，农村居民的休闲作为一个薄弱环节，理应受到学界和政界的关注。近年来对休闲制约方面的研究逐渐增多，但大多都把目光集中在城镇居民或其他高收入者及学生上，对农村居民的休闲活动鲜有研究。如陈楠、韩琳琳、郭鲁芳等人都分别对城市女性的休闲制约进行过研究。还有对学生的休闲制约研究，如台湾赖家馨的"休闲阻碍量表之编制——以台北市大学生为例"等。诸如此类的研究比较常见，对于农村居民的休闲研究，尤其是休闲制约方面的研究并不多。

本文将在了解农村居民参与休闲活动的现状的基础上，从个人内在制约、人际间的制约和结构性制约三方面对农村居民的休闲制约进行研究，包括了个人意愿、个人特长、文化水平、同伴、身份地位、交通、场地设施、天气、安全性、闲暇时间、健康状况、金钱等因素。研究分析出制约窦店村居民休闲的因素，只有找到制约因素，才能克服阻碍，完善当地居民的休闲活动，也希望能为今后更好地研究居民休闲提供补充。

第一节 文献回顾

"休闲"这个话题一直都很受关注，休闲也是我们生活中不可缺少的一部分。那么"休闲"的定义是什么呢？休闲的英文单词"leisure"一词源自拉丁文的 Licere，指"被允许"的意思，希腊人则用 scol，schole 和 skole 等词来定义休闲。现阶段国内外学者对于"休闲"还没有统一的定义。美国学者 Geoffrey Godbey（1999）认为：休闲是从文化环境和物质环境的外在压力中解脱出来的一种相对自由的生活，它使个体能够以自己所喜爱的、本能的感到有价值的方式，在内心之爱的驱动下行动，并为信仰提供一个基础（尹德涛，2009）。国内学者则指出：休闲是人们在起居、饮食等正常生理活动，以及工作等所必需的时间以外所参加的各种满足精神需求、摆脱压力、促进身心健康发展的一系列活动的总称。

现代人们虽然能充分的自由参与休闲，但是在参与过程中仍存在许多的制约因素，如性别、年龄、职业、教育程度、实间、金钱、同伴等。这些因素影响着个人参与休闲的频率与体验。而对于休闲阻碍，不同的学者也有着不同的定义。Crawford 和 Godbey（1987）认为休闲阻碍是个人主观知觉不喜欢或无法投入参与休闲的原因。Jackson（1988）更明确地定义休闲阻碍为凡介于偏好一项活动和参与此项活动间的任何因子，皆视为阻碍。王玮、黄震方（2006）在"休闲制约研究综述"中将休闲制约的内涵界定为：任何影响主体休闲偏好、休闲决策过程及休闲体验，而导致其无法、不愿意或减少参与休闲活动的因素及其内在制约机制。

对于各种休闲阻碍现象，休闲学者提出了不同的分类方式。Chubb 和 Chubb（1981）把休闲阻碍分为两类，分别是外在阻碍因素和个人阻碍因素；Crawford 和 Godbey（1987）将休闲阻碍分为个人内在阻碍、人际间的阻碍、结构性阻碍。他们以家庭成员及夫妻为调研对象，研究其共同参与休闲活动时，家庭生活周期特性对于所遇到的阻碍影响，且发展为休闲阻碍模式，将影响个体休闲参与的因素归纳为三类：一是个人因素，包括缺乏兴趣、缺乏技能、活动缺乏吸引力、没有多余的时间、活动花费太高、体能不适合、课业负担太重和训练太累；二是人际因素，包括自己的身份不宜参加、没有人邀约、与其他参与者不投缘和没有适合的人同行；三是结构及环境因素，包括缺乏足够的休闲资讯、休闲公共施舍不足、休闲环境不好、环境复杂没有安全感、预期人群拥挤、距离太远和缺乏交通工具。Crawford、Jackson 和 Godbey 在 1991 年对此阻碍因素模式进一步地进行了修正，指出这三类不同的制约因素是以一定的层级（hierarchical）关系进行运作并发挥制约作用的，即个人在参与休闲的过程中，必须先克服个人内在制约，之后才能到达下一个人际间制约。个人若能了解人际间制约发生的原因，加以调解后，才能面对下一个阶段的结构性制约。这三种类型的制约因素都被克服，个人才能顺利地参与休闲活动。

在查阅文献中发现，不同地区，不同文化背景，不同人群的休闲制约因素也是不同的。如陈楠（2010）在"中韩都市女性休闲阻碍因素比较研究"中，以认知阻碍、周边阻碍、自身阻碍和经济阻碍为制约因素对两国女性进行分析研究。结果显示韩中两国女性在"周边阻碍""自身阻碍"和"经济阻碍"等因素上均有显著的差异性。在韩琳琳、郭鲁芳（2006）的"国外女性休闲研究综述"中阐述到女性休闲受职业、教育程度、伴侣、身体状况等面因素的影响显著；克雷斯波（2000）等的研究发现在其他可变因素如教育程度、家庭收入、职业、婚姻状况相同的情况下，白种人休闲时间中的不活动性低于非洲裔美国黑人和墨西哥裔美国黑人。在 Liechty 等（2010）的一篇关于身体形象在老年女性休闲中的角色研究中显示，有人因为自己肥胖而无法进行跳舞、游泳等休闲活动，有的老人则因为自己的年龄甚至皮肤的老化而不再穿泳衣，从而不进行游泳活动等。

孙林叶（2010）在"我国农村居民休闲的现状与对策"中指出，休闲有助于农村居民走出落后的乡村文明，建设一种现代文明；休闲可以促进新农村的人际和谐和社会稳定；休闲有利于农村居民提高生活满意度，获得幸福感。但同时休闲意识淡薄，休闲观念滞后，休闲技能偏低，休闲品位不够，收入水平不高，休闲空间有限，休闲资源缺乏，休闲渠道不宽等都是目前我国农村居民休闲中存在的问题。孙优萍、沈国斐（2010）对浙江农民分别从最近三年内的旅游经历，包括出游次数、方式和花费；农村居民 2008 年前 3 年与调查实施年的休闲状况比较；休闲时间与花费和农村居民的休闲满意度等方面对其休闲活动进行调查研究。结果显示当地的经济状况、居民的闲暇时间和可自由支配收入以及偏低的文化程度都是影响着浙江居民休闲活动的因素。

经过对文献资料的整理发现，虽然国内现在对休闲方面的研究逐渐增多，但是对农村居民的休闲制约研究还是很少的。

第二节 研究假设与研究方法

一、研究假设

孙林叶（2010）认为休闲意识淡薄，休闲观念滞后，休闲技能偏低，休闲品位不够，收入水平不高，休闲空间有限，休闲资源缺乏，休闲渠道不宽等都是目前我国农村居民休闲中存在的问题。孙优萍、沈国斐（2010）的调查研究显示当地的经济状况、居民的闲暇时间和可自由支配收入以及偏低的文化程度都是影响着居民休闲活动的因素。在上述文献所提到的因素中，有居民的内在制约，也有结构性制约，并且这些制约因素对休闲参与均产生负向影响。因此，本文提出以下理论假设：

假设1：内在制约对休闲参与有显著负向影响。

假设2：人际间制约对休闲参与有显著负向影响。

假设3：结构性制约对休闲参与有显著负向影响。

二、研究方法

（一）问卷设计

为了深入研究窦店村居民的休闲制约因素，本文主要采取了抽样调查的研究方法。结合当前窦店村居民的休闲状况设计了调查问卷。问卷将居民经常参与的休闲活动分为体育休闲、休息休闲、娱乐休闲、旅游休闲、学习休闲和社交休闲。其中体育休闲共3道题，包括散步/慢跑、在附近的公共健身器械锻炼、球类体育锻炼；休息休闲共5道题，包括听广播、看电视、看碟（DVD/VCD）、逛集市、闲坐；娱乐休闲有8道题，包括饲养宠物、种花养草、唱歌、书画/摄影/收藏、下棋/打牌/打麻将、钓鱼、跳舞、外出观看演出/电影；旅游休闲有4道题，包括到居所附近的公园游园、到其他区县旅游、外省旅游、出国旅游；学习休闲有3道题，包括参观展览、阅读书报、上网；社交休闲有3道题，包括宗教活动、探亲访友、串门/聊天。在制约因素方面，分别从内在制约、人际间制约和结构性制约三方面进行考察。其中内在制约包括害羞、不愿意与别人交往、没有兴趣、传统/保守等思想观念、缺乏特长、工作/生活压力太大、文化水平低7道题；人际间制约包括缺乏兴趣相同的同伴、家人/朋友或邻居的反对、个人的身份和社会地位、没有别人邀请4道题；结构性制约包括交通不便、缺乏休闲场地/设施、天气、安全性低、缺少闲暇时间、身体健康状况、没有足够金钱支持、不知道有哪些休闲活动可以参与8道题。问卷还设计了居民每月用于休闲的花费、每月休闲几次、休闲满意度等问题。休闲方式、休闲制约和休闲满意度等问题均采用的是态度量表题型，用于准确地了解受访者对于不同问题的态度。态度量表为"五点量表"：1代表"完全不符合"、2代表"有一点符合"、3代表"一半符合"、4代表"大部分符合"、5代表"完全符合"，分数越高代表符合程度越高。问卷最后设有个人信息部分，用来了解受访者的基本信息。问卷涉及调查问题56道，个人信息6道，共计62道问题。

（二）数据收集

1. 调查地点的选取

此次调查研究选择的是北京市房山区窦店镇的窦店村作为调查地点。窦店村共有本地居民4200人，分14个生产队，村年总产值位于房山区前六名。近些年来，窦店村也在不断地增添一些休闲娱乐场所，丰富居民的休闲活动。目前，村里共有5处设有健身器材，2个球场，2个可供居民唱歌、跳舞的多功能厅，还有1个可以供居民打台球和乒乓球的场所。

2.数据的收集与整理

此次调查采用的是抽样调查法，于2013年1月28日至2月13日在窦店村14个生产队进行问卷调查，获得有效问卷120份。本次调查问卷发放中，男女比例基本相当，男性为49.2%，女性为50.8%。被调查者年龄20岁以下的有19.2%，21~35岁的占20%，36~50岁的占25.8%，51~65岁的占20%，65岁以上的占15%。

文化程度方面，主要集中在初中水平和高中／中专水平，所占比例分别为35.8%和31.7%，大学／大专的仅占19.2%，小学的占13.3%。可见农村居民普遍的文化水平都不是很高。在被调查者中，从事的职业最多的是技术工种、家庭妇女和学生，所占比例分别为13.3%、15%和14.2%，工人、灵活就业者、商业／服务业人员、退休人员、个体所占比例分别为11.7%、10.0%、6.7%、9.2%和5%，从事教师、军人、务农行业的人较少，分别占0.8%、0.8%和2.5%，还有10.8%的人选择其他。

窦店村居民的家庭人均月收入大多集中在1000~2000元收入段，所占比例为48.3%。排列第二的是500~1000元收入段，比例为16.7%。还有14.2%的家庭人均月收入在500元以下，2000~4000元收入段的比例加起来也才20.8%，可见农村家庭人均月收入还是很低的。

表1　2011年窦店村居民受访者调查样本的人口学特征表

特征	特征值	样本总体（%）	特征	特征值	样本总体（%）
性别	男	49.2	职业	灵活就业者	10.0
	女	50.8		技术工种	13.3
年龄（岁）	20岁以下	19.2		工人	11.7
	21~35	20		商业／服务业人员	6.7
	36~50	25.8		教师	0.8
	51~65	20		军人	0.8
	66岁以上	15		家庭妇女	15
月收入（元）	500以下	14.2		务农	2.5
	500~1000	16.7		个体	5
	1000~2000	48.3		退休人员	9.2
	2000~3000	13.3		学生	14.2
	3000~4000	7.5		其他	10.8

续表

特征	特征值	样本总体（%）	特征	特征值	样本总体（%）
文化程度	小学	13.3			
	初中	35.8			
	高中/中专	31.7			
	大学/大专	19.2			

第三节 研究过程及分析

一、量表信度分析

所谓信度也称可靠度，指的是一份量表所测得的分数的一致（consistency）与稳定性（stability）。信度系数越大，说明问卷所问的项目相关性越高，测量的可信程度就越大。目前使用最广泛的是克朗巴哈（Cronbach L J）于 1951 年提出的 Cronbach α 系数。若 α 系数低于 0.35 则属于低信度，应拒绝使用。α 系数介于 0.7 至 0.98 都可算是高信度值。经 SPSS 分析，休闲参与的信度系数为 0.801，属于高信度值，说明此部分测量工作的信度是可接受的。休闲制约的信度系数为 0.792，属于高信度值，说明此部分测量工作的信度也是可接受的。

二、休闲制约量表结构效度分析

针对问卷的休闲制约量表题进行量表结构效度分析。结构效度是量表实际测量的数据结构与量表理论结构吻合程度。测量结构效度的方法为因子分析法。首先对休闲制约量表进行 KMO 和 Bartlett's 球形度检验。KMO 测度的值越高（接近 1.0 时），表明变量间的共同因子越多，越适合用因子分析。根据 Kaiser（1974）观点，如果 KMO 的值小于 0.5 时，则不宜进行因子分析。通过计算，KMO 值为 0.742，Bartlett's 球形度检验的显著水平值为 0.000<0.05，均显示适合进行因子分析。旋转后解释的总方差为 64.49%，说明提取的数据结构共解释总体数据信息的 64.49%。

此次分析中共提取 4 个结构，经多次因子分析后删除了 Q38、Q39、Q40、Q43、Q44、Q49 共 6 道题，得到旋转后的成分矩阵，并分别命名为内在制约（Q34~Q37）、硬结构制约（Q45、Q46、Q51）、软结构制约（Q47、Q48、Q50、Q52）和人际制约（Q41、Q42）（见表 2）。

表 2　旋转成分矩阵[a]

	成分			
	内在制约	硬结构制约	软结构制约	人际制约
Q36 缺乏兴趣或意愿	0.840			
Q37 传统保守的观念使我在参与休闲活动时有阻碍	0.790			
Q34 感到害羞不自在	0.609			
Q35 不愿与人交往	0.560			
Q46 缺乏场地设施		0.769		
Q51 缺乏金钱		0.766		
Q45 交通不方便		0.737		
Q47 天气不适合			0.761	
Q48 休闲活动安全性低			0.693	
Q50 个人身体健康状况不适合参与休闲活动			0.684	
Q52 不知道有哪些休闲活动可以参与			0.619	
Q42 家人朋友的反对				0.814
Q41 缺乏兴趣相同的同伴				0.666

注：提取方法：主成分分析法。旅游法：具有 Kaiser 标准化的正交旋转法。a. 旋转在 5 次迭代后收敛。

三、休闲参与量表内容效度分析

内容效度分析是用每个题项的得分和所有题项总得分之间求相关系数，根据相关性是否显著来判断工作绩效量表是否有效。问卷中关于休闲参与的题目共有 26 道题，通过相关系数计算与检验，除三道题没有达到显著水平被删除外，其余 23 道均达到显著水平。说明休闲参与量表内容效度较高。

四、休闲制约与休闲参与多元回归分析

本文运用多元线性回归分析研究休闲制约对休闲参与的影响。"休闲参与"为被解释变量，"内在制约""人际制约""硬件结构制约"和"软件结构制约"分别为解释变量，"年龄"为控制变量，进行多元回归分析。

分析结果如下表所示：$R^2=0.169$，表示在"休闲参与"的变异中有 16.9% 是由"内在制约""人际制约""硬件结构制约""软件结构制约"和"年龄"引起的。

在"方差分析表"中，方差分析的结果为 Sig.=0.001<0.05，拒绝零假设，即认为偏回归系数不同时为零。说明全体解释变量对被解释变量的影响显著。

由"回归系数表"可知,"人际制约"的T检验结果为Sig.=0.01<0.05,说明解释变量"人际制约"对被解释变量"休闲参与"的影响显著,说明居民会因为家人的反对或没有兴趣相同的同伴而改变休闲参与的程度或方式;"内在制约""硬件结构制约""软件结构制约"的T检验结果Sig.值均大于0.05,说明解释变量"内在制约""硬件结构制约""软件结构制约"对被解释变量"休闲参与"的影响不显著。

表3 回归统计表

模型	R	R²	调整后的R²	标准估计的误差
1	0.412ª	0.169	0.133	120.230

注:a.预测变量:(常量),Q3年龄,内在制约,硬结构制约,人际制约,较结构制约。

表4 方差分析表ᵇ

模型		平方和	dr	均方	F	Sig.
1	回归	3476.472	5	695.294	4.648	0.001ª
	残差	17052.519	114	149.584		
	总计	20528.992	119			

注:a.预测变量:(常量),Q3年龄,内在制约,硬结构制约,人际制约,较结构制约。b.因变量:休闲参与。

表5 回归系数表ª

模型		非标准化系数		标准系数	t	Sig.
		B	标准误差	试用版		
1	(常量)	72.656	5.053		14.379	0.000
	内在制约	0.620	1.365	0.041	0.454	0.650
	人际制约	−3.611	1.371	−0.245	−2.634	0.010
	硬件结构制约	−1.766	1.090	−0.154	−1.611	0.110
	软件结构制约	2.683	1.456	0.182	1.843	0.068
	Q3年龄	−.235	0.064	−0.325	−3.678	0.000

注:a.因变量:休闲参与。

第四节 研究结果的讨论与相关建议

一、数据分析结论

经过对休闲制约对休闲参与影响的多元回归分析显示，在"休闲参与"的变异中有16.9%是由"内在制约""人际制约""硬件结构制约""软件结构制约"和"年龄"引起的。方差分析结果显示全体解释变量对被解释变量的影响显著。

"人际制约"的T检验结果为Sig.=0.01<0.05，说明解释变量"人际制约"对被解释变量"休闲参与"的影响显著，即假设2成立；"内在制约""硬件结构制约""软件结构制约"的T检验结果Sig.值均大于0.05，说明解释变量"内在制约""硬件结构制约""软件结构制约"对被解释变量"休闲参与"的影响不显著，即假设1和假设3不成立。

二、相关建议

（一）培养农村居民科学、健康的休闲观念，提高休闲技能

根据休闲制约对休闲参与影响的多元回归分析得出，人际制约是影响农村居民休闲参与最显著的因素。当居民受到家人的反对或没有兴趣相同的同伴时会影响到他们的休闲参与。他们休闲方式大多就是闲坐、看电视、串门聊天、逛集市和下棋、打牌、打麻将等，都是一些易组织且不需花费的活动。因此我们应该培养农村居民科学、健康的休闲观念，有了开放、积极的休闲观念，降低家人朋友间的不同意见。另外，提高居民的休闲技能，丰富他们的休闲活动，这样可扩大居民兴趣，彼此更容易找到兴趣相同的同伴。

（二）增加休闲设施和休闲场所

虽然目前农村也逐渐增添的一些休闲设施和场所，但是还远远不够，并且设施单一。增加休闲设施和休闲场所，使居民休闲活动多元化。如添加小型图书馆、电影院等，还可组织一些如歌唱比赛、跳舞比赛、球类竞技等活动，既丰富了居民的休闲活动，还可提高他们的自身素质。

（三）提高农村居民的生活水平，增加收入

调查中，农村居民认为缺乏足够的金钱、缺少闲暇时间，和工作生活压力太大都是阻碍他们参与休闲活动的因素。如果居民的收入低，那么他们必会每天忙于生计，很少有时间、有金钱去进行休闲活动。因此提高农村居民的生活水平，增加收入，让

他们有"闲"、有"钱"、有心情去参与休闲活动。

参考文献

[1] 邢希强. 我国居民休闲存在的主要问题与解决思路[J]. 商业时代, 2010 (31): 26-27.

[2] 孙优萍, 沈国斐. 试析新农村建设背景下的农村居民休闲活动: 以浙江为例[J]. 天地人文, 2010: 446-450.

[3] 孙林叶. 我国农村居民休闲的现状与对策[J]. 北京理工大学学报, 2010, 12 (2): 134-137.

[4] 王玮, 黄震方. 休闲制约研究综述[J]. 桂林旅游高等专科学校学报, 2006, 17 (3): 370-374.

[5] 陈楠. 中韩都市女性休闲阻碍因素比较研究: 以北京市与首尔市为例[J]. 现代商贸工业, 2010 (21): 134-136.

[6] 赖家馨. 休闲阻碍量表之编制: 以台北市大学生为例[D]. 台北: 体育学院体育研究所, 2003: 1-131.

[7] 韩琳琳, 郭鲁芳. 国外女性休闲研究综述[J]. 特区经济, 2006: 173-175.

[8] 尹德涛. 休闲理论与实务[M]. 沈阳: 辽宁科学技术出版社, 2009: 3 (9): 43-45, 172-177.

[9] 克里斯多弗·R.埃廷顿, 德波若·乔顿, 多纳德·G.道格拉夫, 苏珊·埃廷顿著. 休闲与生活满意度[M]. 杜永明, 译. 北京: 中国经济出版社, 2009: 25-28.

[10] Liechty T, Yarnal C M. The role of body image in older women's leisure [J]. Journal of Leisure Research, 2010: 42-45.

[11] Crawford D W, G Godbey. Reconceptualizing barriers to family leisure [J]. Leisure Sciences, 1987 (9): 119-127.

[12] Crawford D W, Jackson E L, Godbey G A. hierarchical model of leisure constraints [J]. Leisure Sciences, 1991, 13 (4): 309-320.

[13] 李享. 旅游统计学原理与实务[M]. 北京: 中国旅游出版社, 2008: 194-195.

第十章 外来务工人员休闲生活质量研究

第一节 引言

2017年10月，习近平总书记在党的十九大报告中指出，中国特色社会主义进入新时代，中国社会主要矛盾已经转化为人民日益增长的美好生活需要和不平衡不充分的发展之间的矛盾。人民美好生活需要日益广泛，对物质文化生活提出了更高要求。随着带薪休假等制度的逐步完善和落实，居民休闲意识不断提升，休闲需求不断增加，人们对休闲的态度正在发生深刻的变化，休闲对居民生活质量的影响变得愈加明显。而随着我国城市化进程的逐步加快，外来务工人员的数量越来越多。作为一个特殊的群体，其生活质量和现状也引起社会的广泛关注。鉴于休闲生活对人们生活质量的促进作用，为了更真实地了解外来务工人员的精神生活丰富程度设计了本研究。

第二节 休闲生活质量概念界定

关于休闲概念的界定，Shaw（1979）指出休闲是行为者根据对时间的计划主观地评估活动属性来确定的；Kernanhe和Unger（1987）曾于1987年在一篇名为"休闲、生活质量与市场"的文章中，阐述了休闲与生活质量的关系，说明休闲娱乐有益于生活质量的提高；Moore（2002）认为休闲与生活质量有着直接的关系，主要体现在生活质量定义的内容实际是描述休闲的结果；休闲的相对自由性为个体提供了发展生活满意度的机会，Hawkins等（2004）的研究进一步发现社会休闲文化的氛围会增加人们对生活满意度的认知，促进个体对生活质量的评估。

在生活质量的研究中，不仅仅包括财富等物质方面，还应引进社会心理学的观点，注重对生活质量的主观认知。生活质量的评估应基于个体的生活满意度、健康程度和综合环境3个方面，从社会心理学角度，休闲在很大程度上能促进生活满意度和健康程度从而提高生活质量（王进，2005）。因此，在休闲研究中参考生活质量的概念，能较好地反映个人与社会环境的健康状况。

休闲生活质量既包括主观认知，也是一种客观存在。从主观角度来看，休闲生活质量是基于个体的认知，即对生活体验的评价和满意度，在生活情趣、人际关系等的满意评估等（王进，2005）。本文中对休闲生活质量的研究主要从客观方面进行现状评估，如出游、健身锻炼、娱乐、读书和审美欣赏等方面以及休闲花费。

第三节　研究设计

一、问卷设计

根据调查需要，参考有关文献资料设计了调查问卷。问卷内容主要包括五部分：①被调查者基本状况，问题主要涵盖了被调查者性别、年龄、婚姻状况、文化程度、籍贯、来京时间、进城目的、从事工作类型及个人收入和消费情况等。②休闲生活基本情况，问题主要包括每天工作时间、每周休息天数、每年出游情况、买书数量、社交情况及娱乐情况。③配偶情况，包括被调查者配偶年龄、文化程度、工作情况、月收入情况及休息日娱乐项目偏好。④子女情况，包括子女数量、年龄、性别、上学或就业状况及其娱乐偏好、消费情况等。⑤对社区工作的期待。整个问卷共设53道题，包括多选、单选及问答三种形式。

二、数据资料的收集及统计

基础数据主要来源于问卷调查。调查区域选在安定门街道社区。安定门街道位于东城区区境西北部。辖区面积1.76平方千米，包括交北头条社区、北锣鼓巷社区、国子监社区、钟楼湾社区、宝钞南社区、五道营社区、分司厅社区、国旺社区及花园社区九个社区，由于社区较多，外来务工者也相对较多。本次问卷调查共发放问卷300份，收回254份，其中有效问卷225份，问卷有效率为88.6%。被调查者中男性占54.67%，女性占45.33%，年龄最大者为78岁，最小者仅有17岁。对有效问卷编码，利用SPSS 13.0统计分析软件进行数据录入、整理及分析。

第四节　对外来务工人员休闲生活质量的研究结果

一、被调查者基本状况

在被调查者中，男性占54.67%，女性占45.33%，比例接近1∶1，但男性稍多。年龄分布多在20~49岁，约占总人数的88.89%，可见外出务工人员青壮年及中年居多，这与实际状况相符。已婚人士140人，占总数的62.22%，未婚68人，占30.22%，还有很少一部分人是独身或离异状态。被调查者中，没有人有研究生学历，初中学历者最多有102人，其次是高中有79人，可见外出务工人员大部分为中等文化程度，高学历较少。103人（占45.78%）来北京3~5年，71人（占31.56%）已在北京生活了6~10年，生活11~15年的有22人，15年以上的则很少，外来人员在北京生活时间较短，一方面可能受近几年城市化进程加快的影响，另一方面则可能是外来人员流动性较大。被调查者中，来自全国各地，有安徽、山西、山东、河南、河北、四川、重庆、辽宁、吉林、内蒙古等，但主要分布在河北地区（约占30%），河南也较多。

只身一人在北京的有99人，86人全家都在京，其余为夫妇两人在，调查还显示，对于全家都在北京的那部分人，三口之家占59.30%，三口以上的占29.07%。目前外来务工者从事的工作比较多样，相对来说，从事餐饮服务行业，售货员，小生意及自由职业者较多，还有极少数退休及待业人员。外出务工前，58人没有工作，62人务农，还有一部分人一直从事与现在类似的工作。约3/4的人表示目前收入与原来相比有所增加，这也很好地解释了近年来外出务工人员不断增加的原因。163人现居社区附近，51人住在四城区，住在郊区的人很少。大部分人租房或住宿舍，自己购置房屋的仅有14人。大部分人居住在平房，屋内条件、设施较差，这是低收入与高消费间矛盾的直接体现。被调查者平均月收入3500以下居多，在这个范围内又以1500~2500最多，接近总数的一半。可见外来务工人员收入水平偏低，除去日常花销，一年下来所剩很少。

二、休闲生活基本情况

这部分是本次调查的重点内容。被调查者中，100人每天工作8~10小时，67人每天工作6~8小时，其余为工作10~12小时；125人每周休息1天，46人每周休息2天，每周休息2天以上的很少。可见外来务工者的休闲时间相对较少，这可能与他们大多数从事服务行业有关。

被调查者经常性的娱乐活动的众多项目中，排在前几位的主要为看电视、互联网、聊天、散步、逛公园，还有12个人选择没有娱乐活动。不同的职业表现出休闲方式的巨大差异性。有102人每年一本书都不买，可见这部分人不是十分注重精神文化生活，这与收入水平及文化程度必然存在一定的联系。对于喜欢读书购书的人来说，商务、娱乐消遣、育儿是购书类别的几大偏好，大部分人购书花费控制在100元以下。128人（56.89%）不出去旅游，出游一次和两次的分别为27人和20人，也有一小部分人比较喜欢出游，次数在5次以上。旅游目的地的选择上，本市区内、本市郊区县及其他城市选择比例较接近，每次出游花费差异也较大。大部分人有3~5位经常往来的朋友，且相当一部分人朋友的工作类型与自己一样，其次则在服务行业的较多，这与他们的文化层次及工作环境有关。大部分人都有5位以上的北京朋友，这会极大地丰富他们的休闲生活。娱乐花费（包括上网、看电影、逛公园、购置图书、买玩具、看戏、参观博物馆等）为20元、50元、100元的分别为49人、54人、39人，消费在200元及以上的只占很少一部分。有宗教信仰的人不是很多，在基督教、天主教、伊斯兰教、佛教几大教派中信仰佛教的相对较多。大部分（174人）不参加社区组织的娱乐活动，这可能与所在社区娱乐活动丰富度有关，有些地方可能并没有条件组织相应的娱乐活动。经常参加健身的有86人，可见外出务工人员对自身健康的关注度还算可以，也有足够的闲暇时间。绝大多数人没有私家车，这在很大程度上限制了他们的休闲出游及其他休闲活动。

三、配偶休闲生活质量情况

被调查者配偶的文化程度与他们较为相似，也是初中及高中占较大部分，较大一部分同在城里做工，工作类型差异较大，几乎所有都是体力劳动，相对来说做小生意的较多，可能是夫妇两人在一起经营。平均月收入状况多为2000元以下。42人每周无休息，42人每周休息一天，休息两天以上的人占少数。休息日娱乐项目选择，看电视、互联网、聊天、散步、逛公园排在前五位，这与被调查者的娱乐项目选择基本一样，可见，大部分人的休闲活动是以家庭为单位进行的，这在很大程度上会增强休闲娱乐的效用。

四、子女休闲生活质量情况

被调查者中有一个孩子的81人，两个孩子的有33人，年龄从1~35岁不等，差异较大。大部分处在上学阶段，从幼儿园到大学，还有一部分已经就业。在幼儿园的选择上，公立及个人家庭较多，这受家庭经济状况及家长的思想观念影响。孩子课余时间的娱乐活动，最多的是看电视，其次为唱歌，再次为体育，可见在娱乐活动的选择上，偏好于低消费，但孩子最喜欢的娱乐活动不仅仅是看电视、唱歌，还有舞蹈及与同伴做游戏，事实上孩子的娱乐活动较多地受家长约束，有时候比较被动，从娱乐活动花费上也有所反映，很多孩子不能做自己喜欢的事仅仅是因为经济上的限制，这是值得关注的一个问题。

五、对社区休闲文化工作的期待

对于提供更多的娱乐设施：81人对增加娱乐设施表示认同或非常认同；57人对增加运动场所表示认同或非常认同；57人对增强技能方面的培训表示认同或非常认同。对于分享社区休闲文化生活这项：62人选择图书馆；58人选择公园；63人选择文体活动；只有34人对各类讲座比较感兴趣。对于社区可以为自己创造的机会：31.1%的人希望能与北京人交朋友；32.9%的人希望有更多的社交机会；21.8%的人希望社区能组织集体活动。28.9%的人希望社区组织定期的社交活动；19.1%的人希望社区定期组织体育比赛；18.2%的人希望社区定期组织文学讲座；14.2%的人则希望有育儿交流。还有其他方面的期待如社区能够提供最新的休闲资讯、优惠信息等，这样人们就不用为不知道该做什么而头疼。可见不同的人有不同的需求，社区工作中在满足大多数人需求的同时也应充分考虑个体需求的因素。

第五节　改进外来务工人员休闲生活质量的建议

工作之余的休闲活动，不仅可以丰富外来务工人员的文化精神生活，提高生活质量，还能进一步激发他们的工作热情，从而为城市建设做出更大贡献。只有承认外来务工者同样享有合理利用城市社会文化资源的权利，并采取积极举措提升外来务工者休闲活动水平，才能顺利实现外来务工者的市民化，构建城市生活的和谐氛围，保证社会经济健康、有序的发展。

从上述研究结果可知，安定门街道社区的外来务工人员休闲生活质量普遍不高。受经济收入水平、闲暇时间、消费观念及文化程度等多方面影响，他们的休闲方式也比较单一。如何改进外来务工人员休闲生活方式，提高他们的休闲生活质量，这是当前急需解决的问题，主要应该从以下几个方面入手：

一、政府应加大对外来务工者休闲活动的支持

首先，降低休闲活动的消费水准。仅仅靠加大休闲活动设施建设是不够的，影响

外来务工人员休闲生活质量的主要限制是经济因素，因此，政府可在某些休闲场所适当减免费用以降低进入门槛。其次，要为城市外来务工者提供学习型的休闲活动中心，以提高外来务工者的整体素质，增强他们的职业技能以使他们在今后有更好的发展，同时培养科学的休闲观。目前来说，比较好的方式即是地方图书馆对外来务工者及其子女的免费开放，鉴于外来务工人员工作时间较长，文化素质不高的现实，作为补充，图书馆可部分承担起外来务工者子女的学业辅导职能，这样可同时缓解外来务工家庭子女购书或参加课后辅导培训的经济压力，一举两得。

二、引导外来务工者转变休闲消费观念

调查显示，外来务工者在各项休闲活动中消费较少或几乎不消费。在调查问卷第一部分中，有一部分人对未来的打算是赚够了钱回老家，而这一目标的达到必定要以限制消费为主要手段。半数左右的人不曾出去旅游过，可见他们的消费观念比较保守，这将直接导致他们不能更好地享受生活。有些人即使经济条件允许，也认为在休闲生活上花费太多是不必要的。从这点来看，加大宣传休闲旅游产品及相关出游知识，可能会对目前现象有所改善。从旅游企业的角度来说，应该为城市外来务工者设计、打造一系列专门的，更适合他们的休闲项目，以使他们的需求得到真正的满足。

三、强化所在单位的社会责任

用工单位应在自身可以承受范围内应适当提高外来务工者的工资收入，并保证外来务工者的法定节假日及适当的休闲时间，这是促进工作效率，提高员工工作热情的有效手段之一，同时也对外来务工者休闲生活质量的提高起到了积极作用，充分体现了"以人为本"的思想。

除上述几点之外，全社会应加强对外来务工者的关注及重视。加强舆论引导，加大宣传力度，消除社会偏见，使城市外来务工者的休闲需要真正得到满足，休闲方式更加丰富多样，休闲生活质量不断提高。

参考文献

[1] Shaw S M. The concept of leisure: A comparison of subjective and objective approaches to operationalization. In Avedon E M, Le Lievre M, Stewart T O（eds）Contemporary Leisure Research Proceedings of the Canadian Congress on Leisure Research, Second [M].Toronto, Ontario: Ontario Research Council on Council on Leisure, 1979.

[2] Kernan J, Unger L. Leisure, quality of life, and marketing. In SAMLI（ed）, Marketing and the Quality of Life nterface [M].New York: Quorum, 1987: 236-252.

［3］Moore B. Is 'quality of life' sufficiently well defined to be an outcome of leisure services?［J］. J Phy Edu，Rec Dance，2002，73（6）：20-26.

［4］Awkins B，Foose A K，Binkley A L. Contribution of leisure to the life satisfaction of older adults in Australia and the United States［J］.World Leisure J，2004，46（2）：4-12.

［5］阎友兵，蒋晨.农民工休闲活动现状及改进措施［J］.城市问题，2006（7）：66-69.

［6］王进.休闲与生活质量的理论辨析［J］.体育科学，2005，25（11）：62-66.

第三篇
休闲活动的服务保障研究

第十一章　北京市社区休闲服务需求与优化路径研究：以和平里社区为例

在经济文化快速发展的今天，随着全球化的影响，人们生活水平逐渐提高，这使得人们有了更高的精神文明需求。人们的闲暇时间增多，休闲已经成为人们的普遍需要。社区作为经济和生活的基本单元，是各种社会群体的聚集区，因此，加强社区相关建设，强化社区各项服务功能，构建社区和谐的人际关系，是构建和谐社会的基本需要。以人为本，满足社区的休闲服务需求，提高社区居民生活质量，成为广大居民的共同愿望和迫切要求。和平里社区具有传统的北京居住特征。本文以社区休闲服务需求为论点，以和平里社区为例，通过对该社区居民的抽样问卷调查的研究方式，了解该社区居民对社区休闲服务的需求情况。本文论题的拟定，是由于从我国目前的社区情况来看，社区服务项目不够多元化，仅限于一般的健身器材、棋牌室、花园绿化等，而知识和技能含量高的专业性服务较为稀缺，相关人才的供给也短缺。随着经济文化的发展，人们对于生活有了新的需求，社区休闲的发展主要还是需要依靠聆听社区居民的需求，只有以社区居民休闲服务需求为出发点，才能对居民具有吸引力，并且使居民真正融入到社区的大家庭中，令居民对社区有认同感和归属感。故本文通过问卷调查方法收集数据，并运用描述统计分析方法进行数据分析，较深入地探究居民对社区休闲服务的需求，为日后更深入地研究提供研究参考。

第一节　文献回顾

休闲已经成为人们生活中必不可少的一部分，但是现阶段无论国内学者还是国外学者，对于"休闲"的定义仍然没有统一的定义。在西方，自凡勃伦（Veblen，1899）以来，休闲一直被当作一种重要的经济活动加以研究。中国在20世纪80年代初，于光远先生最早提倡出对休闲进行相关研究。马惠娣（2003）提出了最具代表性的休闲定义，她认为："休闲是在具体环境中构造出来的，具有多层次性和多样性，休闲不等同于休息，有恢复体能的功能，其本质在于思想的纯洁与宁静。"发达国家的社区发比较早，已经有一百多年历史。1887年，德国社会学家滕尼斯在出版的《社区与社会》最早提出"社区"的概念，社区是指"由同质人口组成的关系亲密、守望相助、疾病相抚、富有人情味的社会团体"。据英国学者拜尔和钮巴研究发现，近百种有关社区的定义各不相同，希勒里（Hilery，1955）通过对这些定义分析得出，虽然学者们定义社区的概念各不同，主要含义却是一样的，即"地域、共同关系和社会互动"。20世纪30年代以来，以费孝通（1984）为首的燕京大学学生将滕尼斯有关"社区"的概念引进中国，并且根据我国当时的社会特点将其定义为："社区是若干社会群体（家族、氏族）或社会组织（机关、团体）聚集在某一地域里所形成的一个生活上相互关联的大集体"。李九全、张中华（2007）则对社区休闲的定义是："社区居民在闲暇时间内，运用社区的景观及环境设施，用自己喜欢的方式去放松身心、追求精神上的愉悦与充实，从事具有娱乐性、健康性、自发性而不是竞技性、营利性目的的社区活动总称。"由此可见，学者们对社区的理解不尽相同。2000年11月，中共中央办公厅、国务院办公厅转发的《民政部关于在全国推进城市社区建设的意见》中对社区定义为："社区是居住在一定地域范围内人们社会生活的共同体。"综合国内外学者对休闲以及社区概念的理解，在阅读大量文献的情况下发现，无论国内还是国外学者，对于社区休闲服务这个概念可以说是寥寥无几，没有对其概念化。

随着人们生活水平的提高，休闲时间增多，人们对社区休闲服务的需求上升到新的层次。就目前我国社区建设的环境来看，社区休闲服务建设并没能够深入到居民当今的需求和多元化建设，学者们的探讨大多停留在社区模式建设以及供给讨论的层面上。因此，本文以社区居民对休闲服务需求为论点，希望通过搜集大量文献以及问卷调查的形式，了解居民在当今时代对社区休闲服务的需求，发现问题并提出相应建议。

第二节 研究方法和数据样本

一、问卷设计

为了深入研究北京和平里社区休闲服务需求情况，本文主要采取了抽样调查的研究方法。结合当前和平里社区休闲服务状况设计了调查问卷，第一部分是社区休闲服务需求方面，问卷将社区居民休闲服务细分为文化娱乐服务、体育保健服务、户外游憩服务、医疗养生服务、餐饮服务、休闲购物服务、弱势群体休闲服务（包括残疾人的治疗性游憩服务、老年人的社区养老服务、儿童与青少年的特殊休闲服务）。其中文化娱乐服务共3道题，包括图书馆规模场地扩建、电影院安全设施完善、KTV娱乐服务标准化；体育保健服务共3道题，包括球场场地的扩建、户外健身器材种类增加、开设老年人体育保健咨询中心；户外游憩服务有3道题，包括公园场地绿化、公园凉亭安全设施建设、广场休息区设施标准化；医疗保健服务有3道题，包括医疗服务站资金及人员投入、卫生服务中心服务质量提升、养生按摩场所服务标准化；餐饮服务有3道题，包括餐饮店美食服务体验、餐饮店人员服务质量提升、品牌餐饮店的丰富；休闲购物服务有4道题，包括社区超市工作人员服务质量提升、便利店便捷体验感加强、外资超市及大型商场引进、购物场所人员服务质量提升；弱势群体休闲服务有4道题，包括老年人活动中心娱乐项目增加、残障人士再教育培训、儿童娱乐场所安全建设、社区家政服务的提供。第二部分是社区休闲服务满意度方面，也是分别从七大休闲服务方面分别细化题目。第三部分是问卷还设计了社区休闲服务供给调查，分别从政府、社会公益团体以及志愿服务组织来设计相应问题。社区休闲服务需求和社区休闲服务质量满意度等问题均采用的是态度量表题型，用于准确地了解受访者对于不同问题的态度。态度量表为"五点量表"：1代表"非常满意"、2代表"满意"、3代表"一般"、4代表"不满意"、5代表"非常不满意"，分数越低代表符合程度越高。问卷第四部分是个人信息部分，用来了解受访者的基本信息。

二、数据收集

（一）调查地点的选取

和平里社区地处和平里中心地带，东起和平里东街，西至和平里西街，南起和平里南街，北至和平里中街，成四方形构造，是和平里街道工委办事处、和平里派出所的所在地。和平里社区占地面积约0.26平方公里，有居民楼34栋，179个楼门，总户数3982户。有户籍人口9771人，流动人口1720人以及少数民族人口405人。和平里社区里有1所中学、1所幼儿园，1家中央单位，1家市属单位，2家区属单位，以及新经济组织和新社会组织70余家。和平里社区历史悠久，是北京人口密度较高的社区之一，主要以中档社区以及回迁社区为主，社区商业环境主要是周边沿街散布型。周边商业设施沿社区街道零散分布，规模不大，数量较少，相对集中在和平里东街以及和平里中街地带，专业店、超市、小型杂食店等是社区商业设施的主要业态。本文主要研究的是北京社区休闲服务需求情况，和平里社区作为北京中华人民共和国成立以来最成熟的居住板块之一，它具有传统北京居住特征，并且周边商业配备也相对比较完善和成熟，因此，选择和平里社区对此研究具有代表意义。

（二）数据的收集与整理

此次调查采用的是抽样调查法，共调查和平里社区居民232人，其中有效问卷

216份(见表1)。在本次调查问卷发放中,男女比例基本相当,男性为50%,女性为50%。被调查者年龄18岁以下的有1%,18~40岁的占49%,41~65岁的占33%,65岁以上的占17%。收入方面,人均月收入大多集中在2000~4000元收入段,所占比例为44%。接着是4000~6000元收入段的比例为29%。人均月收入在2000元及以下的比例为24%,6000元以上收入段的比例为3%。由此可见,此次收集到的居民主要是中等水平收入,上等收入水平的居民所占比例较少,中低和中上水平收入居民相当。

文化程度方面,主要集中在本科,所占比例为41%,其次是高中水平,比例为22%,初中及以下和研究生及以上文化水平所占比例相当,分别为18%和10%,所占比例最少的是专科,仅为9%。可见抽样调查的居民中主要以本科和高中文化程度的为主。在被调查者中,从事的职业最多的是公司职员和退休人员,所占比例分别为19%和18%,学生、工人、教师所占比例分别为16%、13%、10%,政府工作人员、专业技术人员、军人和服务员的人较少,分别占5%、8%、1%和1%,还有9%的人选择其他。

表1 和平里社区居民受访者调查样本人口学特征表

特征	特征值	样本总体(%)	特征	特征值	样本总体(%)
性别	男	50	工作职位	政府工作人员	5
	女	50		专业技术人员	8
年龄(岁)	18岁及以下	1		教师	10
	18~40岁	49		工人	13
	41~65岁	33		军人	1
	65岁以上	17		学生	16
收入	2000元及以下	24		公司职员	19
	2000~4000元	44		服务员	1
	4000~6000元	29		退休人员	18
	6000元以上	3		其他	9
文化程度	初中及以下	18			
	高中	22			
	专科	9			
	本科	41			
	研究生及以上	10			

第三节 研究过程与分析

一、量表信度分析

信度（reliability），又叫可靠性，指测验出的可信程度。目前，使用最普遍的信度系数是 Cronbach's Alpha 系数。根据 Nunnally（1978）给出的建议，Cronbach's Alpha 系数如果低于 0.35，则属于低信度，应该拒绝使用。Cronbach's Alpha 系数介于 0.35 与 0.7 之间是可以接受的范围。Cronbach's Alpha 系数高于 0.7 则属于高信度。本次调查问卷分为社区休闲服务需求和社区休闲服务满意度两大部分，因此分别做出信度分析，经过 SPSS 分析，社区休闲服务需求的信度系数为 0.846，属于高信度值；同时，社区休闲服务满意度信度为 0.796，也属于高信度值，两部分的信度都属于可以接受的数值范围之内，因此本论文中的量表信度都在可接受的范围之内。

二、社区休闲服务需求结构效度分析

为了较好研究社区休闲服务的需求情况，根据我国社区休闲服务的划分，分为文化娱乐服务、体育保健服务、户外游憩服务、医疗养生服务、餐饮服务、休闲购物服务、弱势群体休闲服务（包括残疾人的治疗性游憩服务、老年人的社区养老服务、儿童与青少年的特殊休闲服务）七个方面。根据以上七个方面分别设计需求题目共23题，为检验该量表的理论构想，在此采用量表结构效度分析来验证理论结构与数据结构的吻合程度。针对社区休闲服务需求态度量表题（第1题至第23题）进行结构效度分析。结构效度是指测量结果体现出来的某种结构与测量值之间的对应程度。首先对社区休闲服务需求量表进行 KMO 和 Bartlett's 球形度检验，以确定各变量观测值之间是否有共同因子存在。KMO 统计量的取值在 0 和 1，值越高（接近 1.0 时），表明变量间的共同因子越多，越适合用因子分析。根据 Kaiser（1974）的观点，如果 KMO 的值小于 0.5 时，则不宜进行因子分析。经计算，KMO 值为 0.769，Bartlett's 球形度球体检验的显著水平值为 0.000<0.05，均显示适合进行因子分析。旋转后解释的总方差为 59.923%，说明提取的数据结构共解释总体数据信息的 59.923%。经过多次分析共提取五个因子，分别命名为餐饮购物服务（Q3、Q12、Q13、Q15、Q19），弱势群体休闲服务（Q6、Q20、Q21、Q22、Q23），户外养生服务（Q7、Q8、Q9、Q10、Q11），娱乐保健服务（Q1、Q2、Q4、Q5、Q18），服务质量（Q14、Q16、Q17）。修正后的量表数据结构与量表设计构想基本吻合，五个因子中都包含了量表理论结构中休闲服务的各大方面，

餐饮服务、休闲购物服务、弱势群体休闲服务、户外游憩服务、医疗养生服务、文化娱乐服务、体育保健服务以及社区休闲服务质量。

表2 和平里社区休闲服务需求调查表

单位：%

指标	非常需要	需要	一般	不需要	非常不需要
Q1.图书馆规模场地扩建	21	45	28	5	1
Q2.电影院安全设施完善	19	43	35	2	1
Q3.KTV娱乐服务标准化	11	43	38	8	0
Q4.球场场地修缮扩建	25	42	31	2	0
Q5.户外健身器械种类增加	44	39	17	0	0
Q6.开设老年人体检保健咨询中心	34	53	12	1	0
Q7.社区公园场地扩建绿化	60	34	5	0	1
Q8.公园凉亭安全设施建设	27	51	22	0	0
Q9.广场休息区设施标准化	37	39	23	1	0
Q10.医疗服务站资金人员投入	50	41	8	1	0
Q11.卫生服务中心服务质量提升	39	42	19	0	0
Q12.养生按摩场所服务标准化	10	27	48	12	3
Q13.餐饮店美食服务体验	17	39	38	6	0
Q14.饮食店人员服务质量提升	31	47	19	3	0
Q15.品牌餐饮店丰富	15	36	46	3	0
Q16.社区超市人员服务质量提升	26	55	17	2	0
Q17.购物场所人员服务质量提升	29	42	26	3	0
Q18.便利店便捷体验加强	16	41	37	6	0
Q19.外资超市大型商场引进	7	19	55	18	1
Q20.老年人活动中心娱乐项目增加	41	43	15	1	0
Q21.残障人士再教育培训	23	46	27	4	0
Q22.儿童娱乐场所安全建设	45	46	9	0	0
Q23.社区家政服务中心提供家政服务	20	43	33	4	0

表3 社区餐饮服务需求表

单位：%

指标	非常需要	需要	一般	不需要	非常不需要
Q3.KTV娱乐服务标准化	11	43	38	8	0
Q12.养生按摩场所服务标准化	10	27	48	12	3
Q13.餐饮店美食服务体验	17	39	38	6	0
Q15.品牌餐饮店丰富	15	36	46	3	0
Q19.外资超市大型商场引进	7	19	55	18	1

根据实地问卷调查得出社区休闲服务需求表（见表2）。根据分析得出的五个因子，再由表3的需求统计分析，因子一为餐饮购物服务，即餐饮服务和休闲购物服务，需求为需要及以上的比例分别为54%、37%、56%、51%和26%，可以看出居民仅对外资超市的需求不强烈。大体上呈现出居民对餐饮购物服务的需求态度一般。

表4　社区弱势群体休闲服务需求表

单位：%

指标	非常需要	需要	一般	不需要	非常不需要
Q6. 开设老年人体检保健咨询中心	34	53	12	1	0
Q20. 老年人活动中心娱乐项目增加	41	43	15	1	0
Q21. 残障人士再教育培训	23	46	27	4	0
Q22. 儿童娱乐场所安全建设	45	46	9	0	0
Q23. 社区家政服务中心提供家政服务	20	43	33	4	0

因子二为弱势群体休闲服务（见表4），需求为需要及以上的比例分别为87%、84%、69%、91%和63%，可见人们对弱势群体相关的休闲服务需求强烈，其中儿童娱乐场所相关的需求最强烈。

表5　社区养生服务需求表

单位：%

指标	非常需要	需要	一般	不需要	非常不需要
Q7. 社区公园场地扩建绿化	60	34	5	0	1
Q8. 公园凉亭安全设施建设	27	51	22	0	0
Q9. 广场休息区设施标准化	37	39	23	1	0
Q10. 医疗服务站资金人员投入	50	41	8	1	0
Q11. 卫生服务中心服务质量提升	39	42	19	0	0

因子三为户外养生服务（见表5），即户外游憩服务与医疗养生服务。满意度为需要及以上的比例分别为94%、78%、76%、91%和81%，可见人们对户外游憩与医疗养生的相关休闲服务的需求非常强烈，人们对社区公园场地扩建及绿化和医疗服务站人员资金投入的需求最大。

表6　社区娱乐保健服务需求表

单位：%

指标	非常需要	需要	一般	不需要	非常不需要
Q1. 图书馆规模场地扩建	21	45	28	5	1
Q2. 电影院安全设施完善	19	43	35	2	1
Q4. 球场场地修缮扩建	25	42	31	2	0
Q5. 户外健身器械种类增加	44	39	17	0	0
Q18. 便利店便捷体验加强	16	41	37	6	0

因子四为娱乐保健服务（见表6），即文化娱乐服务和体育保健服务。满意度为需要及以上的态度比例分别为66%、62%、67%、83%和57%，体现出人们对娱乐保健服务的需求大体上需求较高，居民对户外健身器械种类增加的需求比较强烈。

表7 社区休闲服务质量需求表

单位：%

指标	非常需要	需要	一般	不需要	非常不需要
Q14.饮食店人员服务质量提升	31	47	19	3	0
Q16.社区超市人员服务质量提升	26	55	17	2	0
Q17.购物场所人员服务质量提升	29	42	26	3	0

因子五为服务质量的需求（见表7），态度为需要及以上的比例分别为78%、81%和71%，反映出人们对社区休闲服务的服务质量要求比较高，同时也非常有需求。

第四节　结果分析与讨论

一、数据分析结论

第一，餐饮购物服务对社区居民休闲服务需求的影响。在物质文化水平逐渐提高的今天，餐饮和购物占去人们大部分闲暇时间，因此人们对于餐饮服务和休闲购物服务的对于其安全管理和服务标准化都有一定的需求。由于和平里社区属于北京较老社区，社区规划在早年已大体完成，对于引进大型商场或超市，一些居民或许有这方面需求，但却很难实现。因此，居民对于餐饮和休闲购物服务需求大体还在服务标准化、美食体验以及丰富品牌连锁餐饮店的需求上。

第二，弱势群体服务对社区居民休闲服务需求的影响。和平里社区历史悠久，是北京人口密度较高的社区之一，以中档社区以及回迁社区为主，因此中老年人占大多数。对于回迁的北京居民来说，如今的高楼隔阂了邻里之间的温情，社区里的活动区域也非常有限，因此以老年人为主、儿童和残障人士为辅的弱势群体成为社区亟待关注的对象，老年人的保健咨询以及老年人活动项目的增加成为了社区居民主要的需求，并且儿童的娱乐场所的相关建设也是大部分居民的需要。

第三，户外养生服务对社区居民休闲服务需求的影响。在如今社区休闲服务建设中，户外游憩与医疗养生已被纳入其中，但是大部分相关建设却不够完善。社区居民对公园场地扩建和绿化，以及设施的建设和标准化都有很大的需求，对于医疗站以及卫生服务中心的服务质量和人员以及资金的投入，居民也是相当关注。

第四，娱乐保健服务对社区居民休闲服务需求的影响。闲暇时间里，居民的活动主要还是以文化娱乐和体育保健为主，社区里有相应的设施以及场所可以满足相当一部分人群的需求。但是无论是室内还是户外，体育保健器械仍然难以满足这样大型社区的需求，随着生活压力的增大，无论是青年人还是老年人，都对文化娱乐和体育保健相关的休闲服务项目有较大的需求。

第五，社区休闲服务质量对社区居民休闲服务需求的影响。和平里社区周边商业设施虽然沿街道零散分布，但是配备也相对较完善，社区休闲服务的服务质量成为人们日益增长的需求点。随着居民生活水平的不断提高，居民更多地光顾饮食店、超市以及购物场所，服务质量的需求成为社区居民休闲服务需求的关注点。

二、相关建议

第一，丰富餐饮购物体验。和平里社区是北京的老牌社区，其周边商业设施配备较完善，餐饮店和购物商场较能满足人们的日常生活需求。随着人们生活水平逐渐提高，零散的餐饮店如桂林米粉、夫妻店等餐饮店，甚至社区的便利店已经不能满足居民的需求，居民对品牌连锁餐饮店有强烈的需求。北京市的社区周边休闲与便民设施配备基本都不够成熟，相对完善的较少，社区要丰富餐饮和购物的体验，可以引进品牌连锁餐饮店以及便利店如7-11、吉野家，将部分零星的餐饮店替代，保证了餐饮需求的同时也能保证服务人员服务质量的稳定。同时，适当增加购物商场以满足不同年龄层居民的购物需求，并且完善场所服务标准化以及安全管理。

第二，加大力度建设弱势群体项目。作为北京较老的社区之一，相当一部分人群为老北京回迁户，中老年人和儿童占大多数，对于这部分人群的休闲服务项目需求应该受到重视。社区中虽然有儿童娱乐场所，但是数量较少并且以盈利为目的的，娱乐项目价格总体偏高。社区应相应配备一些儿童娱乐场所无论是露天的户外游乐园还是室内的儿童娱乐场所，能够让孩子可以寓教于乐，丰富童年生活。对于老年人的需求，大部分居民认为老年人活动项目偏少，应丰富老年人娱乐活动项目，增设非营利性的室内活动场所和保健咨询中心，供老年人度过闲暇时间。残障人士作为社区易被忽视的群体，应该针对他们的需求配置残障中心，为他们提供一些关于技能或是再就业的帮助。北京市的社区休闲服务建设中，弱势群体是一个薄弱环节却是不容忽视的部分，政府应该加大资金投入社区弱势群体项目的建设，社区应该针对中老年人、儿童或残障人士等弱势群体成立相关组织提供帮助并且满足他们的休闲服务需求。

第三，完善户外设施和医疗站建设。由于和平里社区在早年已完成了大部分社区规划，因此用地有限，造成了户外游憩场所紧缺，居民的活动范围有限，完善户外设施建设成为了居民的迫切需求。社区可以在已有的户外场地扩建或者将闲置的场地开发成户外休闲场所，如增设或完善社区凉亭和公园靠椅，以满足居民在户外休憩的需求。社区里尽管都配置有医疗站，但是大多规模都较小。社区应该对社区医疗站投入足够的资金并且配备专业医疗服务人员，完善社区医疗站建设，满足社区居民日常的需求。北京市各大社区都普遍存在户外场地不足以及医疗站供给投入不足的情况，政府应该合理划分户外休闲场地以提供给居民休闲活动，社区也应当做好户外设施的保护以及维护措施，此外，政府还应该加大社区医疗站的资金投入，社区提供专业的医疗人员并且进行专业的培训管理，以提供专业化的服务满足居民日常的休闲服务需求。

第四，增设娱乐休闲活动和健身设施。由于居民缺乏自行组织社区休闲活动的动力，所以，要依靠社区组织一些社区休闲活动，使得休闲活动更加多样化，居民真正融入到社区家庭中，增进邻里情的同时使居民感受到归属感和认同感。此外，注重休闲娱乐场所，例如图书馆、电影院和KTV等娱乐场所的安全设施和标准化完善。在力所能及的范围内，社区应将场地利用最大化，增设体育健身器械，满足居民日常生活中对闲暇时间健身保健的需求。在北京的社区发展中，文化娱乐以及健身的需求日益增强，导致供不应求，政府在加大资金投入建设社区相关设施的同时，社区也要成立更多的社团以丰富居民的生活，满足居民多元化的需求。

第五，提高社区休闲服务人员的服务质量。目前，社区服务组织以及社区服务队伍的专业化水平普遍偏低，知识和技能高的专业化人才短缺，北京各大社区基本存在这些问题。要保证休闲服务人员的服务质量，社区需要一个专业化的队伍。社区可以建立专门的社区服务组织和服务机构，并且制定职业规范，成立监督机构，保障从业人员的合法权益。在社区休闲服务场所如餐饮店、超市或商场，甚至是医疗服务站等组织招聘人员，应注重个人的专业化水平和服务水准，并且在日后应该定期进行行业服务培训和专业化管理，使社区休闲服务得以在一个较高的水平，使居民感受到满意的服务。

本文以北京和平里社区居民为调查对象，对和平里社区休闲服务需求的影响因素进行了调查分析，从社区休闲服务文化娱乐服务、体育保健服务、户外游憩服务、医疗养生服务、餐饮服务、休闲购物服务、弱势群体休闲服务七大方面共同分析，经过数据统计分析得出，在和平里社区居民休闲服务需求中，居民对弱势群体服务、户外养生服务以及服务质量的需求强烈，对餐饮购物以及娱乐保健服务的需求也较高，并综合上述分析提出社区休闲服务需求的优化路径。因此，本文的研究成果具有一定理论与实践意义。针对和平里社区居民休闲服务的需求提出了相关建议并且对北京市社区休闲服务建设提出了优化路径。如丰富餐饮购物体验，加大力度建设弱势群体项目，完善户外设施和医疗站建设，增设娱乐休闲活动和健身设施，提高社区休闲服务人员的服务质量等建议，使社区居民的休闲活动多元化，使居民感受到归属感和认同感等。

参考文献

[1] 王惠.北京的社区休闲状况[J].北京观察,2009(9):62-64.

[2] 王伟年.发达国家城市社区休闲发展对我国的启示[J].井冈山大学学报(社会科学版),2013,11(6):82-86.

[3] 杨美景.积极发展城市社区休闲服务[N].人民日报,2007,8(9):1-2.

[4] 赖勤.解读社区休闲[J].社区论坛,2006(11):35-37.

[5] 蒋艳.居民社区休闲满意度及其影响因素研究:以杭州市小河直街历史街区为例[J].旅游学刊,2011(6):67-72.

[6] 罗一飞.论休闲对社区和谐的功能及社区休闲管理[J].城市聚焦,2010(12):15-17.

[7] 赖勤.如何大力发展社区休闲[J].投资北京,91-92.

[8] 陈旸,郭旭.休闲社区:一种社区发展的新模式[A]//城市规划面对面——2015城市规划年会论文集(下)[C].2006:962-966.

[9] 李迎生.对中国城市社区服务发展方向的思考[J].河北学刊,2009(1):134-144.

[10] 孙苑芳.对城市社区服务现存问题的思考[J].城市问题,2002(3):54-57.

[11] 高灵芝.当前中国城市社区服务的基本定位与发展走向[J].甘肃社会科学,2004(3):111-114.

[12] 吕宁.城市公共休闲服务与管理标准体系框架研究[J].生产力研究,2011(4):94-99.

[13] 李享.旅游统计学原理与实务[M].北京:中国旅游出版社,2008:194-195.

[14] 张艳,柴彦威,颜亚宁.城市社区周边商业环境的特征与评价——基于北京市内7个社区的调查[J].城市发展研究,2008(6):62-69.

[15] 刘宇.和平里:老社区里的旧与新[N].北京商报,2013(11):1-2.

[16] 马惠娣.人类文化思想史中的休闲:历史·文化·哲学的视角[J].自然辩证法研究,2003,19(1):55-65.

[17] 李九全,张中华.社区旅游与社区休闲相互作用机制研究[J].世界地理研究,2007,16(2):73-77.

[18] Rubin, Herbert J. & Rubin, Irene S. 1992. Community organizing and development, second edition. U.S.A: Allyn and Bacon, 1992(9).

[19] Stuart J. Shleien, Pamela A. Germ, and Leo H. McAvoy. Inclusive community leisure services: recommended professional practices and barriers encountered. Therapeutic Recreation Journal, 1996: 260-273.

[20] Pamela A. Germ & Stuart J. Shleien. Inclusive community leisure services: Responsibilities of key players. Therapeutic Recreation Journal, 1997: 22-37.

第十二章 北京市社区休闲服务供给研究：以和平里社区为例

改革开放以来，我国的国民经济快速增长，人民收入持续增长，生活质量逐年上升。随着人民生活水平的提高和闲暇时间的增多，休闲开始成为大众的普遍需求。发展社区休闲服务，完善社区休闲服务供给，对于丰富居民的物质文化生活、构建和谐社区具有重要作用。但是，由于北京市社区休闲服务供给存在着各种不足，完善社区休闲服务供给已经成为当前经济社会发展的重要问题。

本文研究的目的是因为目前北京市社区休闲服务建设滞后于社区居民休闲娱乐需求，城市社区休闲需求与社区休闲供给之间的矛盾较为突出，社区休闲服务供给存在很多不足，所以加快完善城市社区休闲服务供给是城市社区休闲发展的迫切需求。

所以本文通过案例分析法、文献分析法和问卷调查法等研究方式，以和平里社区为研究对象，具体了解社区居民对社区休闲服务的需求，社区休闲服务供给的现状，并对社区休闲服务供给的特点进行讨论分析，从而提出完善社区休闲服务供给的建议和构想。目前国内关于社区休闲服务供给这一方面的研究较少，供给体系尚不够完善，因此通过初步探究这一方向的问题，研究讨论北京市社区休闲服务供给，提出相应的对策建议，希望能为以后更好地研究社区休闲供给做一个铺垫，为日后研究提供一些思路与参考。

第一节 文献综述

一、社区休闲服务供给的相关概念

（一）社区的定义和作用

社区是指人们共同生活的一定区域，也成为占有一定地域的人口集中体，它由五个要素组成，分别是人口、地域、制度、政策和机构，如学校、公园、居委会都属于社区。社区是城市的基本单元，城市居民的日常生活都是以社区为依托的。人们的休闲活动与社区之间有着密不可分的关系，社区是否具备充足的休闲空间，能否提供丰富多样的休闲活动类型，在很大程度上反映了社区是否取得全面进步与发展[1]。

（二）社区服务的定义和分类

社区服务是由政府倡导和支持，在社区范围内实施的各种社会服务活动的总称，社区服务具有福利性和公益性[2]。

社区服务可分为三类：公共服务（政府提供，针对全民）、公益服务（福利服务，针对弱者）和商业服务（市场运作，便民利民）[3]。借鉴相关研究成果，我们将社区服务界定为在社区范围内发生的、多元主体参与的各种社会服务的总称，含公共服务、福利服务、公益服务、商业服务、互助（志愿）服务等不同类型。

（三）社区休闲服务的定义和基本内容

社区休闲服务，是指在社区范围内，面向社区居民休闲需求而提供的社区服务。社区休闲服务的提供可以通过对社会资本和社会资源的利用，来满足社区居民的休闲娱乐需求。社区休闲服务的基本内容包括：提供并改善社区的休闲场所、绿地和公共设施；提供并发展与社区休闲相关的文化、教育、体育、生活资讯等资源和服务；加强与社区内各机构的联系，协调并提升社区休闲资源供给；招募培训社区休闲义务工作者，承担指导和服务社区休闲的任务[4]。

二、国外社区休闲服务供给的文献综述

发达国家的社区发展较早，社区功能比较完善。进入21世纪，各国政府和国际组织也越来越重视社区建设，其中社区休闲建设是社区建设中重要的组成部分。国外的社区休闲在发展中日臻完善，主要体现在社区休闲活动的内容、社区休闲的组织运作、社区休闲服务体系等方面。

（一）发达国家社区休闲活动的内容

发达国家社区休闲活动内容的主要形式有休闲体育、休闲文娱、休闲教育三种。

社区休闲体育活动主要以社区体育中心为基本载体，休闲体育活动包括室内活动和户外活动，满足了不同社会群体对体育活动项目的不同需求[5]。比如在美国，政府会拨专款和相关基金投资建设社区体育中心来满足居民的休闲体育需求[6]。

社区休闲文娱活动主要是以社区中心、图书馆、展览馆等社区场地和社区内各种文娱设施为依托，活动的形式丰富多样，例如：华盛顿的社区居民能免费参观所有的文化、艺术、科学博物馆；芝加哥的社区居民能经常参加免费的交响乐音乐会；巴黎的社区政府和节日委员会则常年组织文艺活动来满足居民休闲文娱需求[7]。

社区休闲教育是发达国家社区教育的重要组成部分，所开设的课程根据社区居民工作、生活、学习的不同需求而设立，涉及面很广。例如：美国的社区开设的休闲教

育课程包括舞蹈、钢琴技术、戏剧、健康与生活、护理、烹饪、食品及营养、食品处理、医疗保健,等等;新加坡的社区开设的有绘画班、烹饪班、缝纫班、美容班、音乐班等方面的休闲教育课程[8]。

(二)发达国家社区休闲的组织运作

经过多年发展,发达国家社区休闲在组织运行机制上已经形成政府、非营利组织和企业三者共同参与的基本构架。

政府的主要职责是制定相关政策和立法、提供项目组织和资金、支持公共休闲服务设施建设、提供或购买基本公共休闲服务等,通过宏观调控来推动社区休闲发展。社区及非营利组织主要具体承担政府的社区休闲建设项目与计划,通过实施各种类型的社区休闲项目,为社区发展提供休闲教育、休闲文化等多样性的服务。商业企业主要为社区居民提供具体的休闲服务,拓展资金来源,以及了解和反映社区居民的休闲需求和利益等,商业企业是国外社区休闲建设的一支重要的社会力量[1]。

发达国家社区发展较为成熟的组织模式是政府引导支持、社区和非营利组织主办、企业通过市场提供多样化服务,政府、社区、非营利组织、企业之间形成一种密切合作、相互补充的伙伴关系[9]。

(三)发达国家社区休闲服务体系

在美国、加拿大和欧洲的许多国家,完善的社区休闲服务体系在社区休闲发展中起到了重要作用[10]。这些城市社区休闲发展较为成熟国家的经验显示,完善的休闲服务体系是社区休闲发展的重要保障。社区休闲的顺利开展,需要包括休闲服务设施、休闲组织机构、专业服务队伍等在内的完善的休闲服务体系。

休闲服务设施是开展各种文娱、体育、教育等休闲活动的基本保障。发达国家社区特别重视休闲服务设施的建设,例如:美国在 20 世纪 30 年代颁布和制定相关法律,规定社区体育中心的基本标准,并通过拨出专款和建立相关基金的方式投资社区体育中心的建设;英国体育理事会在 20 世纪 80 年代中期就制定了英国社区体育中心的基本标准,要求每 25000 人的社区必须建设一个社区体育中心[11]。

国外社区往往有很多的休闲组织机构来保证休闲活动的开展。例如:巴黎有社区体育组织 618 个,俱乐部 3559 个,各种文化组织 2400 多个,众多的组织丰富了社区的休闲活动;新加坡的城市社区往往有合唱团、舞蹈团、军乐队、风笛队、华乐队、演剧社等各种组织[7]。

三、我国社区休闲服务供给的文献综述

我国的城市社区休闲尚处于起步发展阶段,与社区休闲发展较为成熟的发达国家相比还存在诸多问题。目前我国城市社区休闲活动的层次较低,活动类型比较单一,

这在一定程度上影响了很多居民参与社区休闲活动[12]。

关于社区休闲服务的供给主体，国内学者何筠认为，社区服务队伍应该实现社会化，鼓励社区居民自我服务，组建志愿者队伍和各类专业队伍，积极参与社区服务[13]。吴铎认为，政府、商业企业、社会团体等社区服务主体应该共同承担社区服务事业[14]。肖方仁认为，各类非营利性的社区服务组织应该被发展成为我国社区服务的主体[15]。王健等对成都10个区（市）县社区服务进行的问卷调查显示，政府应该扮演社区休闲服务规划者、主导者的角色[16]。

一个完整的社区休闲服务供给体系应该包括政府、非营利组织、商业部门等供给主体，同时注重这些供给主体之间的相互关系。政府应当提供最基本的公共基础设施、公共休闲文化场所、艺术文化资助，同时鼓励、普及休闲教育，引导休闲产业发展，最终促进经济发展、推动社会文明；非营利组织应当承担具体的社区休闲服务和项目，从而促进社会关系的和谐和融洽，关注特别群体和特别事业，帮助居民实现个体社会价值；商业企业应当满足居民多样化、个性化的休闲需求，以市场需求为导向，配合政府的宏观调控，成为最活跃、最敏锐、最广泛、最先进、最专业的休闲服务供给方。三者的社会资源和优势不同，各自发挥着不可替代的作用。休闲发展的历史证明了休闲服务供给主体的演变必将是最终形成三者的共同存在[17]。

第二节 研究方法

一、案例分析法

案例分析法主要是指本文以和平里社区为案例，通过了解和平里社区休闲服务的需求和供给现状及问题，由一个案例作为引子，从一个社区推及到整个北京市的社区，进而研究整个北京市社区休闲服务的供给，归纳总结出北京市社区休闲服务供给的共性和特点，从而提出相应的对策和建议。采用这种方法的主要目的是使本文的研究更具体、更切实可行，通过对和平里社区进行研究，将得到的一手资料进行整理分析，能够更具体、更翔实地了解一个社区的休闲服务供给，有利于更好地总结出北京市社区休闲服务供给的现状和问题，从而提出完善社区休闲服务供给的方案。

二、文献分析法

文献分析法主要是指本文以国内外关于社区休闲服务供给的文献资料为参考，在对国内外文献进行分析、比较的基础上，将一些观点、结论应用于本文关于北京市社区休闲服务供给的研究中。采用这种方法的主要目的是通过文献分析的方式，了解国内外现有的社区休闲服务供给的状况，并且总结归纳出国内外学者们的学术观点，通过文献获取专业人士对于社区休闲服务供给状况的结论，使得本文更具多视角性。

三、问卷调查法

（一）问卷的设计与发放

本文采用问卷调查法以和平里社区居民为对象进行实地调查，问卷设计分为四个部分，分别是社区休闲服务需求调查、社区休闲服务质量满意度调查、社区休闲服务供给调查、个人基本情况调查。

本文主要在和平里社区的各个小区、街头、公园、大型超市等地点进行问卷发放。调查对象为社区内各小区居民，调查对象的性别控制在男女比例相当，年龄段包括少年、青年、中年、老年。共调查和平里社区居民232人，其中有效问卷216份，问卷有效回收率93.1%。

（二）问卷的整理与分析

和平里街道社区位于北京市东城区西北部，总面积为7.9平方公里，常住人口约5.9万人，流动人口约1.4万人。街道辖区公共单位62个，所辖社区13个[18]。

本研究选取和平里社区作为研究对象，因为和平里社区是北京市东城区比较大的社区之一，比较具有代表性。2004年，北京市确定和平里街道为社区建设试点单位，组建了和平里社区服务管理中心，这是政府在体制改革、转变职能的过程中对社区服务的理论体系和实践模式进行的创新和探索。

表1 调查样本的人口统计学特征

特征	特征值	样本总体（%）	特征	特征值	样本总体（%）
性别	男	50	职业	政府工作人员	5
	女	50		专业技术人员	8
年龄	18岁及以下	1		教师	10
	18~40岁	49		工人	13
	41~65岁	33		军人	1
	65岁以上	17		学生	16
收入	2000元及以下	24		公司职员	19
	2001~4000元	44		服务员	1
	4001~6000元	29		退休人员	18
	6000元以上	3		其他	9

续表

特征	特征值	样本总体（%）	特征	特征值	样本总体（%）
文化程度	初中及以下	18			
	高中	22			
	专科	9			
	本科	41			
	研究生及以上	10			

本次问卷调查中，共216名被调查者。其中，男女各占样本总体的50%。被调查者以18~40岁和41~65岁的中青年人为主，分别占49%和33%。文化程度方面，在216被调查者中，初中及以下学历的占18%，高中及以上学历的占82%。可以看出，北京城区居民的受教育程度相对均衡。在月收入方面，2001~4000元的最多，占到总数的44%，其次是月收入在4001~6000元，占到总数的29%，可以看出，北京城区居民的月收入相对较高。在职业方面，以公司职员、退休人员和学生居多，分别占总数的19%、18%和16%。

总的来说，在被调查者中，男女比例相同，以18~65岁的中青年人为主，大部分被调查者文化程度在高中以上，月收入在2001~6000元。

第三节 北京市社区休闲服务供给分析的基础：和平里社区休闲服务的需求分析

本文使用SPSS工具对问卷的数据进行统计分析，对和平里社区休闲服务的需求和供给现状进行分析，从而进一步总结北京市社区休闲服务供给方面存在的问题和不足。

表2 和平里社区休闲服务的需求分析

单位：%

指标	非常需要	需要	一般	不需要	非常不需要
Q1. 图书馆规模场地的扩建	21	45	28	5	1
Q2. 电影院的安全设施完善	19	43	35	2	1
Q3. KTV的娱乐服务标准化	11	43	38	8	0
Q4. 球场场地的修缮及扩建	25	42	31	2	0
Q5. 户外健身器械种类的增加	44	39	17	0	0

续表

指标	非常需要	需要	一般	不需要	非常不需要
Q6. 开设老年人体育保健咨询中心	34	53	12	1	0
Q7. 社区公园场地扩建及绿化	60	34	5	0	1
Q8. 公园凉亭的安全设施建设	27	51	22	0	0
Q9. 广场休息区设施标准化	37	39	23	1	0
Q10. 医疗服务站资金及人员投入	50	41	8	1	0
Q11. 卫生服务中心服务质量的提升	39	42	19	0	0
Q12. 养生按摩场所服务标准化	10	27	48	12	3
Q13. 餐饮店的美食服务的体验	17	39	38	6	0
Q14. 饮食店人员服务质量的提升	31	47	19	3	0
Q15. 品牌餐饮店的丰富	15	36	46	3	0
Q16. 社区超市工作人员服务质量提升	26	55	17	2	0
Q17. 购物场所人员服务质量的提升	29	42	26	3	0
Q18. 便利店便捷体感的加强	16	41	37	6	0
Q19. 外资超市及大型商场的引进	7	19	55	18	1
Q20. 老年人活动中心娱乐项目的增加	41	43	15	1	0
Q21. 残障人士的再教育培训	23	46	27	4	0
Q22. 儿童娱乐场所的安全建设	45	46	9	0	0
Q23. 社区家政服务中心提供家政服务	20	43	33	4	0

从表2可以看出，社区居民对于社区休闲服务有着多样化的需求，反映在社区休闲服务的各个方面，比如文化娱乐服务、体育保健服务、户外游憩服务、医疗养生服务、餐饮服务、休闲购物服务、弱势群体休闲服务等，其中居民对于公共休闲服务、社会休闲服务的需求较为突出，对于商业休闲服务的需求虽小于公共休闲服务和社会休闲服务，但也存在一定需求。

第四节 社区休闲服务的供给分析

从表3可以看出，被调查者被问到"政府提供的公共休闲设施场所能否满足您多样化、个性化的休闲需求"时，20%的人选择能，69%的人选择不能，11%的人不清楚。调查结果说明，大部分居民认为政府提供的公共休闲设施场所不能满足自己的多样化、个性化的休闲需求。

表3 社区公共休闲设施场所的供给状况

单位：%

指标	频率	百分比	有效百分比	累计百分比
能	20	20.0	20.0	20.0
不能	69	69.0	69.0	89.0
不清楚	11	11.0	11.0	100.0
总计	100	100.0	100.0	

从表4可以看出，被调查者被问到"政府是否建立有专门的休闲服务机构和专项的资金支持来服务居民休闲"时，13%的人选择有，24%的人选择没有，63%的人不清楚。调查结果说明，大部分居民不清楚政府是否有提供专门的休闲服务机构和专项的资金支持来服务居民社区休闲，这在一定程度上反映了政府对于社区休闲的管理力度的不够和资金供给的不足。

表4 社区公共休闲机构和专项资金的供给状况

单位：%

指标	频率	百分比	有效百分比	累计百分比
有	13	13.0	13.0	13.0
没有	24	24.0	24.0	37.0
不清楚	63	63.0	63.0	100.0
总计	100	100.0	100.0	

从表5可以看出，被调查者被问到"社区是否有自发结成的社会公益团体、志愿服务组织来积极参与社区休闲服务"时，35%的人选择有，25%的人选择没有，40%的人不清楚。调查结果说明，居民对于社区公益团体和志愿服务组织等还是相对比较了解的，但是还是有部分居民不清楚社区的社会休闲供给状况，说明社区关于休闲的宣传和组织力度稍显薄弱。

表5 社区公益团体和志愿服务组织的供给状况

单位：%

指标	频率	百分比	有效百分比	累计百分比
有	35	35.0	35.0	35.0
没有	25	25.0	25.0	60.0
不清楚	40	40.0	40.0	100.0
总计	100	100.0	100.0	

另外，从社区商业休闲服务的供给状况看，被调查者被问到"社区的商业休闲服务供给存在的问题"时，66%选择了"以营利为目的，公益性设施少"，66%选择了

"休闲产品单一，服务种类少"，41%选择了"收费总体偏高，居民难以接受"，42%选择了"行业服务水平和职业服务水准低"。调查结果说明社区商业休闲服务供给存在的这些问题是客观存在并难以被居民所接受的。

通过对数据的分析和总结，可以看出社区居民对于社区休闲服务的需求很大，主要体现在公共休闲服务、社会休闲服务、商业休闲服务等方面，比如对社区公园场地扩建及绿化的需求、对医疗服务站资金及人员投入的需求、对购物场所人员服务质量提升的需求等。需求在一定程度上反映供给，需求大在一定程度上说明现有的社区休闲服务供给（包括公共休闲服务供给、社会休闲服务供给、商业休闲服务供给）无法全面满足居民多样化、个性化的社区休闲需求，社区休闲服务供给存在一定问题。以下就通过分析社区休闲服务供需现状，找出休闲服务供给具体存在的问题，并针对问题提出相应的解决方案和构想。

1. 公共休闲服务供给问题

第一，公共休闲服务设施建设不足。社区的公共休闲设施和场所难以满足社区居民就近、就便进行休闲活动的需要，城市社区休闲需求与社区休闲供给之间的矛盾较为突出。

第二，政府机构设置不合理。政府供给机构设置不合理，没有建立起专门的政府机构对休闲服务供给进行统一管理，职能分散于多个政府部门中，并且缺乏相应的法规政策的指导，这样多头管理、审批程序的复杂使得效率低下，难以满足居民对休闲的需求。

第三，政府资金支持不足。政府对社区休闲服务供给的资金支持不足，社区休闲服务资金匮乏，缺乏稳定长效的投入机制，导致很多社区休闲服务无法长期有效提供。

2. 社会休闲服务供给的问题

第一，非营利组织过度依赖政府。非营利组织的服务供给过度依赖政府，在管理上仍然采用行政管理手段，受到政府的制约不能自由地提供休闲服务，加之资金短缺，无力向居民提供公益性服务设施。

第二，休闲服务队伍结构不合理。社区中缺乏结构合理的休闲服务队伍，从事社区服务工作的人员以家庭妇女、离退休人员居多，且大多数没有受过比较专业化的训练，因此在具体工作过程中很难从社区居民的实际需求去考虑问题。

第三，专业技术指导人员缺乏。社区缺乏相应的专业技术指导人员，致使社区内许多艺术、体育、文娱、教育类休闲活动因没有专业指导而无法开展，这也在一定程度上抑制了城市社区居民参与社区休闲的兴趣。

3. 商业休闲服务供给的问题

第一，商业休闲供给结构性失调。商业休闲服务供给是以营利为目的，提供的公益性设施少,而广大居民还属于工薪阶层,很难涉足那些高级休闲场所,这样一方面商业性供给过剩,另一方面居民的休闲需求得不到满足,就导致商业性休闲服务供给结构性失调。

第二,行业服务水平低。商业休闲的行业服务水平和职业服务水准较低,部分商业从业人员的素质偏低,所提供的商业休闲服务不能很好地满足居民的要求,影响了居民对商业休闲服务的多样化、个性化需求。

第三,市场限制导致不良商业现象。社区休闲服务供给具有市场限制,个别商业企业在走商业化路线的过程中,存在"搭便车"现象,或腐败权力寻租现象。

第五节　北京市社区休闲服务供给的实现路径

一、政府方面

第一,增加财政投入。政府增加财政投入,同时联合非营利组织和商业部门,为社区公共休闲服务设施的建设实现多渠道资金投入。政府为社区提供足够的和最基本的公共基础设施、公共休闲文化场所、艺术文化资助、户外休闲娱乐资源,同时鼓励、普及休闲教育,提高公众休闲技能,立法保障弱势群体利益,并提供设施和资源兼顾社会公平,引导休闲产业发展。

第二,建立休闲服务机构。政府建立专门的休闲服务机构,鼓励非营利组织和商业部门提供更多的休闲设施和服务。积极改善现有的休闲场所、绿地和公共设施,开放更多的非营利休闲设施和服务,如博物馆、美术馆、科技馆、公园、图书馆、活动中心等公共休闲场所,同时通过政策、税收等积极鼓励一些经营性健身场所、俱乐部、文化中心等商业休闲设施的开放[19]。

第三,转变职能。政府转变职能,将承担的部分供给行为集中到非营利组织和商业组织中。自身以提供必需的公用事业为主,同时支持和有限地资助非营利组织,并且引导鼓励休闲产业发展。当大众的休闲需求能够带动休闲产业的发展时,商业企业必然成为最主要的休闲服务供给力量[20]。随着经济市场化进程的加快,走产业化经营道路更利于社区休闲服务的快速、可持续发展。

二、非营利组织方面

第一,转变管理方式。非营利组织转变管理方式,作为政府社区休闲建设项目与计划的具体承担者,不要过度依赖政府,增强民众性、参与性、公益性,通过实施各种类型的社区项目,为社区发展提供多元化的社区服务资源,提供多样化的社区服务,满足社区居民多样化的生活需求,推动社区居民自治[21]。

第二,非营利组织、政府、商业部门、社区共同参与。非营利组织和政府、商业部门、社区共同参与,建立一支结构合理的社区休闲服务队伍。社区休闲服务队伍以专职人员为骨干、以兼职人员为主体、以志愿者为基础,包括自发结成的兴趣爱好团体、社会公益团体、志愿服务组织等,多开展艺术、体育、文娱、教育类的社区休闲活动,从而满足居民对社区休闲的多样化需求,同时提高社区居民休闲的规范性和科学性[4]。

第三,拓展资金来源。非营利组织和商业企业合作,拓展资金来源,成立相关休闲服务组织,了解和反映社区居民的休闲需求和利益,为居民提供更多社区休闲场所和便民设施,服务于公众又不以营利为目标,帮助实现个体的社会价值也提升社会福利。

三、商业部门方面

第一,商业服务以市场为导向。商业企业要以市场为导向,结合社区的具体情况,同时配合政府的宏观调控,为居民提供以满足需求为导向的商业服务。

第二,优化商业休闲服务供给结构。商业部门要优化服务供给结构,提高社区商业休闲服务的多元化。商业部门可以适当增加公益性设施和中低档休闲场所,满足不同消费层次、不同年龄阶段的居民对于商业休闲服务的需求。如老年人棋牌室、老年人健身中心等休闲场所,消费不高,容易接受,又能满足老年人这类特殊人群的休闲需求。

第三,提高行业服务水平。商业企业要提高行业服务水平和企业人员的职业服务水准,为居民提供更高质量和水准的休闲服务,解决居民在参与商业休闲时的后顾之忧。

综上所述,社区休闲需求的多元化客观要求社区休闲服务供给也呈现多元化,一个完整的社区休闲服务供给结构应该由政府、非营利组织和商业部门共同组成。政府引导支持、非营利组织主办、企业通过市场提供多样化服务,三者形成一种密切合作、相互补充的伙伴关系。政府提供最基本的公共基础设施、公共休闲场所,支持和资助非营利组织,同时鼓励、普及休闲教育,引导休闲产业发展;非营利组织和政府、商业部门、社区居民共同参与,建立一支以专职人员为骨干、以兼职人员为主体、以志愿者为基础的庞大的结构合理的社区休闲服务队伍;商业企业以市场为导向,结合社区具体情况,为居民提供多样化服务。三者各自利用自身的社会资源和优势,密切合作、相互补充、共同参与,共同促进完善的社区休闲服务供给体系的完善。

参考文献

[1] 王伟年.发达国家城市社区休闲发展对我国的启示[J].井冈山大学学报,2013(6).

[2] 李迎生.对中国城市社区服务发展方向的思考[J].河北学刊,2009(1).

[3] 杨宏山.公民社会视野下城市社区服务的多元机制[J].上海城市管理职业技术学院学报,2007(5).

[4] 杨美景.积极发展城市社区休闲服务[N].人民日报,2007-08-09.

[5] Clayne R. Jensen.Outdoor recreation in America[M].Macmillan Publishing Company,1996.

[6] 林显鹏,刘云发.国外社区体育中心的建设与经营管理研究——兼论我国体育场馆建设与发展思路[J].体育科学,2005(12).

[7] 白志刚.国外社区发展的经验[J].首都经济,2001(4).

[8] 李继星.美国的社区学院[J].高教探索,2002(2).

[9] 刘春元.国外社区建设经验的启示[J].哈尔滨商业大学学报,2008(1).

[10] Stuart J, Schleien, Pamela A, Germ, Leo H.McAvoy. Inclusive community leisure services: Recommended professional practices and barriers encountered[J].Therapeutic Recreation Journal,1996(4).

[11] 张笋,于楼成.国外社区体育经验对构建我国终身体育体系的启示[J].南京体育学院学报,2007(10).

[12] 赖勤.如何大力发展社区休闲[J].投资北京,2007(9).

[13] 何筠.关于发展社区服务的思考[J].青年思想家,1997(3).

[14] 吴铎.社区服务若干理论问题的探讨:内地与香港社会福利发展第四次研讨会观点综述[J].中国社会工作,1997(6).

[15] 肖方仁.国外社区服务经验简介[J].合作经济与科技,2007(325).

[16] 王健,徐睿,庄明.以服务需求定位社区服务性质——由成都市社区服务调查引发的思考[J].成都发展,2007(2).

[17] 可妍.休闲服务供给的中外比较研究[D].北京第二外国语学院硕士论文,2006.

[18] 赖仪玲.关于东城区和平里街道社区管理的案例分析[D].东北财经大学网络教育本科毕业论文,2012.

[19] George Torkildsen. Leisure and recreation management[M].London,1992.

[20] Samuelson P A.Economics[M].McGraw-Hill,1980.

[21] 陶树果,余富团.非营利组织在城市社区服务发展中的作用[J].山东省农业管理干部学院学报,2007(4).

第十三章 咖啡连锁店服务品质、顾客满意度和忠诚度路径关系研究 *

第一节 研究背景

随着人们生活质量的提高，人们的休闲消费方式正在逐渐发生改变，喝咖啡正逐渐成为一种时尚的消费方式，咖啡文化正逐步植入人们的休闲文化中，除了品尝美味的咖啡外，咖啡店更成为朋友聚餐和商务交往的社交场所。随着消费人数的增加，咖啡店也逐年增加，而且面临着激烈的市场竞争。以北京地区为例，经营咖啡为主的咖啡店大约有1600家，若加上兼营咖啡的西餐厅、酒店、茶餐厅、休闲餐厅、水吧等，总数大约有4200家。在如此激烈的市场竞争中，如何保持产品的特色、提高竞争能力，吸引消费者上门消费，以确保在市场竞争中的优势地位，已成为值得研究与探讨的问题，而要提高竞争能力，对于咖啡服务性连锁企业来说，就是要提高服务品质与质量，使顾客实际感受超过自己的预期，让顾客感到舒适与满意。同时，企业要发展，要想在市场中站稳脚跟，就要培育自己的忠诚顾客群体，在市场中占有一定的份额，通过忠诚顾客的重复购买，在社会上树立正面形象，并且通过顾客口碑吸引更多的顾客购买企业的产品和服务。因此，提升咖啡连锁企业服务品质，满于顾客需求，使顾客满意并达到忠诚，成为企业追求的目标。根据笔者的检索，目前国内关于顾客满意度或忠诚度研究的文献比较多，而关于服务品质与顾客满意度和忠诚度影响关系方面的学术研究并不多，而国外关于服务品质与顾客满意度和忠诚度影响关系方面的学术研究则趋于成熟。鉴于此，本研究拟借鉴国外服务品质、顾客满意度和忠诚度关系方面的研究成果，以北京地区星巴克咖啡连锁店为案例，来研究咖啡连锁店服务品质、顾客满意度和忠诚度的关系，期望对咖啡连锁企业如何提升服务品质、提高顾客满意度与忠诚度提供有益的策略与建议。

---

* 该文最早收录于2011年国际社会科学会议论文集（ICASS 2011 V4）中，作者时少华。

第二节 文献回顾

一、服务品质与顾客满意度方面的研究

在服务业中,服务品质是一个很重要的因素,若能提升服务品质必能增加顾客满意度,Parasuraman 等[1]将服务品质定义为顾客对于期望的服务与接触后实际知觉的服务的差距,即服务品质 = 期望的服务 – 认知的服。Zeithaml[2]定义服务品质是对服务整体的优越性或优秀性的消费者评价。Bitner[3]认为服务品质是顾客消费后,是否会再次购买服务的整体态度。所以,消费者评估服务的好坏是看其服务品质而定[4]。Rust 和 Oliver 等[5]认为服务品质是当顾客接触到服务时的一种完美程度感受。关于服务品质的构成,Parasuraman 等[1]提出影响服务品质主要的十个构面,包括:有形性、可信赖度、可接近性、沟通性、礼貌性、可靠性、反应性、了解顾客的能力、竞争能力与安全性。Marr[6]认为由于服务品质的本质具有同时性、无形性、主观性、模糊性、易消灭性与变异性。而且受到评估准则质化的特性和评估人员主观判断的影响,因此使得衡量及评估更为复杂及不易。Parasuraman 等[7]将十个构成再进一步简化成五个构成,其中有形性、可靠性及反应性维持不变,另外两项为保证性和关怀性。Mitra[8]认为服务品质的特性有下列四种:①服务人员的行为及态度。②服务不符合性。③及时性。④设备有相关的特性。一般而言,服务的提供者不仅仅是提供服务而已,就连外围的设备也会影响到顾客的满意程度。Kotler[9]认为顾客满意度是一个人所感觉的愉悦程度高低,源于对产品知觉绩效和个人对产品的期望,两相比较后所形成,也就是顾客满意知觉绩效和期望的函数。一般而言,学术界定义目前的顾客满意度大多以服务品质为基础,这个观念可由 Parasuraman 等[1]所提出的理论得到证明,但事实上,服务品质与顾客满意度并不一样,Bolton 和 Drew[10]研究指出,造成这样混淆不清的原因,主要是两者皆是由期望绩效与认知绩效相互比较的结果。Cronin 和 Tayor[11]证明较高的服务品质水平将导致顾客满意度增加,Bolton 和 Drew[10]指出顾客满意度是以服务品质为前置反应变量,Zeithaml 和 Bitner[12]则认为产品质量、服务品质、价格、情境因素和个人因素皆会影响顾客满意度。由于顾客满意在公司营运中占有关键性的地位,因此服务业如何提升顾客满意度,成为非常重要的事情,加上许多的实证研究[13, 14],皆证实顾客满意与公司获利,有显著的正向关联。

二、顾客忠诚方面的研究

顾客忠诚度很高，代表顾客对企业服务拥有很高的支持度，不会因为外在环境的改变而影响购买行为。Stum 和 Thiry[15]认为满意的顾客也许会重复购买产品，但是一个忠诚的顾客会持续不断地重复购买产品，也会向他人推荐该公司的产品。所以，Jones 和 Sasser[16]认为顾客对于某些特定产品或服务的再购意愿，服务忠诚度是一个企业对于顾客在服务品质上的程度与保证。Jones 和 Farquhar[17]认为从两个方面来定义顾客忠诚度：一方面为顾客对公司或品牌的相关忠诚，另一方面为对品牌的再购意愿。他们认为顾客忠诚度主要来自于态度和行为的间的关系强度。李妮蔚等[18]在总结我国学者关于顾客忠诚度的研究文献的基础上，对当前我国顾客忠诚度的内涵概括为态度忠诚论、行为忠诚论以及综合论三种类型，并进一步分析了影响顾客忠诚度的多方面因素，指出影响顾客忠诚度的最核心因素为质量与服务、信任营造（包括企业形象、企业兑现承诺、员工素质和态度、顾客信任和顾客感知的购买风险等）以及顾客消费体验。

第三节　研究设计

一、研究假设的提出

Ruyter、Bloemer 和 Peeters[19]视服务品质为顾客满意的前置变量，由服务品质到顾客满意的因果关系，提出一个整合性的观点，认为对于某一项特殊的交易而言，服务品质是交易满意的前因。根据 Zeithaml 和 Binter[12]所提出的观点，满意度所涵盖的范围比服务品质的范围广，满意度会受服务品质、价格、情境、产品质量与个人因素的影响；而服务品质的评估则比较专注于服务品质的构面，所以服务品质是影响顾客满意度的因素之一，Binter 甚至认为服务质量是形成顾客满意度的主要原因。而 Cronin 与 Taylor[11]也证明较高的服务品质水平会增加顾客满意度。Parasuraman 等[7]指出，服务品质与满意度有高度的相关性。基于过去研究的实证结果，本文将服务品质影响顾客满意度的路径放入实证架构中，指出服务品质会正向影响顾客满意度。Parasuraman 等[20]在服务品质的研究中指出，顾客知觉的服务品质会正面影响推荐产品或服务给他人的意愿，即对顾客忠诚度有正向影响。Gronroos[21]指出在特定事件的基础下，强化顾客认知的利益，给予独特的价值，有助于顾客重复购买。意指提升服务品质，将使顾客重购行为增加，即提升其顾客忠诚度。因此，本文将服务品质影响顾客忠诚度的路径放入实证架构中,指出服务品质会正向影响顾客忠诚度。

传统的消费者行为理论认为购后满意程度与再购行为有密切的关系,对产品感到满意的顾客,会重复购买而表现出品牌忠诚的行为[22];Howard 和 Sheth[23]认为顾客满意乃是消费者行为研究的关键变量,顾客满意将会影响购买意愿与购买行为,包括品牌忠诚度、正面口碑。顾客满意度与顾客忠诚度之间,的确存在着某种程度且显著的正向关系,且满意度为顾客忠诚度重要的决定因素之一,对产品或服务感到高度满意的顾客其品牌忠诚度高,而会有重复购买同一品牌的行为发生。因此,本研究认为顾客满意度影响顾客忠诚度,二者的间具有正向关系。

综上所述,我们提出如下研究假设:

假设 1:咖啡店服务品质正向影响顾客满意度;

假设 2:咖啡店服务品质正向影响顾客忠诚度;

假设 3:咖啡店顾客满意度正向影响顾客忠诚度。

二、量表的设计与信度效度分析

本调查量表共分三个部分,第一部分为服务品质量表,第二部分为整体满意度量表,第三部分为忠诚度量表,量表采用李克特式五点尺度来衡量。根据上述文献分析可知,各学者对于服务品质的衡量变量皆有不同的看法,Paraurman 等[1]认为对顾客而言,服务品质较产品质量不易评量,且服务品质知觉是由消费者期待与实际服务感受之间比较而来,如果消费者期待愈高,则与实际感受的间的落差就愈大;因此 Parasuraman[7]提出最为广泛应用的 SERVQUAL 量表,用以衡量服务质量,此量表分为五个方面:①有形性:包括实体设施、工具、设备、员工仪态及服装、口气等。②可靠性:能够正确且可靠地提供承诺与服务的能力。③反应性:服务人员对顾客服务的敏捷性与意愿。④保证:即服务人员须具备专业知识以获得消费者的信赖。⑤同理心:指服务人员能给顾客将心比心的关怀。此外 Dabholkar 以定性研究的方式,发展出 RSQS 量表,经测试发现所得信度均优于 SERVQUAL 量表,RSQS 量表的由五个方面构成:①实体形象:包括实体设施的外观及设计的方便性。②可靠性:和 SERVQUAL 量表相似并加上商品的可及性。③人员互动:服务人员有令顾客信赖的信心,及员工的协助意愿。④问题解决:包括处理顾客投诉、退换货的服务。⑤商店政策:只有高层主管才能决定的政策,例如营业时间的配合、提供停车位等。考虑到本文是以连锁咖啡店为研究对象,与 RSQS 量表的研究对象较为接近,且其量表的信度与效度皆优于 SERVQUAL 量表,故本文参照 RSQS 量表和 SERVQUAL 量表的基础上,结合北京地区连锁咖啡店的服务品质的特点,自行设计服务品质量表初稿,共36道题,分别为咖啡服务、餐点服务、人员互动、店内设施与氛围、整体装潢和便利性六个方面。该量表初稿根据 32 位顾客对量表提出的改进意见进行修改后形成了正式量表,并对北京 8 家星巴克连锁咖啡店 283 名顾客进行调查,量表的信度如表 1 所示,量表整体信度 0.96,量表各个因素信度均大于 0.78,量表的信度良好。通过对量表数据进行探索性因子分析(见表 1),KMO=0.931,特征根值大于 1 的因素有六个,旋转后共解释方差约为 69.6%,因素载荷系数 0.6 以上,表明适合运用因子分析方法,量表内部具有较高的结构效度,同时,为了进一步验证服务品质量表的结构效度,我们对探索性因子分析中提取的六个因素进行了一阶六因素验证性因子分析,从表 2 可以看出,服务品质量表的模型拟合指标 NFI、RFI、IFI、TLI、CFI 指标基本上介于 0.8 和 1 之间,RMSEA 指标接近 0.05,表明模型整体拟合较好。

表 1 服务品质量表的信度与结构效度分析

因素名称	题项	因素载荷系数	旋转后的解释方差(%)	α 信度
人员互动	服务人员的态度和热忱(q11)	0.789	14.500	0.911
	处理顾客抱怨(q12)	0.788		
	结账的正确性(q13)	0.762		
	服务速度(q14)	0.744		
	服务人员的专业度(q15)	0.692		
	提供相关咖啡信息(q16)	0.582		
店内设施与氛围	店内现场音乐与气氛(q17)	0.792	13.309	0.914
	装潢颜色组合具有吸引力(q18)	0.767		
	整体环境的舒适感(q19)	0.750		
	店内的摆设(q20)	0.740		
	内部灯光亮度(q21)	0.546		
	内部温度的控管(q22)	0.519		
餐点服务	非咖啡饮品或餐点的新鲜度(q6)	0.774	11.858	0.894
	非咖啡饮品或餐点质量的稳定程度(q7)	0.768		
	非咖啡饮品或餐点种类的多样化选择(q8)	0.753		
	非咖啡饮品或餐点新鲜(q9)	0.680		
	糕点或餐点口味(q10)	0.619		

续表

因素名称	题项	因素载荷系数	旋转后的解释方差（%）	α信度
咖啡服务	咖啡豆的新鲜程度（q1）	0.751	10.793	0.873
	咖啡口味（q2）	0.701		
	咖啡质量的稳定程度（q3）	0.663		
	咖啡种类的多样化选择（q4）	0.629		
	咖啡的容器风格与造型设计（q5）	0.458		
便利性	有折价优惠的提供（q27）	0.751	9.709	0.783
	没有各种促销活动（q28）	0.709		
	建筑物外观有艺术感（q29）	0.656		
	无法提供停车位（q30）	0.615		
	周遭环境佳（q31）	0.559		
整体装潢	座位狭窄（q23）	0.767	9.42	0.86
	走道宽敞（q24）	0.747		
	洗手间不干净（q25）	0.703		
	洗手间有卫生纸及擦手纸（q26）	0.698		
合计			69.589	0.96

表2 服务品质量表的模型拟合指标

预设模型指标	NFI	RFI	IFI	TLI	CFI	RMSEA
指标系数	0.83	0.799	0.887	0.865	0.886	0.076

表3 服务品质量表的路径系数及显著性分析

			路径系数	S.E.	C.R.	P	标准化路径系数
咖啡服务	<-->	店内设施与氛围	0.215	0.029	7.403	***	0.719
咖啡服务	<-->	整体装潢	0.134	0.023	5.943	***	0.563
便利性	<-->	咖啡服务	0.167	0.028	5.889	***	0.62
咖啡服务	<-->	餐点服务	0.192	0.026	7.373	***	0.731
咖啡服务	<-->	人员互动	0.216	0.029	7.392	***	0.729
餐点服务	<-->	店内设施与氛围	0.214	0.027	7.825	***	0.667
餐点服务	<-->	整体装潢	0.125	0.021	5.804	***	0.488
便利性	<-->	餐点服务	0.173	0.028	6.139	***	0.596

续表

			路径系数	S.E.	C.R.	P	标准化路径系数
餐点服务	<-->	人员互动	0.215	0.027	7.811	***	0.674
人员互动	<-->	店内设施与氛围	0.241	0.031	7.849	***	0.664
人员互动	<-->	整体装潢	0.149	0.025	6.064	***	0.518
便利性	<-->	人员互动	0.175	0.03	5.828	***	0.534
店内设施与氛围	<-->	整体装潢	0.18	0.027	6.739	***	0.617
便利性	<-->	店内设施与氛围	0.237	0.035	6.739	***	0.716
便利性	<-->	整体装潢	0.164	0.028	5.823	***	0.623

注：*** 表示 p<0.01。

从表3可以看出，六个因素各个路径系数之间在0.01的水平上具有较高的显著性，可以推论到总体，表明量表各因素间具有较高的结构效度。顾客整体满意度量表我们参考了Szymanski 和 Hise[24] 和 Koo[25] 等设计的顾客满意度量表，由3道题目构成，即整体而言对星巴克感到满意（m1），整体上对星巴克形象感到满意（m2），整体上对星巴克服务氛围感到满意（m3）。量表 α 信度系数为0.862，表明信度比较好。量表 α 信度系数为0.862，表明信度比较好。对量表进行主成分分析，KMO值为0.667，可以解释71.3%的信息，表明量表的效度一般，但仍是可以接受的。顾客忠诚度量表我们依据Jones 和 Farquhar 等[17]以及李妮蔚等[18]提出的提出关于顾客忠诚度概念分析的基础上，从顾客重复购买和向他人推荐两个方面来设计顾客忠诚度量表，共有5道题目构成，即我一般不会选择到除星巴克外的其他咖啡店消费（z1），我愿意成为星巴克的长期会员（z2），我会向其他人宣传星巴克的优点（z3），会把这间店介绍给亲朋好友（z4），如果其他咖啡店价格较便宜会换店消费（z5）。量表 α 信度系数为0.714，表明信度可以接受。对量表进行主成分分析，KMO值为0.783，可以解释73.226%的信息，表明量表的准确性是可以接受的。

第四节　资料的收集与整理

从2009年6—8月，我们按照多阶段抽样的原则，从北京地区110家星巴克咖啡店中随机抽取8家门店进行调查，这8家门店分别是北京市建国门店、新东安店、北京首都国际机场3号店、丽都店、友谊店、威新店、中关村家乐福店、国贸店，共发放问卷300份，回收300份，经过审核整理后，其中有效问卷283份。被调查顾客基本信息特征分布如表4所示。

表 4 被调查顾客基本信息特征分布

变量	变量值	样本比例（%）	变量	变量值	样本比例（%）
性别	男	39.93	年龄	18 岁含以下	1.06
	女	60.07		19~25 岁	28.27
收入	10000 元含以下	49.82		26~30 岁	34.28
	10001~20000 元	15.90		31~40 岁	27.56
	20001~30000 元	12.01		41 岁含以上	8.83
	30001~40000 元	8.83	职业	学生	14.49
	50000 元以上	7.07		军公教	4.24
学历	初中含以下	0.40		服务业	15.19
	高中职	6.40		工业类	3.89
	专科	13.40		家庭主妇	1.06
	大学	62.90		自由业	5.30
	研究生以上	17.00		信息业	13.07
婚姻状况	已婚	48.76		商业类	27.56
	未婚	49.82		其他	15.19
	其他	1.41			

第五节 咖啡连锁店服务品质、顾客满意度与忠诚度关系分析

依据上述的研究假设与研究设计，我们运用 Amos 7.0 来验证星巴克咖啡连锁店服务品质、顾客满意度与忠诚度之间的关系。如表 5 所示，模型拟合指标 NFI、RFI、IFI TLI、CFI 指标基本上介于 0.7 和 1 之间，RMSEA 指标接近 0.05，表明模型整体拟合可以接受。图 1 说明了星巴克咖啡连锁店服务品质、顾客满意度与忠诚度之间的关系，从图 1 可以看出咖啡店服务品质与顾客满意度之间标准化路径系数值为 0.75，直接效应为 0.75，其影响总效应为 0.75，表明咖啡店服务品质直接正向影响顾客满意度，说明研究假设 1 成立。而咖啡店服务品质与顾客忠诚度之间的直接效应为 0.39，间接效应为 0.75×0.32=0.24，则总效应为 0.63，表明咖啡店服务品质正向影响顾客忠诚度，其中服务品质直接影响顾客忠诚度的效应大于通过满意度间接影响的效应，说明研究假设 2 成立。从图 1 可以看出顾客满意度与顾客忠诚度之间的直接效应为 0.32，总效应为 0.32，说明顾客满意度正向影响顾客忠诚度，说明研究假设 3 成立。本文的结果显示，服务质量对顾客满意度有正向显著的影响，此研究结果与 Yu 等[26]、

Olorunniwo 等[27]的研究结果相符合,另外,服务质量对顾客忠诚度影响方面,本文结果也与 Yu 等[26]与 Bell 等[28]的研究结果相符合,由此可知,咖啡店服务品质对顾客满意度与忠诚度的影响同其他研究者的研究结论具有很高的相似度。

表5 模型拟合指标

预设模型指标	NFI	RFI	IFI	TLI	CFI	RMSEA
指标系数	0.799	0.744	0.873	0.855	0.871	0.07

注:各条路经系数 p<0.001。

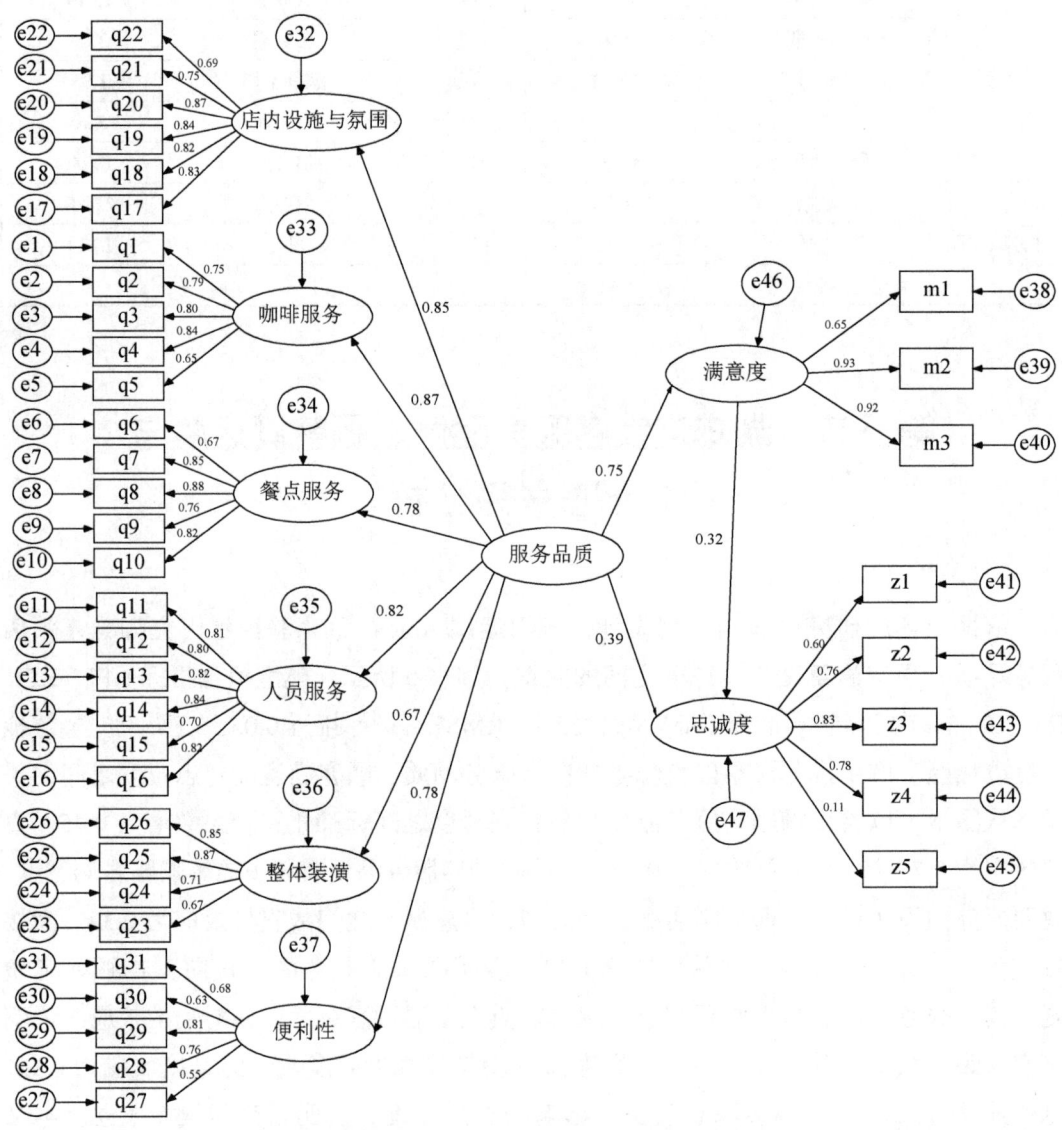

图1 服务品质、顾客满意度与忠诚度关系模型

第六节 结论建议

通过上述咖啡店服务品质对顾客满意度与忠诚度的影响分析，我们发现，服务品质对咖啡店顾客满意度与忠诚度的影响比较大。从上述的总效应分析可以看出，服务品质是提高连锁咖啡店的顾客满意度与忠诚度的关键，服务品质尤其对满意度的影响最大（影响的总效应为0.75），从表6可知，连锁咖啡店服务品质整体上处于中等偏上水平，服务水平与质量有待提高，尤其需要提高和加强连锁咖啡店内部设施与氛围、咖啡服务、餐点服务、整体装潢、便利性方面的服务品质。特别注重提高便利性服务，提供有折价的优惠，并进行各种促销活动。在外部环境方面，为消费者提供舒适便利的休闲环境，让消费者感到放松与惬意，能在消费同时，体会到连锁咖啡店的文化和提供的服务，并进一步提高顾客满意度与忠诚度。

从顾客满意度的角度看，我们从上面的效应分析中可以看出，顾客满意度是提高顾客忠诚度的中介变量，顾客满意度提高了，顾客忠诚度也相应地提升了，这同Howard和Sheth[23]等的观点是一致的。从表6可以看出，三个满意度指标均达到了比较满意以上，介于满意与比较满意之间，说明连锁咖啡店的服务使顾客感到满意，但顾客忠诚度各个指标平均值却都没有达到比较忠诚的程度，而题项"如果其他咖啡店价格较便宜会换店消费"（z5）则处于不太忠诚的程度（介于2和3），说明连锁咖啡店顾客满意并不等于顾客忠诚，还要从提高服务品质的角度提高顾客忠诚度。

表6 各指标的平均值描述

服务品质	均值	顾客满意度	均值	顾客忠诚度	均值
人员服务	4.0315	整体而言对星巴克感到满意（m1）	4.0424	我一般不会选择到除星巴克外的其他咖啡店消费（z1）	3.1025
内部设施与氛围	3.7609	整体上对星巴克形象感到满意（m2）	4.0461	我愿意成为星巴克的长期会员（z2）	3.6113
咖啡服务	3.8683	整体上对星巴克服务氛围感到满意（m3）	4.0565	我会向其他人宣传星巴克的优点（z3）	3.6572
餐点服务	3.7904			会把这家店介绍给亲朋好友（z4）	3.6996
整体装潢	3.6591			如果其他咖啡店价格较便宜会换店消费（z5）	2.8869
便利性	3.5575				

综上所述，我们以北京地区星巴克咖啡连锁店为例验证了咖啡连锁店服务品质、顾客满意度和忠诚度之间的正向假设关系，从而为提升服务品质、提高顾客满意度与

忠诚度提出了建议与对策。但上述的结论也只是初步的，还需要后继研究做进一步的证实。同时，随着咖啡消费市场人群的细分，针对不同消费者群体进行市场划分的服务品质对满意度与忠诚度影响研究也将成为继续研究的方向。

参考文献

[1] Parasuraman A, V A Zeithaml, L L Berry. A conceptual model of service quality and its implication for future research [J]. Journal of Marketing, 1985, 49（4）：41-50.

[2] Zeithaml V A. Consumer perceptions of price, quality, and value: A means-end model and synthesis of evidence [J]. Journal of Marketing, 1988, 52（3）：2-22.

[3] Bitner M J. Evaluating service encounters: The effects of physical surroundings and employee responses [J]. Journal of Marketing, 1990, 54（2）：69-82.

[4] Kolesar M, Galbraith R W. A Service-marketing perspective on e-retailing: implications for e-retailers and directions for future research [J]. Internet Research, 2000, 10（5）：424-438.

[5] Rust R T, Oliver R W. The death of advertising [J]. Journal of Advertising, 1994, 23（4）：71-77.

[6] Marr C, Li X. An engineering model of proton exchange membrane fuel cell performance [J]. An Interdisciplinary Journal of Physical and Engineering Science, 1998, 50（4）：190-200.

[7] Parasuraman A, Zeithaml V A, Berry L L. SERVQUAL: A multiple item scale for measuring consumer perceptions of service quality [J]. Journal of Retailing, 1988, 64（Spring）：12-37.

[8] Mitra K, M Reiss, L M Capella. An examination of perceived risk, information search and behavioral intentions in search, experience and credence services [J]. The Journal of Services Marketing, 1999, 13（3）：208-228.

[9] Kotler P. Marketing management. 10th edition [M]. New Jersey: Prentice-Hall, 2000.

[10] Bolton R N, Drew J H. Multistage model of customer assessment of service quality and value [J]. Journal of Consumer Research, 1991, 17（3）：378-384.

[11] Cronin J J, Taylor S A. Measuring service quality: A reexamination and extension [J]. Journal of Marketing, 1992, 56（3）：55-68.

[12] Zeithaml V A, M J Bitner. Service Marketing, McGraw-Hill [M]. New York, NY, 1996.

[13] Garbarino E, Mark J. The different roles of satisfaction, trust, and commitment in customer relationships [J]. Journal of Marketing, 1999, 63（3）：70-87.

[14] Kau A K, Lim P S. Clustering of Chinese tourists to Singapore: An analysis of their motivations, values and satisfaction [J]. International Journal of Tourism Research, 2005, 7（4）：231-248.

[15] Stum D L, Alain T. Building customer loyalty [J]. Training and Development Journal, 1991, 45

（4）：34-36.

［16］Jones T O, Sasser W E J. Why satisfied customer defect[J]. Harvard Business Review, 1996(12): 88-99.

［17］Jones H, Farquhar J D. Contact management and customer loyalty [J]. Journal of Financial Services Marketing, 2003, 8, (1): 71-78.

［18］LiNW, LiZ, GaoFX, Li Z. China customer loyalty research literature review [J]. Modern Management Science, 2006 (1): 84-85.

［19］Ruyter K D, Bloemer J, Peeters P. Merging service quality and service satisfaction: An empirical test of an integrative model [J]. Journal of Economic Psychology, 1997, 18 (5): 387-406.

［20］Parasuraman A, Berry L L, Zeithaml V A. Refinement and reassessment of the SERVQUAL scale [J]. Journal of Retailing, 1991, 67 (4): 420-450.

［21］Gronroos C F, Heinonen K, Isoniemi M. Lindholm. The net offer model: A case example from the virtual market space [J]. Management Decision, 2000, 38 (4): 243-252.

［22］Westbrook R A. Product/consumption based affective responses and post purchase processes [J]. Journal of Marketing Research, 1987, 24 (3): 258-270.

［23］Howard J A, Sheth J N. The theory of buyer behavior [M]. John Wiley & Scons Inc., New York, NY, 1969.

［24］Szymanski D M, Hise R T. E-satisfaction: An initial examination [J]. Journal of Retailing, 2000, 76 (3): 309-322.

［25］Koo D. Inter-relationships among store images, store satisfaction, and store loyalty among Korea discount retail patrons [J]. Asia Pacific Journal of Marketing and Logistics, 2003, 15 (4): 42-71.

［26］Yu C, Chang H, Huang G. A study of service quality, customer satisfaction and loyalty in Taiwanese leisure industry [J]. Journal of American Academy of Business, 2006, 9 (1): 126-132.

［27］Olorunniwo, Hsu M K, Udo G J. Service quality, customer satisfaction, and behavioral intentions in the service factory [J]. The Journal of Services Marketing, 2006, 20 (1): 59-72.

［28］Bell S J, Auh S, Smalley K. Customer relationship dynamics: Service quality and Customer loyalty in the context of varying levels of customer expertise and switching costs [J]. The Journal of Academy of Marketing Science, 2005, 33 (2): 169-183.

第十四章 社区休闲体育活动的项目策划与管理研究：以北京石佛营社区为例

目前的休闲体育正在以更加休闲化、娱乐化、更加轻松的发展方式逐渐融入人们的生活中。在当前的中国社会中，随着市场经济快速的发展，人们生活水平、经济条件正在日渐提高，在这种情况下，越来越多的人开始对体育运动和休闲健身产生了浓厚的兴趣。在这样的情况下，体育运动的调节作用也将会进一步表现出对人们生活和工作的积极影响。休闲运动恰好满足了人们对于体育运动能够更加生活化、娱乐化的新要求。因此，体育运动的发展方向必然是更加大众化、生活化、休闲化和娱乐化的，其中社区休闲体育则是其发展方向中的重中之重。导致休闲体育快速发展的因素还有很重要的一点，那就是国家政策的扶持。我国一直对体育事业大力的倡导，并且设立很多支持其发展的政策，这些都将更有利于未来休闲体育的发展和推广。在世界范围内，发达国家拥有大量的体育组织开展本国家的体育事业，但是相反，发展中国家只能依靠国家和社会的资源来发展自己的体育事业，而较为贫困的地区则只拥有很少的体育资源。

我国改革开放 40 年来，随着人们对体育运动的认知水平越来越高，休闲体育作为一种既能满足人们强身健体需求，又能愉悦身心充实人们生活的新兴生活方式，受到了越来越多人的青睐。而社区体育顾名思义就是以基层的社区为地域范围，以社区内的体育器材、设施以及自然资源为物质基础，社区居民作为参与主体的活动。既满足社区居民娱乐、健身的需求，又可以加深社区内居民之间的情感。这样的一种群众性体育锻炼活动，社区体育在未来的规划中应将之作为发展的重要目标，除此之外，还有体育旅游和赛事旅游。随着经济收支比例的新变革，越来越多的人选择投入更多的资金在第三产业，人们的消费观念也逐渐转变，将观看比赛作为一种休闲活动的生活方式必将兴起，因此那些原本属于发达国家的项目也将将逐渐融入中国的普通家庭当中，作为普通家庭的一种消费方式。此外，随之发展起来的将会是其他体育产业，也即与之配套如休闲运动装备、运动器材等用品的生产。但更为重要的还是社区体育的全面普及和大量的民间体育俱乐部的兴起，他们一方面组织体育活动，另一方面给体育参与者提供了活动的空间，而在其中通过赚取当地费用来运营和发展。另外，2015

年中国召开了世界休闲大会，而世界休闲大会是由全球休闲领域的专家共同参与最具权威的非政府组织，旨在通过讨论休闲相关学术论点、交流休闲政策开发以及休闲产业相关信息、介绍新型休闲相关产业，并通过组织休闲活动，实现人类休闲生活的目的。在这次会议议题中，将解决社区体育休闲等一系列复杂的问题作为会议的重要议题列入讨论，这也说明社区休闲体育已经成为当今一个国际化的热点问题。

第一节　社区体育文献综述

一个社区应该包括一定数量的人口、一定范围的地域、一定规模的设施、一定特征的文化、一定类型的组织。社区就是这样一个"聚居在一定地域范围内的人们所组成的社会生活共同体"。社区的特点包括：有一定的地理区域、有一定数量的人口、居民之间有共同的意识和利益、有着较密切的社会交往。

根据1994年王凯珍（1994）在《对北京市城市社区体育现状的研究——兼论社区体育的定义及构成要素》的研究，她指出社区体育一词于20世纪80年代末在我国提出，当时主要指80年代中期兴起的街道社区体协，后来延伸为对所有小的区域性体育活动的统称。其中为了明确社区体育的本质属性，还曾通过问卷的方式对国内44位体育理论和群众体育管理方面的专家进行了调查。综合44位专家的意见，概括出社区体育的四个本质属性：①社区体育是区域性的体育活动，其区域的大小相当于街道、居委会、镇和村的辖区范围；②社区体育的主体是全体社区成员，上至离退休老人，下至少年儿童都是社区体育的服务对象，都有参加社区体育活动的权力；③社区体育以本社区的自然环境和体育设施为物质条件，就地就近开展体育活动；④社区体育不能仅止步于满足社区成员的体育需求，还要积极主动地开展体育活动提升社区成员的体育水平。

英文的"Community Sport"，从词义上应翻译为"社区运动"，但在中国，很少有人使用"社区运动"一词。有学者将社区体育纳入娱乐范畴（Dennis，1991），而Blackshaw等（2009）则将社区体育归于休闲的范畴。目前，政界和学术界多将社区体育归于休闲的范畴，但社区体育的网络结构还在不断地发展变化。本文的"社区体育"指在社区范围内，以休闲形式实现的各种身体运动和一些身体娱乐（Body Recreation）活动。其中，社区体育包括广义的英文"play""game""sport"等。现在社区体育的含义与几百年前不同，其含义已经超出了缔约性的概念范畴，朝着大文化方向发展，由此，社区体育也完成了由传统到现代的衔接。

第二节 研究案例地与方法

一、研究案例地——石佛营社区

北京石佛营社区位于北京东四环红领巾公园以东、紧邻朝阳北路。辖区内的大部分老住户是由城内拆迁搬过来的,而近年来随着生活水平的提高,不少居民选择将房屋出租,造成社区内人员复杂、管理难度大。社区内有幼儿园、超市、银行等大小单位 50 余个。可供活动的范围较小,活动方式较单一,活动参与人群以中老年为主,时间多集中在早晚,锻炼内容多以自我为主。随着社区人口老龄化的加剧,社区体育锻炼需求的不断增加,石佛营社区休闲体育中暴露出来的缺点越来越多:适合锻炼的场地少、专业设施少、缺乏专业的体育指导、资金流动不到位。

二、研究方法

(一)文献研究法

通过整理前人文献来获得资料,从而全面地、正确地了解掌握过去及当前社区休闲体育研究问题的形式,主要收获有:了解社区休闲体育的历史和现状,帮助确定研究方向;形成关于研究对象的初步印象,有助于观察和访问;得到现实资料的比较资料,有助于了解石佛营社区的全貌。同时分析其中的不足,并结合研究实例,综合分析,明确研究内容。

(二)访谈法

为各调研主体、利益相关方设计不同的访谈提纲,以半结构式为主,通过访问的方式,了解居民对调研地休闲体育的切身感受,获取各主体看法和口述史等一手资料。笔者于 2017 年 2 月至 4 月在石佛营街区对居民、附近工作人员、居委会成员进行访谈,并前往不同政府机关询问工作人员有关社区休闲体育建设相关意见。访谈的主要内容包括被调查者的个人基本信息、日常参与体育活动的概率、对社区休闲体育情况的了解、对社区休闲体育活动的看法与建议等。

(三)非参与观察法

在调查期间,曾多次在社区现场观察某些社区休闲体育活动发生的情境、频率及其形式,注意同一活动地点休闲设施的维护、利用状况的变化,并结合其他发现分析其意义。

第三节　石佛营社区休闲体育活动开展中存在的问题

一、供需不足的矛盾将更加突出

在当今社会，随着人们收入的提高，人们对于生活水平的要求也越来越高，不少人已经认识到了健康的重要性，人们健身锻炼意识也随之增强，将健身锻炼列入自己日常生活的人也随着各方面的发展日渐增多，这都需要更多、更好的健身设备及体育服务。现有的体育资源显然远远不足以满足人们的活动需求，供需矛盾在未来的发展将会更加明显地显现出来。同时在大部分地方存在着挤占健身场地、挪用锻炼设施的情况。通过笔者的调查研究，像石佛营这样的老旧小区，在建设初期并没有考虑休闲运动设施的可持续发展，现有的运动资源稀缺，也没有足够的发展空间。而在相邻的一些较新、较高档的社区则具备更为丰富的运动器材和场地，而且场地面积大，居住人口少。但随着居民运动意识增强，运动资源缺乏和分配不均将会导致人们的需求越来越无法得到满足。因此，尽管国家要求开放现有体育场馆设施（包括公共场地及高校场地）给群众使用，但对于越来越多的增长需求来说仍然是杯水车薪。自1994年我国推行社会体育指导员技术等级制度以来，社会体育指导员虽然在群众性体育活动中从事技能传授、锻炼指导和组织管理工作中发挥了越来越重要的作用，且在近几年无论是质量还是数量都得到了很大的发展，但相对于全国人口来说比例仍然很低，也很难有效满足社会对社区休闲体育活动开展的需求。

二、价值观多元趋势造成组织与策划不易实现

随着当前的社会发展，体育活动变得更加不容易组织，现代社会的快速发展使得人们的价值观念更加趋于多元化，新的体育活动项目越来越多的出现，使得人们对活动内容也有了更加丰富的选择，不同年龄、不同性别、不同地区的人们可以有着各自不同的喜好。同时，现代社会的生活方式是多种多样的，人们工作、闲暇的时间安排也不尽相同，显示出个性化、多元化的发展趋势，并且这种现象也会随着时间的推移而愈演愈烈。这些都造成了政府和社区对于运动设施的种类和提供专业指导的组织与管理很难把控。

三、社区的体育场地设施不足

现代社会中的社区服务体系是由社区公共体育设施与文化设施、商业及其他服务

设施共同构建完成的，因为有了这些配套设施才使得一个社区成为功能齐全的小社会。可实际问题是一直以来，城市公共体育设施的建设都没有受到合理的重视，因而造成设备设施的严重不足，无法满足广大群众的实际需要。以北京石佛营社区为例，从调查过程中了解到石佛营社区的体育场地较少，运动器材种类单一，缺乏专业人士的指导，这样的问题导致社区居民在运动需求逐渐增强的现阶段社会，无法获得体育方面的支持和较高质量的日常生活；活动区域规划不当，运动区域较小则导致运动器械没有足够的空间设置和更新，即使政府和社会有足够的资金支撑公共体育发展也将会被社区的空间面积所限制。虽然石佛营社区紧邻红领巾公园、朝阳公园，但是作为石佛营社区本身拥有的空闲场地仅仅是石佛营幼儿园附近的一个小型广场和两个小型空地，但周边住户较多、停车位紧张，空地大多时候被居民挪作停车场用。总体来讲，社区的体育活动地点多集中在小型广场和红领巾公园附近。而红领巾公园附近社区较多，人员密集，难以满足需要。同时这些活动场所都是属于非正规化、属地化的场所。在调查过程中，也曾在周边其他社区进行走访，在这期间也很少看到哪个社区中有自己专门独立的健身锻炼场馆。而社区附近的社会上的场馆多数追求豪华型，超出普通居民的消费能力，且场馆的类型多为健身房，无法满足周边中老年居民的锻炼需要。

四、活动内容文体一体化趋势明显

在石佛营社区居委会成员介绍社区活动的时候，可以清晰地了解到由于体育场地设施条件有限，社区体育的活动内容以走步、健身操、交谊舞等内容为主，非竞技化、韵律化、传统化、文体一体化特点十分明显。且社区附近三个幼儿园，早晚交通拥堵、人员复杂，易发生危险。

五、参与主体以老年人为主，缺乏中青群体

尽管社区中的体育活动是面向全体社区成员的，但由于中青年人由于工作时间、工作压力和家庭负担等原因，参与体育活动的时间受到限制，并且更多的年轻人愿意选择健身房来健身运动。所以相比较而言，老年人在社区生活的时间更多，缺乏娱乐活动并且对于身体健康更为关注，他们更乐于在社区中参加一些简单的体育活动，既可以消磨时间又达到了增强体魄的目的。因此在石佛营社区中体育活动的参与主体多为老年人。

六、专业性人才缺口大

我国自 1994 年实施《社会体育指导员技术等级制度》，同时从 2007 年开始在诸多大学中陆续开设了休闲体育专业，根据休闲体育专业的人才培养目标显示：休闲体育

专业旨在培养德、智、体全面发展，具有科学的休闲体育观念和开拓创新的创业精神，具备较强的现代休闲体育发展所需求的运动技能和能从事休闲体育指导与服务、经营与管理、策划与设计等工作的应用型体育专门人才。经过10多年的发展，目前休闲体育的人才已经达到43万人的规模。但综合全国来看，这个数量远远不能满足当前社会的需求，社区休闲体育的专业指导人员依然十分匮乏，整体行业具有很大的发展空间。然而笔者也了解到毕业后选择转行的学生占了很大的比例。原因也简单，很难找到对口的工作。尽管基层社区缺乏专业人士的指导，但专业的人才却没有一个合理快速的通道可以进入社区，无法完成对接也就造成了专业人才的缺口。政府应当尽快完善现有法律法规，推出相对应的可改善当前情况的政策。让真正的专业人士有发挥的空间。以石佛营社区为例，石佛营社区居住密度大，社区居民较多，且居民多为老年人。老年人的健身方式较简单也缺乏科学性。经常可以看到有老人用自己制作的健身工具锻炼，不仅工具粗糙而且一旦发生危险后果不堪设想。石佛营社区的负责人在介绍的过程中也说到当前社区发展缺少新的、年轻的血液，十分需要专业的社区体育指导员。

七、经费不足且经费来源过于单一

政府应当为休闲体育制定专项财政政策，以保证有充足的经费投入，这是休闲体育尤其是社区休闲体育公共服务的根本保证。对社区公共体育事业提供财力支持，对各类公益性项目提供财政帮助。同时还要制定激励政策，鼓励多渠道筹资。并在此基础上鼓励社会捐赠公益性体育事业，协调各方面力量，保证社会大众的参与，拓宽体育资金投入渠道。可通过动员社会捐赠、赞助、设立专项基金等方式筹措资金，弥补政府资金投入的不足。明确在社区休闲体育的发展中，政府和市场各自权利、责任、义务等各部分的分工。石佛营社区就面临着经费的问题，资金匮乏，无法对社区活动进行有效的建设。社区中的体育设施属于公共基本设施，无法要求企业进行投资，因此大部分的是政府的拨款和极少数的居民捐款。石佛营社区属于回迁的老旧小区。免除物业费属于当年拆迁的优惠条件之一，因此相比较其他社区来说，石佛营社区的经费来源更加有限。尽管当前国家、市委等各部门都对社区体育的投入不少，但毕竟北京人口众多，社区密集。如果要用这些资金维护设施，举办活动，以及相关人员的管理培训是远远不够的。如何合理地解决经费的问题也是社区体育发展的一个重要环节。虽然当前国家、市委等各部门都对社区体育的投入不少，但分配到各个社区的资金有限。这些资金需要维护设施，举办活动，还有相关人员的管理，因此想要达到更好的效果，满足居民的锻炼需求则需要更多资金的投入。

八、组织管理薄弱，管理职责不明确

社区体育的组织机构是其活动开展的重要载体。尽管休闲体育锻炼本身就具自觉性、自主性和分散性的特点，但是作为公共服务的基本条件，"为群众提供身边的组织"是落实全民健身计划的根本任务之一，这也是政府、社区提高公共服务质量与水平的一种有效手段。从之前收集的文献资料调查结果来看，除去一些大中型城市的少数社区街道办事处，能够自主的或在相关单项体协的扶持帮助下建立了一些单项民间休闲体育活动组织，并有相对固定的活动场所的组织部门很少。而宽敞的独立锻炼活动场所能够大大提高居民参与社区活动的积极性。而在其他城市街道社区和居委会辖区内，晨、晚锻炼点为主的分散性小团体仍然是居民们锻炼活动的主要方式。专业的活动指导和活动场地设施都极大缺乏。经费不足也是这些分散性小团体所面临的重要困难，但与此同时以营利为目的的健身房、健身俱乐部则是大面积存在且有不断扩大的趋势。现阶段进行社区运动管理的人员多为社区居委会或街道的原有工作人员。他们没有接受过相关职业培训，即使想要为居民们提供帮助，也很难提出健康有效科学的运动指导。并且政府也没有专门成立负责社区休闲运动的部门，缺乏专人监督，没有有效的对接渠道，社区工作人员也没有明确职责，所以多数社区的运动管理处于无人打理的状态。在笔者调查访问期间，也曾在石佛营社区的居委会处了解到，社区也曾经提出组织活动，但是办事处、居委会之间由于沟通不当，让很多信息没有得到有效的传播，导致社区居民参与的积极性不高，即使想要为居民们提供帮助，也很难提出健康有效科学的运动指导。并且政府也没有专门成立负责社区休闲运动的部门，缺乏专人监督，没有有效的对接渠道，社区工作人员也没有明确职责，所以多数社区的运动管理处于无人打理的状态。

第四节　社区休闲体育活动的项目策划

一、北京石佛营社区休闲体育活动的项目策划目标、范围与原则

（一）以公众利益和兴趣为出发点

社区休闲体育活动是面向整个社区，因此就必须要以社区全体居民的利益为出发点，就是要求社区休闲体育活动要与社区居民利益密切相关，应当让居民感到社区活动的组织者对他们的尊重与关心，使他们能感觉到安全和愉悦。因此，可策划开展社区形式的全民运动会，面向全体社区成员。

（二）北京石佛营社区休闲体育活动的项目设计构思策划

活动名称：北京市石佛营社区社区居民运动会

活动意义：通过一系列丰富多彩的活动拉近居民之间的邻里关系。既强身健体又促进和谐社区的发展。

时间：2017年8月。

地点：北京市朝阳区石佛营小学操场。

参与人员：全体石佛营社区居民及周边社会单位。

活动内容：以"健康运动快乐生活"为主题。组织亲子运球、跳大绳、羽毛球、广场舞等项目。

二、北京石佛营社区休闲体育活动的项目组织与实施策划

（一）成立社区休闲运动会组织和管理部门

成立社区休闲协会并细分组织部、宣传部、人力部并明确各部门责任。

总策划部：负责整个活动的组织、协调工作。包括：负责租借、协调运动会场地安排；寻找邀请周边单位积极参与并赞助本次运动会；动员社区居民及周边单位参赛；制定比赛制度；协调社区居民与各参赛单位关系；组织赛前会议，赛后颁奖。

体育项目推广部：组织社区运动会赛事活动，寻找适合参与推广、娱乐性强的社区体育运动项目并推广。

财务部：为本次赛事提供记账、做账、成本控制、资金管理、财务报表管理、工商税务等。

宣传部：负责本次运动会的宣传推广的实际工作。包括：社区内海报或黑板报的制作；分析社区居民家庭结构、成员的年龄、身体状况，适宜参加的比赛项目。

（二）活动准备

在正式举办活动前1个月开始展开筹备工作。主要由宣传部设计，推广部在社区内和周边地区发放及张贴宣传海报。报名时间在筹备期开始后1周左右，报名地点定为石佛营社区居委会，报名接受以家庭或个人为单位，参加不同类型的比赛。

（三）活动项目及流程

本次活动根据报名人的家庭状况，年龄及身体情况分为3个组别：以家庭为单位报名，并且有14岁以下儿童的家庭参加亲子组的比赛项目；以个人为单位报名，根据年龄情况参加个人组和老年组的比赛项目。

1. 亲子组活动项目

（1）两人三足。

每组家庭分别选出2位参赛者，并肩站立，将内侧两腿绑在一起，形成两人三足。

发令枪响后,绕场一周,到达终点即完成第一轮比赛。第二轮增加一位参赛者,并肩站成一排,绑住相邻两人内侧两腿,形成三人四足。发令枪响后,绕场一周,到达终点后,根据两轮相加的成绩计算名次。前三位优胜家庭领取奖品。

(2)趣味篮球赛。

参赛家庭分别选出3位参赛者,站在篮筐前的黄线外,依次运球并投入篮筐中。时间限制为10分钟,最终按累计投入篮球数量计算名次,前三位优胜家庭领取奖品。

2. 个人组活动项目

(1)羽毛球。

参赛选手个人制报名,抽签决定对手,分别进行比赛。比赛实行三局25分制,先胜两局者胜出并晋级,负方淘汰。最终排名前三位的选手领取奖品。

(2)乒乓球。

参赛选手个人制报名,抽签决定对手,分别进行比赛。比赛实行三局21分制,先胜两局者胜出并晋级,负方淘汰。最终排名前三位的选手领取奖品。

3. 老年组活动项目

(1)趣味接力赛。

参赛者以个人为单位报名,四人一组,抽签决定组别。参赛队每人拿一个容器(统一配置),在起点放置一个水桶。每队第一位选手将容器盛满水,前进到第二位选手的位置,并将水倒进第二位选手的容器中,在保证水不漏出的情况下,四位选手按照以上规则依次完成比赛,到达终点。最终按完成比赛时间计算成绩,前三组优胜队获得奖品。

(2)团体舞。

该项比赛需要参赛者单独以团体形式报名。参赛时间为20分钟,完成舞蹈表演,由专业评委打分后评定名次,前三组优胜队获得奖品。

时间安排:

9:00—11:00:亲子组比赛时间

11:10—12:00:个人组羽毛球赛

13:30—14:30:个人组乒乓球赛

14:40—17:00:老年组比赛时间

奖品设置:

一等奖:食用油一桶2.5L(价值70元)

二等奖:洗衣粉一袋(价值30元)

三等奖:洗手液一瓶(价值15元)

奖品总计:约2000元

三、社区休闲体育活动的项目管理

（一）北京石佛营社区休闲体育活动的项目范围管理

社区休闲体育活动的项目范围是整体社区活动策划的核心，对于社区休闲体育活动策划起到总领作用，项目中各组成部分是否能发挥 1+1>2 的功效，都要看项目活动策划方案制作得是否明确合理、是否科学严谨。只有综合考虑各要素在项目中的功效，合理定位才能够使得休闲体育活动在社区中顺利开展。策划时应全方位地审视影响社区活动开展的每一个要素，并结合实际情况策划具体的工作步骤，确定在某一个时间段要完成哪些工作，负责人是谁，并进行效果预测，经费预测等。设计方案时要求总体设计规范化，局部设计多样化，并对数套方案进行认真的论证和比较，取长补短，形成可行性、创造性、效益最大化的实施方案，要做到这些就要求策划人员拓宽眼界，能将内外部资源整合进设计框架中，建立多层次、多角度的策划体系。在石佛营社区休闲体育运动会的项目中首先明确了各部门的责任，明确了各部门之间的联系。

（二）北京石佛营社区休闲体育活动的项目成本与时间管理

在本次石佛营社区的运动会中，活动不是完全无偿的。居委会主办方提供 75%，剩下的 25% 由参与的居民承担。预计总花费 2000 元，其中居委会提供 1500 元，剩下 500 元由参与居民在报名参加时以自身财力为基础自行捐款。本次社区运动会定在 8 月 20 日星期天。前期宣传自 5 月底开始，在社区广场及各个居民楼的电梯内张贴宣传海报。6 月底 7 月初在周边幼儿园及小学放假前与学校合作，走进校园宣传。

第五节　结论

随着人们生活水平的提高，社区休闲体育在中国也处于发展阶段，群众性多元化体育服务体系正在逐渐建立。面对当前我国城市居民不断增长和变化的公共体育服务的需求，我国政府还未形成相配套的居民基础健身设配，应尽快建立健全社会体育机构，扩大覆盖范围，完善体育机构运行机制。政府不可能也没有必要对公共体育服务和社区事务进行全方位直接的管理，所以更重要的是应当建以让社区、街道为主导，以广大社区居民为主体的社区内的休闲健身管理模式。这有利于提高我国城市社区公共休闲体育服务能力，有助于促进公共体育服务模式转型。并且在政府扶持的同时也要建立休闲体育监督反馈系统，对社区公共休闲体育服务部门的服务质量、服务水平、服务能力进行监管。使政府提供的公共休闲体育服务满足广大城市居民的需求。政府部门还应该建立长期有效的反馈机制，充分了解城市社区居民对公共休闲体育的需求。

保障城市公共休闲体育服务的供给能够不断满足广大居民的实际需求。本文所调研的虽然只是北京市的一个社区，但是其反映出来的问题可以说是中国大部分社区休闲体育活动组织与实施过程中的一个缩影，尽管微小却很实际。希望可以以此为借鉴在未来的发展建设中更好进行改进完善与创新。

参考文献

[1] 王凯珍.对北京市城市社区体育现状的研究——兼论社区体育的定义及构成要素[J].体育科学，1994（5）.

[2] 王志威.英国社区体育研究：基于整合性和建构性理念[J].体育与科学，2011（6）.

[3] 孔令鲁.社区休闲体育的当前形势及发展趋势研究[J].当代体育科技，2015（22）.

[4] Tony Blackshaw, Garry Craw.The sage dictionary of leisure studies [M]. Sage Publications Ltd., 2009.

[5] 赵卓，亓少远，江大雷.美国体育志愿者的培养体系及启示[J].体育社会学，2009.

[6] 田彤.社区体育文化建设是促进社区体育和谐发展的落脚点[J].体育与科学，2006.

[7] 孔祥.城市社区体育公共服务体系建设的供给主体及实现路径[J].体育与科学，2011.

[8] 宋杰，任保国.对当前社区体育设施配置若干问题的思考[J].体育与科学，2007.

[9] 唐立成，唐立慧，肖生鹏.我国城市社区体育志愿者人力资源开发问题与对策研究——以天津市城市社区为例[J].山东体育学院学报，2009（8）.

[10] 裴立新.我国社区体育现状分析及发展战略目标、指导方针和运行机制构想[J].西安体育学院学报，1997.

[11] Dennis Brailsford .Chapter 8：The coming of the leisure age .Sport, Time, and Society — The British at Play [M]. Rutledge, 1991：1-3.

[12] Stephen G. Jones . Chapter 1：The Demand For Leisure, Workers at Play—A Social And Economic History of Leisure 1918-1939 [M].London Rout ledge & KeganPaul, 1986：9.

[13] Terry Stevens.Countryside Recreation, Leisure Services UK [M].Edited by Norman Brrett. Macmillan Education Ltd., 1991：106.

第十五章 社区休闲体育活动的组织与实施研究：以北京泰福苑社区广场舞活动为例

在进入21世纪以来，中国的改革开放和市场经济建设取得了举世瞩目的发展成就，经济的发展慢慢促进了社会精神文化的发展，社会主义的根本任务由日益满足人民群众物质生活需求朝着精神文化需求所转移。我们经常会发现，当物质需求取得一定保障之后，人们就会把更多的注意力放在精神文化生活的追求。而社区休闲体育活动的组织和实施也得到了人们充分的重视。本文以泰福苑社区广场舞为例，深度探究社区休闲体育活动的组织与实施的过程，是否存在一些问题及存在的困境，并在此基础上提出改进的建议与措施。

第一节 文献综述

刘星在《洛阳市广场舞开展现状及研究对策研究》中提到，伴着人们主体意识、参与意识的提高和广场文化活动的广泛开展，广场舞受到社会各界的重视和关注，成为城市文化生活中不能缺少的重要形式和内容，一些城市对于广场舞的相关培训较少，没有形式固定的广场舞比赛模式。在开展过程中遇到场地设施条件落后；缺乏专业的广场舞指导人员和专门的培训机构，科学锻炼的水平不高；噪声扰民和资金短缺；广场舞团队建设中的各项规章制度不够完善等问题[1]。贺晓忠在《浅析城市社区体育休闲体育服务》一文中指出，随着城市化进程的加快，休闲体育作为一种特殊的社区文化活动和社会体育形态，在现代城市社区管理和社会体育发展中发挥了独特的作用[2]。王留升在《社区公园中休闲体育活动空间的研究》中指出，休闲体育作为一种以娱乐、健身为主题的活动，它没有竞技体育那样专业，运动时间和强度都由自己控制。这样的体育活动可以缓解紧张工作带来的压力既能让人体验休闲体育的无穷乐趣，又能锻炼身体。如何在社区中为社区居民营造高品质的休闲体育活动空间应该引起人们的关注和重视。但目前社区公园中休闲体育活动空间的建设现状令人担忧，主要存在：活动空间缺乏，社区中满足人的使用需求的活动空间相当匮乏，设施单一等问题[3]。刘红在《黄石市群众休闲体育活动现状分析》中写道，目前社会由工业经济为主向以知识经济为主体发生转变，生活智能化水平不断提高，人们的工作时间、家务劳动时间和路途时间不断减少、寿命延长，闲暇时间增多，与人类衣食住行相关的体力活动相对减少，全民健身意识逐渐增强，这些变化为开展休闲体育活动提供了良好的条件。休闲体育活动也成为小康社会健康生活方式的重要组成部分[4]。刘君在《城镇广场舞运动对构建和谐社会的作用探究》一文中提到城镇广场舞运动对构建和谐社会的作用，研究结果表明：①我国城镇人口众多、基础体育场地设施的建设相对于当地居民的健身需求，明显有些供不应求。广场舞运动凭借自身的功能及优势，适宜在城镇进行推广与普及；②广场舞运动有助于实现人自身的和谐，参与广场舞锻炼可防止骨质疏松、延缓衰老、降低肥胖发病率；预防心血管疾病；③广场舞运动促进人与人之间的和谐，广场舞运动为人们提供健身、娱乐、交流的平台，通过锻炼可扩大人际交往、增进人们之间的感情，广场舞所营造的欢乐、和谐的社会氛围，可增进人们对生活的满意度，从而提高人们的生活质量；④广场舞运动推动了人与社会的和谐，广场舞运动有助于提高人们的审美情趣、丰富人们的业余生活，使人们形成健康的生活方式。广场舞运动为弱势群体提供了基本的健康保证，确保全体社会成员都能公平地参与体育运动，增进了人们对社会的认同。广场舞运动有助于陶冶人们的思想情操、不断地催人奋进，从而形成一种良好的社会风尚[5]。李圆在《现代城市广场舞中个体的自我建构与社会互动研究》中指出，广场舞作为传统思维与现代行为方式的缓冲地带，使得广场舞群体在社会转型过程中对社会结构系统进行调适，以维持从熟人社会向陌生人社会转型中出现的心理落差与秩序紊乱。然而，由于社会结构的转变，文化传递失败而导致的代际冲突使得广场舞处于尴尬的困境，代际之间对于空间权利与时间结构的诉求不同，从而产生了"声音"的边界，广场舞遭受舆论纷争。在此过程中，个人自我与社会通过广场舞互相建构，国家将广场舞作为动员工具来弘扬核心价值观，而广场舞在国家的推广与普及中不断壮大，并且可以健康有序的发展[6]。于燕等在《广场舞发展现状及其对策研究》中指出，所谓广场舞，即在广场上进行的舞蹈。多由40~60岁的中老年妇女在空余的户外场地伴随一些节奏感较强的音乐自发组织形成。由于广场舞是自发组织形成，较少得到专业辅导，因此广场舞的编导工作多由一些退休的文体工作者或者文艺爱好者来自发承担。目前，我国广场舞多是在扭秧歌的基础上加几个动作和一些简单的队形变换，适合所有有舞蹈基础和没有舞蹈基础的人群。广场舞，顾名思义，最重要的因素就是"广场"，也就是活动的场地。如上文所说，这类场地通常是室外的较为平坦的空地，而根据目前我国的公共体育场地存在现状，明显无法满足我国民众当前的需求量。广场舞因此会受到限制，广场舞从事人群会寻找一些非体育场地进行广场舞。这就引发了广场舞的场地需求问题。此外，研究表明广场舞冲突事件的发生绝不是一个偶然的事件,而是长期以来广场舞在发展过程中与其他社会存在产生的摩擦与矛盾的一个爆发点,这就存在广场舞的正常开展与其他居民的正当权利之间的矛盾。广场舞因其巨大的音乐播放声音确实对周围居民的正常生活造成干扰。而广场舞从事人群也存在其事实上的困难,没有专业的室内或者室外场馆来容纳广场舞人群。相应地,专业的室外或者室内场地可能会一定程度上为广场舞的大众参与性增加障碍,影响到广场舞的大众参与性[7]。牟顶红在《广场健身舞研究现状综述与趋势展望》说明,广场舞是人们交流思想抒发感情消除隔阂、相互沟通的最好形式之一。广场舞一般都是同一个社区或邻近社区的群众聚集在一起,在轻快的乐曲伴奏下翩翩起舞,人们的自我封闭意识会得到彻底的解脱,舞场中的融洽、和谐、高雅的气氛也能增强人们沟通和交往的意识。可见广场舞既能增进舞友之间的友谊,丰富业余文化生活,也提高了参与者的人际交往能力。司徒炳坤等[8]的研究结果显示,经常参与舞蹈者的"人际关系"和"敌对"两项因子的得分显著低于全国常规水平,这说明经常参与广场舞锻炼能有效地改善人际关系增强交际能力。另外广场舞能无形中规范人们的道德行为,陶冶情操,增强凝聚力和集体荣誉感,甚至激发爱国热情,这些都对促进精神文明建设和和谐社会的构建有重要价值。

第二节 研究案例地及研究方法

一、泰福苑社区介绍

北京泰福苑小区位于北京市朝阳区位于朝阳北路 6 号线褡裢坡附近,周边交通便利、基础设施建设比较完善,附近有两座大型公园、朝阳公园及红领巾公园。北京泰福苑小区于 2012 年建成。此前这块地属于三间房村,住在那里的都是当地村民,2011 年被用于建盖商品房,并进行拆迁项目。拆迁后按比例给村民配置房屋。所以现在的泰福苑社区是有一部分拆迁户和其他居民组成。由于这种特殊的模式,原村民住进了高楼大厦之后有很多不适应的地方,之前的村子家家户户活动空间很大,经常茶余饭后聚在一起喝茶聊天,互动极强,但由于住进了高楼里,村民之间的联系就没有之前密切,活动也受到了一定阻力,所以很多村民就将活动改在了社区花园里,广场舞也就慢慢盛行起来。再加上村民们在拆迁后得到了很多政策补偿,每家每户还会分配两套或两套以上房屋。部分居民将房屋进行出租,现在住在泰福苑小区大多数为出租户。因为交通的便利,出租人群也是大部分为上班的年轻或中年人。

二、研究方法

（一）访谈观察法

本次在调查期间，对北京市朝阳区泰福苑小区广场舞场地进行了实地的走访，就泰福苑社区组织的休闲体育活动、广场舞等相关问题向参与群众及小区居民进行了咨询，并通过几次访谈获得了他们对广场舞及此小区体育休闲活动的组织及实施的看法及意见，并作为本文的数据资料支持。

图 1　北京市朝阳区泰福苑小区广场舞情景

（二）问卷调查法

根据研究需要，设计了《社区广场舞实施现状及意见》的调查问卷。并以泰福苑社区为中心点，周边两个紧邻小区为辅助点，依次发放了 100 份调查问卷，问卷的形式为不记名问卷，当日发放当日一次收回。经过整理及归纳，其中有效问卷为 99 份，有效率占 99%。

第三节　北京泰福苑社区广场舞休闲体育活动的困境与影响因素

一、北京泰福苑社区广场舞休闲体育活动发展的历史进程与现状

北京泰福苑社区于 2012 年建成。该社区于 2013 年初由民间组织进行广场舞活动，活动时间为晚上七点到八点半。最初只有两三个人参与，并无大规模场地。所跳舞蹈也是自己随心所欲未经编排。由于此小区多为回迁户居民，所以各居民之间联系密切。

由于该社区前身都是一个村子的居民,相互比较熟悉,2013 年,越来越多的居民在茶余饭后会到楼下小区花园中心广场一起跳广场舞,并渐渐地有了领队,相应设施更佳完善,有两个蓝牙音响做支持,规模也发展到十五人左右,并且时间较为固定。2014 年,由于音响声音过大,以及进行广场舞的地方为小区公园正中央,遭到其他居民向物业投诉,小区物业注意到此问题,并开始规范这些跳广场舞的居民,并为其找到更佳合适的场地。

二、影响北京泰福苑社区广场舞组织与实施开展的困境因素

(一)参与居民性别失衡、年龄差距较大

通过调查问卷发放,收集调查数据显示,参与广场舞活动的人数为 42 人,其中男性所占 10 人,女性所占 32 人,参与居民性别严重失衡。年龄调查显示,只有一人在 18 岁以下,8 人在 18~30 岁,30 人在 30~50 岁,3 人在 50 岁以上,年龄差距也比较大。广场舞的活动量适中,对能参加进来的居民要求非常低,应该说是一项能让全民都参与进来的运动。但是通过调查问卷的调查发现,不同年龄层的居民参与进这项活动的年龄比例分布并不均匀,中老年人占了绝大部分,性别也是女性远远大于男性。而现如今年轻人往往受到巨大的工作压力,加上网络的流行,年轻人都变成了"低头族",不愿去室外进行体育运动。而男性参与率低的原因可能是由于面子问题不好意思加入到女性的广场舞团队之中。

(二)场地有限

越来越多的居民开始加入到广场舞的队伍中,随着人数的增多,场地的选择成为最大的问题。由于人数的增加,加上跳广场舞时需要人与人之间有较大的间距方便人们舒展身体,广场舞的场地就要增大,但社区场地有限,很难再扩大场地为居民们提供大场地。

(三)广场舞指导不专业,锻炼体系不完善

以泰福苑社区广场舞活动为例,每日带领进行训练的是一位退休老干部,在年轻时自己学习过一些舞蹈,所以舞蹈队伍中平日所跳的舞蹈全是由这位老干部设计并带领大家活动。由于不是专业教练,导致所编广场舞蹈简单,不能有效地达到锻炼效果。而且广场舞的活动时间通常为晚饭后进行,由于不专业的指导和不完善的锻炼体系可能导致在刚吃完饭后未做足正确的热身运动而对身体有所危害。参与广场舞的大多数人群为中老年人,如果在舞蹈编排和音乐选取上未经过专业的指导,还有可能让参与者因体力不支或自身其他状况而带来一些身体危害。

(四)噪声扰民问题

在广场舞开展中,随着人数的增多,音响设施设备的要求必然越来越高,为了让

锻炼者听到音乐的声音，不得不把音量调到最大，才能保证锻炼效果。通过对未参加广场舞居民的调查，60%的居民在调查问卷中提出意见一栏写到，广场舞噪声影响到自己的休息。而且一般广场舞进行时间在晚上七点到八点半，正是一些上班族回家休息的时间，一些居民因工作一天的劳累想在此时间段得以充分的放松休息，但音乐声音太响，加上广场舞的背景音乐都是由一些流行歌曲组成，音调较高较欢快，底层住户听得尤为清晰。

（五）管理不到位，组织形式不明确

广场舞由于是居民自发组织的一项体育休闲活动，居委会及物业也并未充分参与到管理之中。所以造成参与人数每日的变换，随意进进出出活动场地，以及活动完之后垃圾有时未能及时清理，造成活动场地的脏乱差。

三、解决办法

针对以上问题的解决办法。首先，政府及相关各部门、居委会、物业等相关单位应起到正确的引导作用，大力宣传广场舞对人民的益处，经常举办小区直接再到省市之间的广场舞大赛，开展一些讲座进小区，让一些年轻人正确认识广场舞带给人们身体健康方面的益处，并多组织一些休闲活动在社区内，提高大家的兴趣以及培养大家的爱好。其次要建立完善的体制，例如由小区居委会出面，组织大家一起参与休闲体育活动，加入广场舞的活动中，可以多时间段、多分组地进行活动，这样一来可以分散人群，避免集中在一个时间段，也可改善场地过小的难处。在噪声扰民问题，社区可以引进新的高科技技术，将音响播放改为每人佩戴蓝牙耳机[1]，由中央音响播放到耳麦中，这样路过的人以及居民楼里的居民就能得到安静的居住环境。由居委会或物业出面聘请一到两位专业健身教练或广场舞教师，组织一些课程对一些居民的广场舞进行专业化训练，再由这些经过专业知识训练的居民在晚上时间段带领其他居民进行锻炼，可以将正确的高效的健身舞蹈用于平日广场舞活动中，提高居民活动效率，锻炼身体，增强体魄。

第四节 北京泰福苑社区广场舞休闲体育活动的组织与实施

一、北京泰福苑社区广场舞休闲体育活动的组织与实施原则

（一）目标性原则

健康有序地引导、管理和发展广场舞，使广场舞以提高人们健康水平和丰富业余

生活为中心，以提升社区居民生活质量，提升生活福祉为根本。根据实现目标的需要，选择相应的休闲体育活动，在广场舞的组织中让居民们在社区休闲体育活动中得到充分的锻炼，强健身体。

（二）发展性原则

在有序组织广场舞的同时，要保障广场舞有序、可持续与健康地发展，扩大广场舞的健身项目内涵，将社会主义核心价值观的理念融入其中，实现全民健身的目标，让更多的人加入广场舞这一富有时代特征的健身项目当中来。

（三）科学性原则

尊重每一位参与者的意愿，做到不强迫不诱骗。运用科学的方法来管理并阻止实施广场舞活动，选择高效的、成熟的、健康的广场舞歌曲及舞蹈，依照符合人身体机能学等设计方法科学合理地进行健身活动，同时也要科学合理的组织和管理舞蹈团队。

（四）安全性原则

在组织与实施广场舞中须将安全永远排在第一位。因为广场舞是一项大型休闲体育活动，有发生踩踏等一些危险存在。所以要在保证安全的前提下进行广场舞活动。要提前规划好安全求生路线，让参与者熟悉小区地形，避免发生情况时出现互相拥挤与踩踏等事件的出现。

二、北京泰福苑社区广场舞活动的组织与实施的设计体系

依据上述原则，结合社区广场舞发展现状及相应问题，为了更好地组织和实施泰福苑社区广场舞活动，本文提出相应的设计方案。

首先确立组织方，由舞蹈家协会退休舞蹈家王梅女士（该女士为社区成员，可自愿组织广场舞节目编排）及三名退休人士组成的广场舞团队。再由三人与泰福苑社区物业负责人进行沟通，让物业成为承办方，对此团队提供场地等资金支持。广场舞团队如果管理合理，发展顺利，可以成为此小区的一个金字招牌，对双方都有很大益处。再之后确认团队带队人王梅女士。由于之前有过丰富的舞蹈经验，可以正确地带领广场舞团队平时活动。广场舞的经费问题由参与广场舞活动的居民自发出资，物业辅助。场地由物业所提供，社区中心花园以及社区活动室在夜间都为广场舞团队提供场地。同时要确定广场舞团队负责人们的职责和权限，分工进行合作。两名队员负责设备采购，进行音响及蓝牙耳机、队服、平时活动中的饮用水、道具等的采购。要建立完善的沟通和协商制度，定期进行团队开会，就安全等一些问题及时沟通，了解参与群众心声。团队负责人也要及时与物业进行沟通，周期定在每月月初，地点定于社区活动中心，召开每月沟通会议。建立应急准备和响应制度措施，定期进行安全教育，建立一套应急方案，如遇特殊情况时，疏散路线安排合理有效，分散人群从社区西门北门

以及小北门疏散。最后要加强宣传，在社区宣传栏放置广场舞活动海报，或在社区内发放宣传单等。在广场舞具体实施上，拟定了两个队伍。由于在调查时发现，很多人并不能在同一时间参加广场舞，导致在广场舞活动的时候经常有人进进出出，影响整体活动还会造成潜在危险。所以两个队伍可以保障乐不同的时间段内社区居民都可选择，并把结束时间定在晚八点之前，以免影响周围居民休息。场地也进行了一系列整改，两个队伍所在地点也不同，一个在室内、一个在室外。可以供参与者选择，或如遇下雨等恶劣天气出现时，也可以保证广场舞的正常进行。每周日定为比赛日，可以由队伍一和队伍二进行斗舞环节，获胜队伍将有额外奖励。以此来激励队员平日多加练习，更加达到锻炼身体的目的。比赛也可提高队员们的兴趣，在娱乐中健身。

泰福苑广场舞活动计划

1. 活动名称：舞出精彩舞出健康

2. 目的和意义：塑造多元性的社区文化，普遍性的社区文化，提高居民的个人素养，陶冶其情操，增强其对社区的归属感和凝聚力，使社区居民之间的关系更为融洽，家庭更为和睦，从而促进社区的综合发展。采用地区发展模式（或小组工作的社会目标模式），强调社区居民的参与、合作、组成集体，以增强社区凝聚力和归属感。

3. 活动时间：

每周一至周五

队伍一：18：30—19：30　　队伍二：19：00—20：00

周六：18：00—20：00

周日：比赛日 18：30—19：30

4. 活动地点：队伍一：社区中心花园广场　　队伍二：社区活动室（室内）

5. 活动具体内容：

每周一至周六，由带队老师进行自主练习，分为社区中心花园广场队和社区活动室队。每周日为比赛日，两队进行斗舞项目。评委由小区居民、物业员工、居委会委员组成。周一至周六，活动开始时首先进行热身锻炼，由队伍队长负责，充分活动身体后再进行舞蹈活动。活动时间为一个小时，每半个小时间休息十分钟。前半个小时复习新学的舞蹈，后半个小时进行新的舞蹈的学习。

活动主要参与对象：泰福苑社区居民

活动要求：

（1）精神面貌：参与队员能较好地展现健康明快、欢乐和谐的文化特点，具有时代感、能抒发健康情怀，能充分展示体育健身风采。

（2）艺术表现：参与队员对音乐的理解准确，编排动作符合音乐旋律；音乐清晰丰满，紧扣比赛内容，有良好的视听效果。动作到位、富有节奏感、表情乐观自然、有较强的表现力,动作整齐一致,能充分展示广场舞活动积极向上的体育健身精神。

(3)表现形式:活动过程中队形编排变化新颖、流畅协调,有特色、有层次、有艺术感染力。服装造型、道具符合参赛内容和风格,与活动主题相一致,起到很好的视觉冲击力。

活动准备及人员安排:

(1)前期准备:开始宣传。

宣传方式:社区打板公布、社区公布栏、社区信息专干进行动员、简单的动员大会。

(2)每月统计确定参与活动名单、团队名称、人数、舞种、负责人、社区跟进人员。

人员安排:带队老师各队一名、比赛日的评委共计三名、后勤保障及现场安保三名、比赛日主持人两名。

第五节　结论

随着时代的发展,人们越来越重视身体的健康。参与健身活动的人群也日益增多。本文以北京泰福苑社区为例,通过对该社区的广场舞进行调研观察发现,该社区广场舞存在着健身器材利用率不高,场地有限、广场舞指导不专业,锻炼体系不完善、参与居民性别失衡、年龄差距较大、噪声扰民问题、管理不到位,组织形式不明确等问题,针对这些问题,作者提出了一些解决对应问题的方法,并依据广场舞组织和实施原则,结合该社区广场舞发展现状及相应问题,提出了相应的组织和实施设计方案。

参考文献

[1] 刘星. 洛阳市广场舞开展现状及研究对策研究 [D]. 上海师范大学硕士学位论文, 2013.

[2] 贺晓忠. 浅析城市社区休闲体育服务 [J]. 内江科技, 2015 (2).

[3] 王留升. 社区公园中休闲体育活动空间的研究 [D]. 青岛理工大学硕士学位论文, 2007.

[4] 刘红. 黄石市群众休闲体育活动现状分析 [J]. 华章, 2012 (29).

[5] 刘君. 城镇广场舞运动对构建和谐社会的作用探究 [J]. 四川体育科学, 2014 (5).

[6] 李圆. 现代城市广场舞中个体的自我建构与社会互动研究 [D]. 辽宁大学硕士学位论文, 2015.

[7] 于燕, 刘丹青. 广场舞发展现状及其对策研究 [J]. 商, 2013 (22).

[8] 牟顶红. 广场健身舞研究现状综述与趋势展望 [J]. 科技风, 2010 (24).